万里云霄志

中国航空航天先锋

付丽莎◎主编

人民邮电出版社
北京

图书在版编目（CIP）数据

万里云霄志 ：中国航空航天先锋 / 付丽莎主编. 北京 ：人民邮电出版社，2025. -- ISBN 978-7-115-66649-9

Ⅰ. K826.16

中国国家版本馆CIP数据核字第2025G9Q764号

内 容 提 要

本书是一部以青年学子视角撰写的、弘扬和传承中国航空航天精神的作品；也是一部将时代发展需求与高校专业特色相结合，激励青年学子奋发有为、建功立业的创新励志之作。本书主编北京航空航天大学教师付丽莎，凭借多年来在新生入学教育课程“思想道德与法治”中的深厚积累，引领新一代的北航青年学子与先锋人物进行穿越时空的对话，让北航青年学子真正地走近他们、重新认识和理解他们，从榜样中汲取前行的勇气和力量，明确自己的奋斗目标与方向。

本书分为垒土筑基、高楼望月、长城止戈、杏坛传火4章，分别聚焦中国航空航天领域奠定坚实基础的先驱者、铸就壮丽辉煌的建设者、筑起坚固长城的守护者，以及培育接续人才的教育者，讲述了38位先锋人物感人至深的人生故事。本书还精心设计了“师生共话”栏目，展现青年学子在写作过程中收获的精神感召和人生激励，传递不断奋进的精神力量。

本书对中国航空航天精神进行了深刻的解读，旨在激发青年一代探寻人生重大命题的答案，激励他们向榜样看齐，争做新时代的先锋。

◆ 主　　编　付丽莎

责任编辑　韦　毅　王　威　刘禹吟

责任印制　马振武

◆ 人民邮电出版社出版发行　　北京市丰台区成寿寺路11号

邮编　100164　　电子邮件　315@ptpress.com.cn

网址　https://www.ptpress.com.cn

北京盛通印刷股份有限公司印刷

◆ 开本：720×960　1/16

印张：17.75　　2025年4月第1版

字数：268千字　　2025年4月北京第1次印刷

定价：79.80元

读者服务热线：(010)81055410　印装质量热线：(010)81055316

反盗版热线：(010)81055315

本书编委会成员

序

2016年4月24日，在首个“中国航天日”到来之际，习近平总书记指出：“探索浩瀚宇宙，发展航天事业，建设航天强国，是我们不懈追求的航天梦。”我与共和国几乎同龄，1982年到北京航空学院（现北京航空航天大学，以下简称“北航”）工作。在这几十年的岁月里，我目睹了祖国航空航天事业奋发图强、砥砺前行；我国从最初的跟跑者，逐渐成长为与世界航空航天强国并驾齐驱的竞赛者，如今站在世界航空航天领域的前沿。辉煌成就的取得，离不开党的坚强领导，离不开全国人民的坚定支持和热切期盼，更是航空航天先锋的爱国精神和报国情怀的深刻诠释与现实彰显。付丽莎老师主编的《万里云霄志：中国航空航天先锋》不仅记录了一众航空航天先锋的奋斗历程和卓越成就，更展现了他们深厚的爱国情怀和坚定的报国信念。这是对历史的深情回顾，更是对未来的无限期许。

在这本书中，青年学子们深入挖掘中国航空航天事业背后珍贵的历史资料，精心书写了航空航天事业先锋感人至深的故事，细腻地记录了这一伟大事业从初生、成长到繁荣的艰辛历程。这种写作形式新颖别致、亲切近人，以青年学子的视角，生动地展现了中国航空航天先锋的精神风貌和崇高的价值追求。这不仅是北航作为行业特色类高校在文化建设和社会责任履行方面的一次创新探索，更是对大学功能的深刻理解和生动实践。

大学，作为知识的殿堂和思想的摇篮，除了培养人才、研究科学和服务社会，还有引领文化、发展文化等与生俱来的功能。自建校以来，北航始终以立德树人为根本宗旨，坚持并弘扬以“空天报国”为内核的北航精神，紧密结合校本特色，深入推进文化建设。青年学子们通过写作讲述中国航空航天先锋的故事，正是这一文化建设中以文化人、以文育人的生动实践。

我欣喜地看到，同学们在内容撰写（或者不如说在故事讲述）的过程中，已经深入了解了航空航天人的内心世界，深刻体会到了“空天报国”精神的丰富内涵。我坚信，这些宝贵的经历将成为他们在未来求学道路上持续前行的精神动力，激励他们继续追求卓越、勇攀科技高峰。

我常说：“什么样的土壤气候决定了生长出什么样的树木，什么样的树木决定结出什么果实。”我国近一百多年来，主要形成了“跟踪追赶型”科技文化。这种科技文化在我们追赶世界科技强国的过程中发挥了重要作用，特别是近几十年，促使我国跨入了科技大国的行列。然而，今日之中国，已不再是昨日之中国，我们站在新的历史起点上，要建成世界科技强国，需要的不仅仅是“跟踪追赶”，更是“创新引领”。这意味着，我们必须逐步培育“创新引领型”科技文化，培养大批科技创新人才。

站在新时代的历史交汇点上回首，中国航空航天事业的辉煌成就，正是无数航空航天先锋共同写就的壮丽史诗，他们用智慧和汗水书写历史，也为后人铺设了通向更加辉煌未来的道路。衷心期盼本书能够成为一扇窗，让广大读者特别是青年一代深入了解中国航空航天事业的发展历程，感受那些默默奉献、勇往直前的航空航天先锋的家国情怀，在新征程上继续开创航空航天强国更加美好的未来。

是为序。

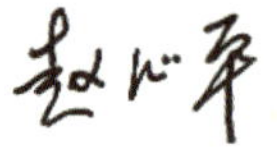

中国工程院院士

青春之问　从梦开始的地方起航

“你在一个晴朗的夏夜，望着繁密的、闪闪的群星，会感到一种‘可望而不可即’的失望吧！我们真是如此可怜吗？不，决不！我们必须征服宇宙！”

这是 1935 年，24 岁的钱学森笔下的青春之问和他的豪情壮志。我们无从知晓他写下这段文字时的内心独白，但我们知道，在那个中华民族历经磨难的灰暗年代，无数像钱学森一样的青年学子从未放弃希望与梦想。

中华民族是勇于追梦的民族。从嫦娥奔月的传说到敦煌飞天的壁画，从上古时代的“二十八宿”到明代的“万户飞天”，中华儿女不断编织着对宇宙的向往和飞天的梦想。而如今，从“神舟”飞天、“嫦娥”揽月到“飞鲨”瞰海、“威龙”匿云，从“鲲鹏”破浪、“神雕”展翅到“北斗”指路、“天问”探火，古老的中国神话在现代有了具象的模样。中国航空航天事业的发展史，就是一代代中国青年追逐梦想、不断求索的创业史。这宏大历史的背后，是一个又一个具体而生动的人。他们值得被看见、被讲述、被铭记。

这，便是我给青年学子布置“空天人物写作”作业的初衷。

我是北京航空航天大学马克思主义学院的一名教师，我所教的是大一新生必修课“思想道德与法治”（原名“思想道德修养与法律基础”），授课内容涉及人生观、价值观、道德观、法治观等重大命题。每年秋季学期，我都会面对 500~600 名正当年的大一新生。他们当中，未来会有近 50% 的人加入航空航天等国防科技事业。而在大学刚刚开始、成年之旅刚刚启程之际，未来走向何方、人生有何意义、如何在理想和现实之间做出抉择，这是萦绕在每一位大学生心头的青春之问。我常常在想，当他们走出校园、走上工作岗位，能否如 24 岁的钱学森一般，豪情满怀、壮志凌云？在当今信息爆炸、价值多元、选择多样的时代，他们又能否找到那些青春之问的答案？

带着这样的思考，我将课程的第一份作业布置为：请自主选择一名中国航空航天领域的人物，深入了解其生平故事，并就此写作一篇文章。我希望借助“空天人物写作”，让刚刚走进大学校园的懵懂学生和航空航天前辈们进行一场“穿越时空的对话”，让“天边”的人物走到学生“身边”、走进学生“心里”，让青年学子从一个个鲜活的人生故事中，汲取前行的勇气和力量，明确奋斗的目标与方向，让学生们亲自执笔，为内心深处的“青春之问”写下属于他们的答案。

自2018年第一批“00后”进入大学至今，我和同学们一起挖掘了上百位航空航天领域的人物，积累了几千份作业。当我教的第一届学生开始走上航空航天事业的重要岗位，而我的课堂已经被“05后”占据的时候，我决定将优秀作业结集出版。我和同学们一起精选了38位代表性人物，他们当中，有为中国航空航天事业筚路蓝缕的先驱，有耄耋之年仍活跃在一线的院士、总设计师，有隐姓埋名锻造“国之重器”的科研工作者，有20多年如一日追逐梦想的“备份英雄”，也有用生命坚守岗位的“大国工匠”，还有为航空航天事业接续奋斗的骨干力量。我们希望借这38位人物的故事，为广大青年读者了解航空航天史、感悟航空航天精神打开一扇窗。

本书的可贵之处在于：每一篇文章都是北航学生所写，并历经多轮修改，最终成稿。青年学子的笔触或许是稚嫩的，但也是鲜活的，那些在自己的领域独当一面的先锋人物的故事，在他们笔下是如此真实而生动。而这些年轻的作者也正沿着笔下人物的脚步，逐步成长为各行各业的新生力量。这，正是“传承”的意义所在。参加本书写作的同学名单请见“文章作者列表”。

我们将本书分为垒土筑基、高楼望月、长城止戈、杏坛传火4章，分别聚焦中国航空航天领域奠定坚实基础的先驱者、铸就壮丽辉煌的建设者、筑起坚固长城的守护者，以及培育接续人才的教育者。我们还邀请了鲁迅美术学院副教授、曾获中国新锐画家大奖银奖的曲木子老师为每位人物作肖像画。在她的画笔下，这些功勋卓著的人物是那么亲切、鲜活，仿佛在与读者隔空对话。

在持续不断的写作、讨论、修改和打磨过程中，我和同学们一直被这些人物感动着。正如一位同学所说：“我从未感觉到和这些前辈如此之‘近’，原来他们也曾经和我们一样青春正当年，而正是因为他们把自己的青春和国家命运结合起来，才收获了无悔的人生。”

航空航天精神，远不止涉及航空航天事业本身。它所传达的，不单是飞天梦，更是报国情。我相信，给学生种下了这颗种子，无论将来他们从事哪个行业，它都会化作一种信念、一种追求，影响并伴随他们的一生。因此，我把编写本书过程中的学生感受也整理成文，在每一章之后的“师生共话”中加以呈现，希望将这些感动和力量传递给同样年轻的读者们，让大家在今后面临重大选择的时候，对自己的方向多一分笃定；在感到迷茫无助的时候，对未来多一丝勇气；在努力了很久都没有收获的时候，仍不忘初心和梦想。

本书能够面世，要感谢我所在的北航马克思主义学院各位领导和同事对我多年来教学改革的支持，感谢历届同学们的接续努力，感谢助教刘懿慧、刘泽轩、卢翌晨对“思想道德与法治”课程和本书的贡献。在教学中，我还带领学生采访了部分笔下人物，获取了生动鲜活的一手资料。感谢戚发轫院士和苏东林院士同意公布采访视频，也感谢卢翌晨、刘可豪精心剪辑采访视频和我的教学视频。

九天揽月，踏梦而行。伟大事业都“始于梦想”“基于创新”“成于实干”。新中国成立70余年来，航空航天事业从无到有，从小到大，从弱到强，背后是千千万万像本书中人物一样的航空航天工作者。他们用自己的付出、牺牲和奉献，写就了中国航空航天事业的壮丽史诗。以航空航天精神为切口，我们得以洞见一代代科技工作者在自立自强的道路上，用以身许国、心系人民的爱国情怀，追求真理、勇攀高峰的创新精神，为建设科技强国注入不竭的动力。

对历史最好的纪念，应当是去创造新的、更辉煌的历史。让我们相信并期待，当风华正茂的年轻一代紧握历史的接力棒，他们必将继承前辈们的凌云壮志，从梦开始的地方，向着更高更远的星辰大海，扬帆，再起航！

付丽莎

2024年9月

目　录

垒土筑基　/ 001~068

高楼望月 / 069~136

长城止戈 / 137~194

杏坛传火 / 195~252

垒土筑基

我们自战火与废墟中站起，
但仍不忘仰望天空。

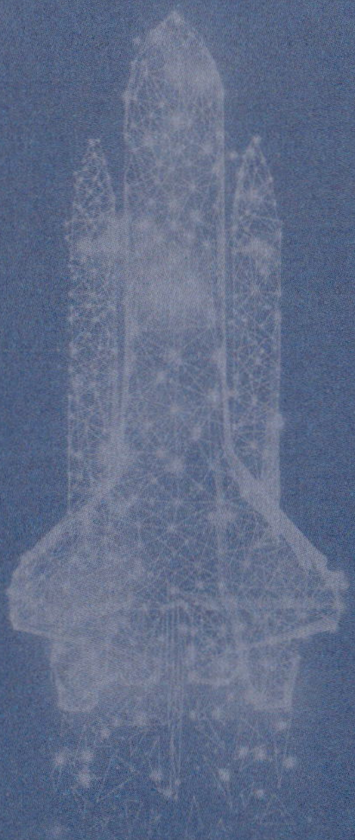

万里烽烟万尺缨，
长缨自请为康平。
江河俱奋九州阔，
垒土维艰百废兴。

百年航空梦，今自冯如始

董灿

冯如篇

冯如（1883—1912），中国近代第一位飞机设计师、制造师、飞行家以及军事航空思想家。独立制造冯如一号、冯如二号等飞机，创建我国第一家飞机制造公司，提出了航空战略理论以及“航空救国”主张，被誉为“中国始创飞行大家”“中国航空之父”。

吾闻军用利器，莫飞机若，誓必身为之倡，成一绝艺，以归飨祖国，苟无成，毋宁死！

——冯如

那是浩瀚蔚蓝的天空第一次拥抱这样一个人——他有黄皮肤、黑眼睛、温和的气质和坚毅的眼神。

他在空中操纵着飞机盘旋、翻转、飞舞，如同盘古开天，为整个神州向天空道出了第一句问候。

而这个年轻的中国人并未止步于此，他仍在追寻更广阔的天际。在短暂的人生中，他将永不言败的执着、征服天空的智慧和对神州大地深沉的热爱镌刻进了苍穹，也用它们填满了自己的生命。

他就是冯如。

制造梦迷惘

冯如年幼时就常听人说，大洋彼岸有个国家叫美国，那里有许多在本地见不到的机器，技术无可匹敌。在十几岁的年纪，他如愿踏上了那片神秘的土地。在美国的经历除了开阔了他的视野，还让他感受到了当时国人之封闭：他们抗拒使用机器，惧怕庞大的机械铁皮。冯如暗下决心：“我要把这些技术带回去！如果国人看到我一个中国人也能学会这些原理、也能运用机械，他们就会接受这些技术了吧。”

为实现这一远大的理想，当时十几岁的冯如白天工作，夜习英语，将攒下的钱都用来买书：“尝谓国家之富强，由于工艺发达，而工艺发达，必有赖于机器。非学习机器不足以助工艺之发达。”如此艰难求索数年，1904 年，他终于小有所成。也正是在这一年，日俄战争爆发，列强对中东铁路线的争夺加剧，冯如因此深受触动，意识到铁路线被列强掌控，单纯依靠铁路机械难以实现救国的目标。他哀叹道：“是岂足以救国者！”

如何救国？如何救国？冯如正迷惘时，人类突破苍穹的消息给了他灵感。

苍穹梦初圆

1903 年 12 月 17 日，世界上第一架飞机经由莱特兄弟之手试飞成功。

1906 年，冯如用他敏锐的洞察力，探索着一条新的道路——“尤其是日、俄战事大不利于祖国，当此竞争时代，飞机为军事上万不可缺之物。与其制一战舰，费数百万之金钱，何不将此款以造数百只之飞机，价廉工省。倘得千只飞机分守中国港口，内地可保无虞。”这是有关“制空权”的原始论述之一。冯如预见到航空在国防中的重要性，这比孙中山先生提出“航空救国”早好几年。单就冯如这一言论本身，就比意大利军事评论家朱里安·杜黑提出“制空权”的概念还要早15年。

冯如从此立下了“航空救国”的志向。接下来他一心扑在飞机制造上，其间父母期盼他回家，但他拒绝了，他对朋友说：“倘飞机不能成功，誓不复回祖国。”

他以“壮国体，挽利权”为宗旨集资，但仅有3人愿意顶着风险出资，这导致飞机制造经费十分短缺。

美国奥克兰东九街第359号一座不到8平方米的厂房就是他们日夜钻研的地方。

莱特兄弟千方百计利用专利保护法，垄断了飞机制造技术。冯如的团队没有任何先例可考，只能夜以继日地计算、试验。在极度缺乏资金、人手、理论指导和实践经验的情况下，冯如研制出了第一架样机。

1909年9月，冯如踏上自己制造的第一架飞机冯如一号，仿佛踩在这3年自己上下求索的征程上和中国近代以来所走的漫漫血路上。他紧张地坐进驾驶位，深吸一口气，小心翼翼地握住了操纵杆。

起飞后，冯如第一次体会到了触碰天空的感觉。

试飞非常顺利，美国几家报纸给予了极高的评价。一时间，冯如声名鹊起。但他并未就此止步，反而紧赶慢赶又制造了一架飞机，并趁势公开招募优先股，以期继续投入研究。

因为这只是开始，他还要制造能更好守卫国境线的飞机。

航空梦未央

刚刚成功的冯如势不可当，夙夜不懈地投入新飞机的研究之中。冯如一号的成功给了他自信，他志得意满，迅速地制造出了新的飞机，并公开试飞。

他已不是第一次试飞，心情并不像第一次那般紧张。他带着孩童般的期待，再次握住了操纵杆：如果这架飞机能够试飞成功，他的祖国或许就可以免受欺凌……

他拉动操纵杆，飞机腾空而起——

然而，一瞬间的飞跃之后是无法控制的失重，数百个日夜的汗水化为灰烬。

冯如从他梦寐以求的天空中重重坠落。

围观的人们沉默地等待着他。他从坠落的样机中走出来时依然从容，只是说：看来要重新再来了。他返回厂房，一声长叹之后，没有犹豫，没有踌躇。他制造了第二架飞机，试飞失败。他又制造了第三架飞机，再次失败。

第四架，失败。第五架，失败。第六架，还是失败。

他没有抱怨，于是为他作传者也就草草数笔带过他数次失败后的辛酸。

那是 1910 年，美国旧金山街头无比繁华：有西装革履的人坐着汽车，有大亨在投资股票，还有人拿着报纸讨论时事，冯如在他们之中显得格格不入。一次成功往往只会被当作侥幸，他的多次失败在美国人眼里无疑正是佐证。但他逆流而行，把鄙夷和嘲笑抛在身后。

在这不足 8 平方米的厂房，每一次的失败代价高昂，但这样没有余地的失败，他经历了足足 6 次。他白天在被质疑声中奔波集资，晚上则在小小的厂房中继续钻研……

终于，又一架飞机艰难地问世了。这架飞机还有一个后来人们熟知的名字——冯如二号。很多人知道它，但不知道在它之前曾有多次失败。

1911 年 1 月 18 日，冯如再次亲自试飞。

他十分沉稳，失败对他而言已不足为惧。但当这架飞机真正冲上云霄时，一股辛酸涌上他的心头，又在蔚蓝的空中逸散了。这个凝聚着冯如心血的“孩子”也不负众望，在前所未有的高度飞行了足足 4 分钟才完美地降落。

冯如在终获成功的兴奋之中仍不觉满足，他选择不断改进，继续试飞，终于创下了当时世界飞机速度、飞行高度与航程的最高纪录。

这毫无疑问在当时的美国社会乃至全世界都引起了巨大轰动，各地报纸竞相报道这位“东方的莱特”。他们不得不承认，从古至今，中国人的智慧一直让全世界瞩目。

爱国梦长存

此时各国对这能够驰骋天空的利器渐渐重视起来，一时间无数的橄榄枝向冯如抛来，有高薪的教职邀请、各国航空部门的邀约……但当冯如收到清政府的邀约时，他立刻放弃了其他诱人的机会。

他从未忘记自己曾掷地有声地说过“誓必身为之倡，成一绝艺，以归飨祖国”。1911 年 2 月 22 日，冯如毅然率公司众人带着两架飞机及器材设备等，乘船归国。

当时，世界上已经有 800 多架飞机，但中国的土地上一架也没有。然而，冯如回国之后却被迫赋闲在家，清政府时刻派人监视他，他的一切研究活动因此停滞。

正当冯如极度苦闷之际，1911 年 10 月，辛亥革命爆发了。孙中山先生盛情邀请他出任中国第一位飞行队长。冯如顿感为国效力之机会已经来到，带领助手用了仅 3 个月的时间，就制造了一架性能与冯如二号相仿的飞机。

这是第一架由中国人制成的飞机。

冯如一号是中国航空史的开端——似乎在经历了如此多的困难波折之后，一切都在变好。

1912 年 8 月 25 日，冯如为筹集经费，在广州燕塘进行飞行表演，数万军民翘首观望。只见冯如驾驶着飞机凌空而起，操纵无比自如，现场为之振奋。他心潮澎湃，然而就在这时，意外发生了。

飞机猛然坠落，人们来不及反应，找到冯如时，他已身受重伤，流血不止，虽经过急救，但药物太少，难以支持治疗。不幸的是，适逢星期天，医生们外出，待他们返回时，冯如因失血过多，抢救无效，不幸离世。一代英豪，就此长眠，时年 29 岁。

冯如出生在一个充满生死考验的时代。那个时代的人常在年少时成名，但令人惋惜的是，他们也多在年轻时就因各种原因而离世。他们被卷入时代的洪流中，如流星般灿烂，却因战火、忧思，甚至落后的医疗条件和短缺的物资而失去生命。

但总有人不甘愿只发一个人的光，他要开一条路出来，冯如就是这样的人。

一个人的人生落幕了，一个时代的帷幕却就此被拉开。

— 学子说 —

“勿因吾毙而阻其进取心，须知此为必有之阶段也。”

冯如眼中的天空不仅是人类追求的星辰大海。他的天空中始终有一个“太阳”，那个“太阳”在他的心中发光发热，滋养着他的精神世界，我想，那是对祖国的热爱。

他历经千辛万苦集资、研发飞机，亲自试飞，对父母的思念、多次背水一战后的失败、列强的威逼利诱、清政府的束缚，这些都无法动摇他的决心。他是中国第一位飞行家，也是一位值得被中国人永远铭记的飞行家。

在弥留之际，冯如表示，他的离去不代表结束，一切都还没结束。他的话或许有两层意思：“飞机的发展还没结束，中国人探索天空的脚步绝不止于此；中国人的旅途还没结束，我身后，仍有千千万中国人将上下求索，让中国再度屹立于世界之林。一日若功成，何必念今朝。继续向前吧。”

29年，冯如的人生太过短暂。在那个航空领域对中国人来说是一片迷雾的时代里，他形单影只，英年早逝，以至于现在来看，他的人生短得除了几架飞机，似乎什么都没有留下。

真的什么都没有留下吗？

抬头看看天吧。

启梦寰宇，辉映千秋

刘泽轩 刘玉治

钱学森篇

钱学森（1911—2009），空气动力学家和航天科学家，工程控制论创始人之一，中国科学院院士，中国工程院院士。长期领导我国火箭、导弹和卫星研制的技术研究，曾获国家科学技术进步奖特等奖、中国科学院科学奖金一等奖等奖项，获得“国家杰出贡献科学家”荣誉称号、一级英雄模范奖章和两弹一星功勋奖章。

我忠于中国人民。

——钱学森

在北航图书馆南侧，求是广场的草地上，一尊手捧书卷的钱学森像静静矗立在那里。寒来暑往，他的目光始终平静而深邃地注视着远方，似乎无论是当年还是现在，他都眷恋着这片他所热爱的土地，那蕴藏着他一生心血的故乡……

笃学则积厚

蓝丝绸一样的波浪轻轻拍打着“克利夫兰总统号”邮轮的两舷，一个正值春秋鼎盛之年的男人站在甲板上，他的身后是逐渐模糊的洛杉矶港口，岸上喧杂的人声慢慢淹没在了海浪与船身的分别中，穿过重重云霭，他的心已经回到了多年未见的红色故土……

他是钱学森，1911 年出生于中国上海。回国时，他已经是声名远扬的空气动力学家，也将是数十年后尽人皆知的中国航天元勋。

小时候，钱学森就表现出在科学方面的独特禀赋。在小学里，孩子们常常在课间叠纸飞镖，比赛谁的纸飞镖飞得最远，钱学森虽然年岁尚小、力气不大，却总是其中的优胜者。原来，钱学森每次叠纸飞镖时都叠得棱角分明，飞镖头部还夹着一根小小的铅笔芯，这是他的直觉，却暗含着空气动力学原理。

日子一天天过去，从小学到中学，钱学森始终保持着优异的成绩。高中毕业时，受孙中山先生“铁道兴国”思想的感染，年轻的钱学森选择了国立交通大学的铁道机械工程专业。大学课业要求严格，钱学森就花大力气研究课本上的细节。图书馆里，校园小径上，甚至是晚上宿舍楼旁的路灯下，人们常常看见捧着书本埋头苦读的钱学森。他对每个学科都保持着浓厚的兴趣，刻苦用功，熟读强记，门门功课都在 90 分以上。大学生活带给他的不仅仅是知识，还有先进思想和时政要闻。19 岁时，钱学森因伤寒休学一年。在杭州养病期间，他阅读了大量书籍，第一次接触到科学社会主义，了解了一些关于中国共产党的情况。次年，“九一八”事变爆发，忧于国家前路的钱学森更加用功地学习。他知道，他将要走上科学救国的道路。

1934 年，钱学森以全专业第一名的成绩毕业。同年，钱学森参加了清华大学留美公费生的选拔，并成为那一届唯一一个攻读航空工程的留学生。1935 年，随着“杰克逊总统号”轮船引擎的轰鸣，目光中的码头一点一点地在钱学森眼中模糊，他第一次离开这片孕育他的土地，奔向了遥远的大洋彼岸。

钱学森就读的麻省理工学院是全美一流大学，刚开始，学校里一些自命不凡的学生根本没把这个来自中国的同学放在眼里。强烈的民族自尊心和紧迫感使得钱学森加紧了学习，他只用一年时间就获得了硕士学位。毕业后，根据规定，钱学森需要前往飞机制造厂实习，但他却被厂方断然拒绝，只因为他是中国人！在巨大的愤懑与屈辱之下，钱学森离开了麻省理工学院，奔赴加利福尼亚州拜访世界空气动力力学大师——冯·卡门。初见之时，冯·卡门连问了钱学森几个问题，想要考考这个中国学生，没想到钱学森一一做了回答，而且把每个问题都阐述得极为深刻完善。他大喜过望，当即接受钱学森作为自己的学生。

随着研究与学习的不断深入，钱学森一路走到了当时空气动力学的最前沿，还加入了火箭研究小组，开始进行火箭动力研究与设计。钱学森参加了美国国防部陆军航空兵科学咨询团，于 1945 年前往德国考察火箭研制进展。返回美国后，他作为主要撰写者参与编写了一份报告——《迈向新高度》。这份报告影响深远，为美国战后发展火箭、导弹等尖端科技提供了重要指导，由此美国军方对他青睐有加。第二次世界大战结束后，钱学森被美国军方通令嘉奖，一时在美国名声大噪。

就在钱学森沿着科学大道飞速前进时，祖国也迎来了黎明：1949 年 10 月 1 日，中华人民共和国正式成立了！激动与欣喜之余，钱学森开始着手准备回国事宜。

然而，随着麦卡锡主义的盛行，钱学森被指控为“共产党员，非法入境美国”。美国当局取消了钱学森进行所有机密研究的资格。愤怒与委屈之下，钱学森一方面加紧了回国的进程，另一方面听从校方建议前往华盛顿，希望美国当局能为自己正名。然而，因为美国海军次长金贝尔的一通电话，钱学森刚刚从华盛顿返程，就被美国移民局截下检查，并在几天后被其以“企图运输秘密文件”的莫须有罪名非法拘禁。在拘留所里，这位伟大的科学家被当成囚犯那样折磨和迫害，仅仅半个月，体重就减轻了二十几斤，他更是在之后很长的一段时间内无法说话。在各方努力下，钱学森才得以被保释。然而事情并没有结束，此后长达5年的时间里，美国当局对这位伟大的科学家实行了不间断的监视、指控与审讯。直到1955年，在我国政府和海内外正义之士的不懈努力下，钱学森得以搭乘“克利夫兰总统号”回国。经过一个多月的海上漂荡，1955年10月8日，这位与祖国阔别已久的赤子，终于回到了他朝思暮想的故土的怀抱。

躬身而铸剑

从踏上香港土地的那一刻起，钱学森就不曾停下过自己的脚步。

如今，我们可以很轻松地历数钱学森主持过的各项“国家重剑”项目：从东风一号、东风二号到核导弹、东方红一号卫星，从“八年四弹”规划到“两弹一星”工程。然而，彼时作为开拓者和奠基人的钱学森是怎么走过来的，我们很多人却并不了解。

钱学森是广大科研人员的定心丸。1960年，发射东风一号时，一切准备就绪，钱学森下令加注推进剂。然而就在加注完推进剂后，现场人员却发现导弹弹体竟然向内瘪进去一部分。钱学森第一时间赶到现场，在仔细检查之后断定这是压力差造成的正常现象，可以按计划发射。次日，随着指挥中心不断传来“发现目标，飞行正常”，我国第一枚国产导弹发射任务圆满完成。钱学森是定心丸，这源自他对导弹整体的深刻了解与扎实功底。

钱学森也是发射失败时的打气筒。1962年3月21日，我国自行设计研制的第一枚中近程弹道导弹——东风二号，在首次发射试验中出现故障。得知消息后，钱学森立即从北京赶往发射场地勘察，为了让大家从失败的阴影中走出来，他镇定地安慰科研工作者们不要因为这一次失败就畏首畏尾，并亲自组织开展问题分析研讨会。几次会议之后，科研队伍的精神就重新振奋起来了。自东风二号第一次发射失败后，钱学森几乎一直都待在基地工作，只有春节才回家几天。经过两年的调整与改进，1964年，改进型的东风二号终于成功飞上了天。钱学森是打气筒，这源自他统领全局的大将风度。

钱学森是导弹发展的瞭望者。东风二号发射成功后，钱学森没有立即在导弹型号上做文章，而是从导弹发展方向上入手，主持制定了著名的“八年四弹”规划：即要在1965—1972年研制出中近程弹道导弹、中程导弹、中远程弹道导弹以及洲际导弹。这份规划切实考量了我国当时的发展情况与社会实际，定下了未来8年主要攻关的技术方向和导弹种类。孙家栋院士回忆时感慨：“它的实施，使我国的导弹火箭研制生产上了几个台阶。”钱学森是瞭望者，这源自他洞见未来的战略眼光。

钱学森也是航天工程的监督者。1970年2月，经过重重试验，东方红一号这颗科研人员为之不懈奋斗了10年的卫星即将遨游太空。这10年里，钱学森作为卫星工程的总负责人，既把握整体研制，又时刻关注着卫星上哪怕一个元器件的细节。在一次汇报中，钱学森得知器材方面存在严重的配套问题，他当即亲自前往协调，要求打开配套仓库，对于缺少的部件，马上安排生产，从而保障卫星上元器件的质量。1970年4月24日晚，卫星发射圆满成功，《东方红》在人类举目仰望之处响彻寰宇。钱学森是监督者，这源自他对中国航天事业始终如一的责任感。

风尘仆仆，筚路蓝缕，这一走就是15年，中国航天由此而始，也自此而兴。是定心丸，也是监督者，钱学森孜孜不倦，终于为国家举起了那把入云的重剑。

栽树以荫后

钱学森回国时，加州理工学院主席杜布里奇曾意味深长地说过一句话：“他回去可不是种苹果树。”

钱学森的确不曾种过苹果，但他在戈壁之上种起的“大树”却枝繁叶茂，为中国航天的发展带来了一片“荫凉”。

钱学森从多年的技术组织管理工作中总结经验，完善了技术责任制，建立了以总设计师为核心的型号设计系统。同时，他还创建了以行政总指挥为首的行政指挥系统，将技术协调与计划调度相结合，确保工程顺利进行。这种以总设计师为核心的型号设计系统和以行政总指挥为首的行政指挥系统的“两条指挥线”工程指挥体制，为中国航天事业的后续发展奠定了坚实的制度基础。

除此之外，无论是在一线工作还是退居二线，钱学森始终把青年人才看得很重。

1964 年，在研制东风二号时，火箭射程不够，而燃料贮存箱空间有限。面对困境，王永志经过仔细思考和计算，建议将液氧和乙醇的注入量比设计要求减少 600 千克，以使火箭达到预定射程。总设计师不敢采纳这个建议，王永志便鼓起勇气越级向钱学森陈述了自己的意见。使王永志大为惊奇的是，这位著名科学家一点也没有小看他。钱学森听得非常认真仔细，针对王永志的计算方法不时提出问题，让他讲清楚，钱学森自己也做了粗略的估算。汇报结束之后，钱学森立即决定：“这个年轻人的意见对，就按他的办。”这件事也让钱学森记住了王永志。后来在制订第二代战略导弹的研制计划时，钱学森提议由年轻一代挂帅，并力荐由王永志担任第二代战略导弹第一个型号的总设计师。

孙家栋的经历同样证明了这一点。东风二号发射失败后，大家在分析会上发现主要原因是总体与分系统管理不协调，这给负责导弹总体设计的孙家栋团队带来了巨大压力。钱学森及时站出来说：“如果有考虑不周的原因，首先是我考虑不周，责任在我，不在你们。你们只管研究怎样改进结构和试验方法，大胆工作。你们的建议如果成功了，功劳是大家的；如果失败了，大家一起来总结教训，责任由我承担。”钱学森的一席话让孙家栋他们如释重负，大家认真总结教训、全力开展下一步工作。1965 年，年仅 36 岁的孙家栋被任命为导弹总体设计部技术负责人，主持总体方案论证和总体设计工作。

钱学森总是大胆起用和鼓励年轻人，并勇于替他们承担风险。他深深明白，青年人才是国家未来发展的中坚力量，必须给予他们锻炼的机会和鼓励。基于这一考量，钱学森带出了孙家栋、王永志等一批骨干，这些人之后也成长为中国航天的核心人物。

这棵树，钱学森种了一辈子。94 岁时，面对来看望自己的温家宝总理，钱学森掷地有声地抛出了著名的“钱学森之问”，他就是这样时刻关心着下一代，甚至是下几代青年人才的培养问题。

—学子说—

钱氏家训有云:“利在一身勿谋也,利在天下者必谋之。”

钱学森谋的是大利,是天下利,是中华民族伟大复兴之利。

也正因如此,他从不宣扬自己所获得过的成绩,尽管它们厚重得可以写成一部史诗;他从不夸耀自己所担任过的职务,尽管它们重要得可以支撑起整个国防研究院。他从不因外在的褒奖或是称号失态,只除了一次——

当他读《史来贺评传》的序,看到自己同雷锋、焦裕禄、王进喜、史来贺一并被视作“在群众中享有崇高威望的共产党员的优秀代表”时,他激动得眼里泛起了泪花。他说:“我现在终于是劳动人民的一分子了,而且与劳动人民中最先进的分子连在一起了……”

至此,何须再言?

新星照夜，以启新篇

肖鸣昊

任新民篇

任新民（1915—2017），航天技术和火箭发动机专家，中国科学院院士，国际宇航科学院院士，“两弹一星”元勋之一。1956 年起先后在国防部第五研究院和第七机械工业部任职，长期从事导弹与航天型号研制工作。1975 年 6 月被任命为第七机械工业部副部长。曾先后担任长征一号运载火箭的技术负责人，试验卫星通信、风云一号气象卫星、亚洲一号通信卫星发射任务等六项大型航天工程的总设计师，在液体火箭发动机和型号总体技术上功勋卓著。曾获得“中国航天事业五十年最高荣誉奖”。

我这一生，只干了航天这一件事。

——任新民

不到 7 点，任新民便起床了。一起身，他便推开窗户抬头看天——灰蒙蒙的一片，什么都看不清。

习惯了，每次发射都是这样。但今天，亚洲一号卫星就要发射了！

他关上窗户朝门外走去。对面的山此刻仍然是灰蒙蒙的，太阳还未出来，远处大块的云团在发射架的上方飘荡着，映衬得天空一片阴沉。1960 年苏联专家刚撤走时，任新民作为东风一号导弹的发动机总设计师面临巨大压力。而此刻，他恨不得长出一双长长的手，将太阳一把拽出云层，正如 30 年前顶住压力，一把将东风一号送上天！

今天，我国将首次承担外国卫星发射任务，首次发射西方制造的通信卫星，必须确保万无一失。

任新民抬腕看表，表上的日子清晰可见：4 月 7 日！

无奈的中止与心中的忐忑

下午 1 点 30 分，当工作人员开始对第三级火箭加注低温燃料时，整个发射场顿时变得紧张起来。

但当第一声惊雷在发射场上空轰然炸响时，发射场的所有人员一瞬间全都愣住了。

当发射程序进行到最后 80 分钟时，雨下得肆无忌惮，乌云滚滚，响雷不断，震撼着人们的心。

任新民急匆匆地跑向发射场，75 岁的他步子在雨水中一颤一颤的。他来到电话机前，匆匆拨给地下指挥所："喂，01，立即中止发射程序！"对方答道："明白！"

他啪的一声挂掉电话，长叹一声，大步朝地下指挥所走去。雨越下越大，他回想起被任命为中国第七机械工业部副部长、中国通信卫星工程的总设计师和技术总指挥那天，那是 1975 年 6 月 30 日，为了发展当代火箭发动机技术，他主张研发氢氧发动机，成功让我国的火箭发动机技术迈入世界前列，最终完成了长征三号火箭的设计目标。

而现在，火箭体内装着 -200℃的液氢，发射场上一旦有静电火花产生，或者一个惊雷落地，发射场即刻便会被引爆。

任新民，这位从安徽宁国走来的老人，早年参加过革命，青年时期留过洋，拥有几十年的卫星发射资历，可谓是经验丰富。但今天，面对大自然强大无比的威力，他的心也禁不住阵阵发颤。

发射程序中止，原本喧闹的发射场顿时陷入一片沉静之中，唯有雨水伴着雷声，一刻不停地，打在发射平台上。

天人较量

暮色降临了，但发射场仍然是一片寂静。

时间一点点地流逝，第一个“发射窗口”过去了，第二个“发射窗口”也快要过去了。

终于，地下指挥所决定：重新启动发射程序，瞄准第三个“发射窗口”，从发射程序最后 80 分钟切入。01 指挥员很快重新下达了“80 分钟准备”的口令。

此刻的发射场被四周的灯光照得如同白昼，头顶亚洲一号卫星的长征三号火箭像一条昂首欲飞的神龙，箭体上的两面五星红旗和“中国航天”四个大字，经过风雨的洗礼，更显得鲜艳夺目。

然而，夜色沉沉中，仍是风雨交加。

发射场上，任新民在雨中徘徊，依旧重复着一天都在做的动作——观天。雨还在下个不停，他全身都湿了，花白的眉毛上满是水珠。

任新民的目光停在了高高矗立于发射架上的长征三号火箭上。那是一枚凝聚了他一生心血的火箭。他看着“中国航天”四个大字，回想起 1929 年加入中国共产主义青年团，那时他是一名进步的革命青年，经过数十年，他成为一名火箭专家，以不同的方式为国效力，任新民既感到自豪，又深知责任重大。

这推迟的发射，今晚能顺利完成吗？

冲破风雨

晚上 8 点 50 分，雨渐渐小了；8 点 55 分，发射场开始转南风，雷声慢慢地小了，风渐渐小了，雨也终于停了。

晚上 9 点整，发射场上，牵动所有人的“发射窗口”终于打开了！

“30 分钟准备！”指挥长一声令下，从西昌到太平洋，7000 多公里的航线上，分布于全国若干省份的成千上万台跟踪测量设备，全都进入了最后决战的状态。

这时的地下指挥所成了全航区最瞩目的中心，任新民等一众中方火箭专家聚集在这里，紧紧盯着显示面板上的数据，各自的大脑都在像计算机一样运转。

“各号注意，5 分钟准备！”口令通过无线电波传向西安，传向北京，传向太平洋，传向数千公里航线上的每一个岗位，将人们的心一下悬吊起来。

此时高高的发射架上，发射臂全部张开了。长征三号火箭高高矗立，随时准备奔向另一个广阔的世界。

离点火发射还有 12 秒，当 01 指挥员正要下达“点火”口令时，意外的情况出现了：火箭上方的一个部位往外冒着阵阵白烟。

任新民瞬间紧绷起来，他非常清楚，如果是液氢出现泄漏，一旦遇到一丁点儿火星，瞬间就会发生爆炸，而现在，要么按原计划发射，要么推迟或取消发射。

任新民在脑中飞速权衡。他很快发现，第三级火箭的增压是正常的，这说明液氢贮存箱没有问题，而正往外冒的白烟在逐渐减少。

于是，当任新民、指挥长和其他几位科学家的目光短暂地接触后，他凭借科学的推断，同时也凭借他几十年的卫星发射经验，大胆而果断地下达了命令：“点火！”

“点火——”

“起飞——”

随着一声巨响，火箭腾空而起，10 秒后，火箭开始拐弯，向着东南方向加速，越飞越远，尾部燃烧的火焰划出一条红色的通天轨迹！

此时的指挥控制大厅里，掌声和欢呼声响成一片，所有人都在握手、拥抱，热烈祝贺！

当任新民等人从地下指挥所匆匆赶到指挥控制大厅时，全场报以热烈的掌声！

但任新民神情严峻。虽然火箭已经上天，但这还只是第一步。火箭上天后，还有诸多的步骤和操作需要完成，只有这些环节都顺利完成，这次发射才算成功。因此，他脸上仍不见一丝笑容。他凝视着大屏幕，一动不动。

“三级火箭二次点火成功！”

“火箭起旋！”

“星箭分离！”

调度指挥员话音刚落，大厅顿时再次爆发出一阵极其热烈的掌声！

片刻后，指挥长正式宣布：“西安卫星测控中心的测量数据表明，卫星已进入转移轨道。这次发射，完全成功！”

直到这时，任新民脸上才露出了开心的笑容。

卫星发射测控系统部的同志兴冲冲地从一间小屋里走了出来，将一份刚刚从西安卫星测控中心传来的记载火箭和卫星的各项数据的传真件，郑重地交到了任新民手上。

任新民看了之后，兴奋地在传真件上挥笔签下了自己的名字。

至此，亚洲一号卫星发射任务圆满完成。

震撼全球

在发射亚洲一号卫星之前，国际卫星商业市场几乎被美国与欧洲垄断。亚洲一号卫星的成功发射意味着，中国凭借其自主发射的运载火箭进入国际卫星商业市场，在与欧美国家的竞争中取得了显著突破。因此对中国来说，亚洲一号卫星的发射不仅是一项技术成就，也是一项重大的外交成就。这次成功使中国成为国际航天工业中一个重要的商业竞争者，并向世界发出信号：中国是一股不可忽视的力量。

这是中国第一次利用本国火箭发射国外的商业卫星，无疑是中国迈向国际商业发射市场的重要一步。虽然这一步只是起点，但它具有里程碑意义，预示着中国在这一领域的巨大潜力和光明前景。

—学子说—

看完我写的故事后，大家可能会好奇，明明从第一颗人造卫星、导弹到载人航天工程，任老都有过深度参与，对于这样的一位专家，我为什么只选择写这一段呢？

文中所写的是1990年4月7日这一天，在任老的生命中，这可能只是平凡的一天。然而，这一天正是任老几十年奋斗经历的缩影。任老的成就就是在这日复一日的工作中积累而成的。因此，我选择以亚洲一号卫星发射这一天中任老的经历为主线，中间穿插任老中学时加入中国共产主义青年团投身革命、青年时期留洋、研制东风一号、被任命为第七机械工业部副部长的经历，既通过主线展现出任老的临危不乱、严谨负责，同时通过暗线讲述其从少年加入中国共产主义青年团到成为总设计师，几十载年华奉献于党和国家的经历。这看似平淡无奇的一天，凝结着任老几十年的智慧和汗水，反映了他坚韧不拔的精神。

几十年间，任老就像亚洲一号卫星的发射一样，经历过各种挫折，但从未动摇，最终成为一位卓越的航天技术与液体火箭发动机技术专家。他的奋斗中，包含了坚持、努力、挫折、成功，以及付出和牺牲。

他无愧为国家脊梁。

十载辛酸泪，一弹破长空

龚学韬　刘懿慧

屠守锷篇

屠守锷（1917—2012），火箭总体设计专家。1952 年在北京航空学院（现北京航空航天大学）任教，先后担任副教务长、飞机系主任和院长助理等职务。先后领导地空导弹的仿制与研制工作、主持地地战略导弹研制工作、担任洲际导弹和长征二号运载火箭总设计师。曾获两弹一星功勋奖章、全国五一劳动奖章、“全国优秀科技工作者”称号。

当时并没有多想，只是服从分配，从头学起，为国防事业出力。我们那代人都是这样。

——屠守锷

15 年可以做些什么？ 15 年，可以让一个婴儿成长为英俊潇洒的青年；15 年，可以让意气风发的男人变成步履蹒跚的老人；15 年，可以让一个社会发生翻天覆地的变化。而对于他，15 年可以隐姓埋名制造出中国第一枚洲际导弹，创造出中国航天奇迹；可以年复一年穿梭于研发中心各个部门，最终达成我国战略导弹研制史上一个里程碑式的成就；还可以铸造一把“共和国神剑”，守卫国家安全，成为苍穹中一颗耀眼的恒星。他，就是屠守锷。

一腔热血投国防

1917 年 12 月 5 日，浙江湖州的一户寻常人家诞生了一位婴儿。在那动荡的年代，尽管民生凋敝，父亲却仍对这个孩子寄予了厚望，为其取名屠守锷。守者，从寸，卫护之意；锷者，从咢，意为刃；守锷者，以刃护国。这个名字里饱含着家族的期许和“国家兴亡，匹夫有责”的担当。屠守锷的一生，如同其名，可谓是为中国而“守锷”。

1932 年，屠守锷正准备跟着父亲从上海回家过年。这本该是个让人欢喜的日子，可就在他们回家途中，一个个炸弹突然从空中落下，上一秒还熙熙攘攘的码头，下一秒就被日本人炸得面目全非。望着这人间炼狱般的景象，屠守锷感到深深的无力与悲凄。在他当时的印象里，日本不过是弹丸之地，怎会打得我们无力反击？他想不通。这样痛苦的思索，逼得他一下子成长了。他暗暗下定决心：“我一定要亲手制造出中国人自己的飞机，制造出先进的武器，消灭这些强盗，为死难的同胞们报仇雪恨！”正是在这战乱动荡时期，屠守锷的航空梦就此悄然种下。

从此，屠守锷怀着航空救国的梦想开始发奋读书。他把自己遇到的一些问题一一记在随身携带的小本子上，方便利用零散的时间思考。最终他成功考上了清华大学机械系，成为机械系航空专业组的一员。在大学里，屠守锷是最用功的学生之一，因为他一刻也不敢忘记那天惨绝人寰的景象，更不会忘记当时没有一架中国飞机起飞迎战。“航空救国，强军安邦”在他心中变得更为具象。不久，屠守锷顺利毕业，之后还成功取得了公费留美资格，进入美国麻省理工学院航空工程系攻读硕士学位。

在国外，屠守锷孜孜不倦地学习。毕业以后，他在位于美国纽约的布法罗寇蒂斯飞机厂任工程师。他不放弃任何一个实践的机会，哪怕只是一个零部件，他也要掌握透彻。他毫不懈怠地让自己迅速成长起来，在国家需要之际竭忠尽智，以效祖国！

毅然归国效航天

时间转眼来到1945年，历经浩劫的中国终于迎来了抗战胜利，却也创重痛深，百废待兴。远在大洋彼岸的屠守锷，听闻了抗战胜利的消息，第二天就毅然辞职，打算回到祖国的怀抱，投身于伟大的民族复兴浪潮中，他要用自己所学的知识为国效力。

1952年，屠守锷被调往北京航空学院任教。1956年，国防部第五研究院院长钱学森点将，让屠守锷参与我国国防工业队伍的建设，他就此踏上了航天之路。

从学校到国防部，从熟悉的航空工程到陌生的导弹，多年后回忆起人生这一步转折，屠守锷只是淡然地说："当时并没有多想，只是服从分配，从头学起，为国防事业出力。我们那代人都是这样。"彼时的他连导弹都没见过。在听钱学森讲"导弹概论"课程时，他认识到导弹对我国有多么重要，自己作为研究人员，做每一个决定必须慎之又慎。这样的责任感，让他养成了一个习惯：把所有的精力都用在工作上，说话言简意赅，走路时节奏快、步子大。

当时我们可利用的资源少之又少，只能利用别人的导弹做"反设计"学习，但屠守锷与众多科研人员矢志不渝，既当研究人员，又当求知学生，昼夜探索实践，艰难前行。即使后来缺乏外国技术支持，屠守锷也坚定地说道："我们自己干！"凭借着这一股韧劲，他深入科研生产一线，在学习中攻关，在攻关中学习。

长空剑舞破天荒

"八年四弹"（"八年"指1965—1972年，"四弹"指中近程弹道导弹、中程导弹、中远程弹道导弹、洲际导弹）规划获批后，一项重大的任务来到屠守锷面前，上级任命屠守锷为技术总负责人，主持洲际导弹研制工作。时间的紧迫与任务的艰巨，时刻敲打着屠守锷的神经。为了方案能够准确无误地施行，屠守锷废寝忘食地奋斗在研发一线，从这个实验室跑到那个会议厅，从这条生产线跑到那个办公室，密切关注着研发线上各项工作的进展。在一次总装中，有颗小钢球不见了。屠守锷不敢有丝毫懈怠，他带着总装测试人员，趴在厂房里仔细寻找，最终在铁轨缝里找到了它。1970 年 12 月，洲际导弹第二级在北京做半弹试车，试验结束时已经很晚了，大家不得已只能在办公室里打地铺过夜。北京冬日的风一刮起来，就是刺骨的寒冷。屠守锷却坚持睡在靠门的最外边，用身体为大家抵御寒风。他牵挂着导弹的进展，也心系着每一位科研人员。

不久以后，周恩来总理召集中央专委会议，专门听取洲际导弹第一枚遥测弹的出厂汇报。当被问及能否发射时，屠守锷毫不含糊地答道："该做的工作我们都做了，目前它的性能状态是良好的。我们认为，这枚作为首发试验的导弹，应该得到最好的考验，以便通过飞行试验，进一步检验我们的方案，从中找出不足。"

洲际导弹就此进入发射倒计时。

1978 年 11 月，高弹道飞行试验遥测弹被运到发射场。屠守锷也跟着来到试验基地。此时的他已年逾花甲，但他和其他年轻人一样在发射架上爬上爬下，仔仔细细地检查各个工作台，确保万无一失。最终，首次高弹道飞行试验一举成功。

一枚导弹有几十万个零件，这些零件又组成了各种部件、系统。面对如此庞大而又精密的系统，屠守锷在发射前陷入了沉思。他觉得自己像一个苦学多年就要上考场检验真实水平的学生，一个个问题像走马灯一样在脑海里掠过：导弹总体和各个分系统都出现过哪些重大技术问题？这些问题是否得到了妥善解决？现在是否还有需要改进的地方？刚到达基地安顿好，屠守锷就立马开始部署全面检测工作。这一检测还真发现了问题，让屠守锷惊出了一身冷汗：一枚导弹的发动机疑似有些问题，拆下来检查才发现里面竟有一根白鞋带。在航天事业中，100 减 1 不等于 99，而等于 0，任何一个不起眼的小问题都有可能使千里之堤溃塌。

1980年5月18日，这天对屠守锷来说，注定是个难忘的日子。这一天，洲际导弹将跨越祖国的千山万水，完成全程飞行试验。我国火箭专家王德臣后来提起这件事，他说："打洲际导弹是1∶1的飞行试验，你得向全世界公布，你还得划个大圈儿，如果你打在圈外头，丢不丢人啊。你做试验的时候，人家外国的测量船就贴在你划的圈边儿上。"任务之艰难，技术之复杂，责任之重大，都是空前的。

作为中国第一枚洲际导弹的技术总负责人，屠守锷的心情甚是复杂，他既自信于这数十载上下同心的努力不会白费，但发射之际又难免紧张。最终，他在洲际导弹"可以发射"的鉴定书上郑重其事地签下了自己的名字。望着这枚导弹成功发射而远去的轨迹，屠守锷久久不能移开视线。一向冷静自持的他，再也无法抑制内心的激动，一滴滚烫的泪水自眼角滑落，随即他又不禁放声大笑。一哭一笑之间，15个春秋的负重前行之路缓缓铺展开来，那个穿梭于研发中心各个部门之间的忙碌身影，似乎在低声诉说着他的坚持、他的不易，以及他对于祖国的碧血丹心！

— 学子说 —

我国导弹事业从无到有，从有到强，从几乎无人见过导弹，再到如今"东风快递，使命必达"，15年画卷铺就开来，书写了屠守锷以刃护国的一生。

"我感觉到我们搞这一行的人，都是把国家利益放在自己的利益前面，不为个人的名利，而是以航天工作为第一位。"屠守锷几十年来的做法也生动地诠释了他说的这番话。我国第一枚洲际导弹发射成功后，他立马又投入了研究中，着手分析在试验中获得的测量数据。尽管被尊为"航天四老"之一，被冠以"'两弹一星'元勋"称号，屠守锷却依旧隐匿于鲜花与掌声之外，毫不动摇地沉浸于导弹研究事业中。曾经有位记者采访他，两人谈了很久很久，末了，记者才突然发现屠守锷追忆了中国航天波澜壮阔的几十年，却压根没有谈到自己。也许于他而言，自己如何并无太大关系，只要国家强大，他便欢喜。

于航天事业如此，于教育事业也是如此。作为北航的建校元老之一，屠守锷始终关注学校发展，常与师生进行学术交流，他在得知有很多学生因为家境贫寒交不起学费时，以个人名义向北航捐赠 30 万元基金资助他们，却一再要求不要以他的名字命名。学校尊重他的意愿，用此款设立了“宏志清寒助学金”。北航的七大书院之一“守锷书院”，就是以他的名字命名的。而以屠守锷的生平为脚本、学生演出的话剧《百年守锷》，激励着一代代北航学子不负先生期望，勇于担当时代使命，为中国航空航天事业接续前行。

永探未极，志在天穹

于硕同

王永志篇

王永志（1932—2024），航天技术专家，中国载人航天工程的开创者之一，中国工程院院士。曾担任中国运载火箭技术研究院院长、航空航天部工业部科技委副主任暨运载火箭系列总设计师、中国载人航天工程总设计师、地地导弹系列总设计师。参加和主持了 6 个导弹型号、2 个运载火箭型号和“神舟”系列飞船的设计研制工作。曾获“载人航天功勋科学家”荣誉称号。

使命因艰巨而光荣，人生因奋斗而精彩。

——王永志

从嫦娥奔月的神话到万户飞天的壮举，中国人自古以来就有飞向广袤无垠的太空梦想。如今，这一梦想已经成为现实。这离不开几代航天人的不懈奋斗。在中国航天界，王永志有着“常胜将军”的美誉。在40多年的航天生涯中，他所领导和指挥的发射任务全部成功，为中华民族实现伟大的飞天梦想立下了赫赫战功，而写就了他的航天人生的，则是一个又一个小小的梦想。

上下求索，学以致用

“迈出左脚，不仅仅是为了向前跨进半米，同时也为迈出右脚找到支点。”

1932年初冬，王永志出生在辽宁铁岭昌图县一个贫寒的农户家庭。6岁那年，王永志第一次见到报纸，上面的字他一个都不认识，这让他萌生了上学的想法。

在大哥的支持和鼓励下，一家人省吃俭用，硬是供王永志到镇上的小学读了几年书。面对来之不易的上学机会，王永志倍加珍惜，凭借优异的成绩，备受老师的欣赏。

1947年，昌图县解放了，政府开办了一所中学，免费招收家境贫寒的学生上中学。正是那时，王永志感受到了什么是“解放”，认识到只有共产党才能救中国。1949年冬天的一个晚上，他成为一名光荣的中国共产党党员。

回望自己的奋斗历程，王永志的话语总是离不开党和祖国，为国奉献的种子正是在那时被埋在了他心灵的土壤中。

1952年初秋，成绩全优的王永志考入清华大学航空系（于1952年因院系调整被并入北京航空学院）。1957年，党中央派出大批留学生赴苏联学习先进科学技术知识，王永志正是其中之一。

1957年，苏联向世界展示了举世瞩目的航天成就。“飞天的梦想，原本属于中国；第一个期盼升天的人也是中国人……难道我们还要继续落后下去吗？”我国宣布成立运载火箭技术研究院，强烈的责任感、使命感和热心同学的激励让王永志决定从事火箭研究。几位同年级的中国同学凭借勤奋与才智，在异国他乡学有所成后，都选择回国效力。

在回忆自己的求学经历时，王永志这样说道：“对青年时期的选择，我无怨无悔。

现实生活使我进一步懂得，青年时期结合国家的需要选定事业的方向非常重要。”

伯乐一顾，如沐春风

“我一生中有过许多老师，唯有钱学森老师指导了我的一生。”

1960年暑假过后，中苏关系遭遇波折，只有5名留学生能够重返莫斯科航空学院深造，王永志为其中之一。导师米申院士十分看重王永志的才华，主动提出带他完成毕业论文，王永志以令人羡慕的优秀生毕业身份完成了在莫斯科航空学院的学业。

王永志婉拒了米申院士进一步深造的邀请，执意回到祖国，后进入中国运载火箭技术研究院，参与导弹和火箭的研究设计工作。

1964年，王永志第一次走进导弹发射场，参与导弹的试射。导弹出现了温度太高、贮箱加不满燃料的问题，这会直接导致导弹的射程不足。计划看起来要搁浅，一时间所有人心急如焚、寝食难安。

王永志经过反复思考和计算，提出了减少600千克燃料的想法。而这一想法因为与在场大多数专家提出的多加推进剂的想法截然相反，遭到了强烈质疑和反对。

王永志并不退让，他直接找到了负责技术问题的钱学森，说出了自己的想法。钱学森仔细听了王永志的演算过程，欣赏王永志与众不同的思维方式和对工作认真严谨的态度，当场肯定了王永志的方案。1964年，中国第一枚自行设计的中近程弹道导弹顺利飞向预定目标，这是王永志第一次正式进入钱学森的视野，就此二人结下终身师生缘。

后来，钱学森退居二线，毫不犹豫地推荐了王永志负责新一代航天任务，他说：“王永志同志善于逆向思维，思想开阔，做事谨慎。”当时王永志只有40多岁，正值年富力强之时，在科研领域中算是较为年轻的骨干。而总设计师这一举足轻重的职位，以往通常是由德高望重的老前辈们担任。从那时起，像他这个年龄段甚至更年轻的科研精英也开始逐步肩负起总设计师这样关键岗位的重任，成为团队中的核心力量。

钱学森的慧眼识珠，让王永志得以把自己的才情在国防科学上发挥得淋漓尽致，勇攀一个又一个高峰。

携手同行，成就彼此

“你永远是这样，即使被狮子追赶，都不忘欣赏眼前的风景。”

在40多年的航天生涯中，王永志取得了众多瞩目的成就，这离不开妻子王丹阳在背后对他事业和生活的默默支持。

在留苏预备班，王永志结识了学习刻苦、文静温婉的同班同学王丹阳。两个同样优秀的人给对方留下了深刻的印象，他们相互欣赏、共同进步，同学情谊逐渐发展成爱情，两人相约当前以学业为重，回国后结婚。1960年9月，两人在北京结为伉俪。

王丹阳对王永志的支持不仅体现在生活中，更深入工作中；不只是口头上的，更是行动上的。从苏联回国后，王丹阳拒绝了组织上安排她到王永志回国后的单位工作的决定，夫妻两地分居十余年。其间，家务活和两个女儿的抚养任务，几乎由王丹阳一人承担；她调回北京后，以一股钻劲，放弃了本专业，掌握了俄、英、法、日等多种语言，改行进入中国运载火箭技术研究院，成为首批研究员。“他比我行，为了他，我甘心牺牲自己”，王丹阳被问到为何轻易转行时这样说道。

1975年的一天，时任长征三号运载火箭总设计师的谢光选找到王永志，说道：“国家决定上‘331工程’。这是个新课题，我们都没有搞过，如果你能一起干就太好了。”王永志喜出望外，干劲十足。那时他的脚在装车时被机器砸伤，尚未痊愈，他便一瘸一拐地往图书馆、资料室跑，整日搜集、翻译、整理、研究资料。

精通多国语言的王丹阳也参与其中，为资料的收集、编译工作出力。1976年，唐山发生地震，北京震感强烈，整个宿舍楼的人都跑到地震棚里居住。他们夫妻俩不顾余震危险，有空闲便回到家继续编书，有震情就抱着装满书稿和草图的箱子往楼下跑。

夫妻二人用一年多的时间共整理了百万字的资料，汇集成47万字的《同步通信卫星的发射》一书，赶在“331 工程”第一次方案论证会前夕出版。1984 年 4 月，我国第一颗同步通信卫星发射成功，在设计方法、技术管理、材料和工艺，以及安全措施等方面都采用了该书中的内容。

此后，不管王永志做什么型号，王丹阳都能及时提供各种资料，她掌握的国际航天信息，王永志总是第一读者。王丹阳先后完成科技信息研究课题 30 余项，获得国家级和省部级科技成果进步奖 6 项，20 多次被评为先进工作者。

运筹帷幄，倚天铸箭

“抓住机遇，我们就能冲出困境，走向世界。”

1986 年左右，世界航天正出现前所未有的变局：美国挑战者号和欧洲阿里安 2 型相继发射失败，国际商业卫星发射市场一时出现空白。王永志却执意研发“长二捆”火箭，承担美国卫星的发射任务。面对国内外的质疑，他的态度比任何时候都要坚决：“这是一场硬仗，还是一场恶仗，我相信我们共同努力，一定能拿下来！”他给出了 18 个月完成任务的承诺。18 个月，紧张的研制周期，以及几亿元之多的巨额贷款，这让王永志面临着身体与精神上的双重压力。

队伍中的每个人都在为这个艰巨的任务而努力：工人“忙得没有亲戚朋友”，技术人员夜以继日地改进整流罩分离技术，甚至有人 5 个月自编 1 万多条程序，以弥补当时国内计算机计算速度的不足……全院完成了 24 套共 44 万多张设计图纸的绘制，攻克了 120 多个工艺项目，耗用了 5000 多套特殊工装……终于，长征二号 E 火箭如期顺利升空。

王永志一直忘不了发射前几天那次抢修：傍晚，工作人员发现助推器出现渗漏，于是，王永志顾不上休息，接连几次赶赴发射场，提出科学处置办法。那一夜，故障被成功排除，但代价却极为惨痛，王永志的好友魏文举献出了生命。

绘梦蓝图，神舟飞天

“这次我是放心的，总检查没出问题是符合规律的。”

飞天是中华民族由来已久的梦想，中华民族自古便有着浓烈的飞天情结。

1999 年，我国宣布了发射神舟一号的时间，王永志考虑到狮子座流星雨的影响，建议将发射推迟两天。最终发射取得了成功，他一如既往地没有沉浸在这一次成功的喜悦之中，随即投入后续工程的设计方案研究中。对于第五圈实行变轨的质疑声、发射前接连出现的故障、关于是否用猕猴进行试验的争辩……这些都没有使他停下脚步。神舟二号发射的圆满成功，离不开他的沉着分析与坚决果断。

为了做到自己“航天员无伤亡危险”的承诺，王永志化“几乎”为“绝不”，对有万分之一的可能出现的隐患，他都综合评判、考虑周全。2003 年 10 月 15 日，杨利伟乘坐神舟五号成功飞向太空，工程宣告圆满成功。中华民族飞天梦想成真，王永志流下了欣慰的泪水。

如果说情感停顿的地方凝成了诗，那么史诗就是以真实的重大历史事件为背景凝成的情感。史诗中的英雄，总是既拥有勇敢的心，又具有超人的能力，能成就常人难以成就的功业。载人航天工程便是那史诗，王永志就是史诗中的英雄。

— 学子说 —

王永志从昌图县走来，数十载殚精竭虑，为中国火箭及导弹事业忘我奋斗，将自己的人生与事业融入国家和人民的梦想之中。如今，中国航天正昂首走在自主设计的道路上。这离不开王永志等老一辈航天人与国家和人民同呼吸共命运，“逢山开路，遇水架桥”，不懈拼搏，不断前行。

王永志心系国家航天事业、培养航天人才，一直为载人航天事业奋斗。“但愿不久的将来，杰出人才和世界著名人才不断脱颖而出、后继有人”，他这样热切盼望。我们相信，未来更多璀璨的星会闪耀在中国航天事业浩瀚的苍穹中，中国航天事业也将被世界称道。

云程发轫，日夜兼程

阿丝娜

戚发轫篇

戚发轫（1933— ），空间技术专家，“神舟”系列飞船总设计师，中国工程院院士，国际宇航科学院院士。现任中国空间技术研究院技术顾问、北京航空航天大学宇航学院名誉院长。1957 年毕业于北京航空学院飞机系。自 1968 年调入中国空间技术研究院以来，担任多个卫星型号和飞船的总设计师。曾获国家科学技术进步奖特等奖两次，一等奖、二等奖、三等奖各一次，全国五一劳动奖章。

我这一生只做过一次选择，就是在 1952 年大学填报志愿时，选择了北航的飞机系。那时我们还没有航天专业，而这个选择我终身无悔。

——戚发轫

2003 年，一声巨响惊破苍茫的酒泉戈壁，神舟五号化作一条细细的白线驰向太空，这项大工程的总设计师，一位时年 70 岁的老人，望着操作室的屏幕，久久伫立。他想起了小时候在码头上搬运伤员的痛心，想起了苏联专家撤离时带来的无助，想起了在破库房里透过木板的窄缝观测卫星试验的场景，想起了戈壁荒原上裹挟着沙砾的日出与日落。

愤怒的种子

1933 年，一个新生儿被取名为“发轫”，正如他的名字那样，他在后来为中国开辟了一片航天沃土，指引千万人奔赴云程。

戚发轫 5 岁时，跟随家人迁往辽宁大连。1938 年的中国，正挣扎在日寇的铁蹄之下，在大连的日本驻军强推“奴化教育”，不让学生讲中文，凡事必用日语。直至 1945 年，大连解放，在这之后中学的第一堂课上，老师告诉戚发轫和他的同学们：“我们的祖国叫中国，我们是中国人。我们有长江、长城、黄河、泰山……”他才明白了过去被剥夺语言的屈辱，“中国人”这个名称自此深深地注入他的信念与灵魂。

抗美援朝战争期间，正读高中的戚发轫需要去码头帮忙搬运伤员，他清晰地记得那些断臂残肢，那血淋淋的一幕幕，那梦魇般挥之不去的血腥味，还有那一双双痛苦浑浊的眼睛。痛心之余，愤慨之情涌上心头，他深深地明白，只有强大的国家，才能庇护她的人民不受践踏。

从幼年起累积的一次次屈辱与痛苦，浇灌着戚发轫心中那颗愤怒的种子，他像那个时代大多数的青年一样立志报国，在 19 岁时，填下人生中的第一个志愿——“学航空，造飞机，保家卫国”。他如愿被清华大学航空系录取，之后随着全国高校院系调整，成为北京航空学院的第一届学生。

每一步都很艰难

1957 年，戚发轫大学毕业，由于国家急缺导弹人才，他进入国防部第五研究院，穿上军装，转向了导弹研究，踏入航天领域。那时的中国导弹事业，一穷二白：没钱，没人，没技术，没平台。在近百人的导弹骨干队伍里，只有钱学森一个人见过、研究过导弹。在食堂里，钱学森用自己编写的《导弹概论》作为教材给他们上课，艰难地开启了中国的导弹研究。

不久后，组织上打算派包括戚发轫在内的十几个人到苏联军事院校学习导弹技术，为此，戚发轫赴大连解放军俄文专科学校学习俄文。等做好一切准备工作，赴苏学习的名单上却没有他的名字。“因为我是学总体技术的，这是导弹研究最核心的技术，其他搞强度的、搞工艺的、搞材料的、搞气动的都可以去，只有搞总体技术的人不能去——怕我们中国人获取核心技术。”这个千载难逢的机会就这样与他擦肩而过。戚发轫说：“自己的技术不行，只能受制于人。”

20 世纪 60 年代初，在我国首枚自主研制的导弹东风二号的研制过程中，中苏关系恶化，苏联撤走援助专家，这对本就困难重重的中国导弹事业而言打击巨大。也正是此时，“自力更生”的航空航天精神开始生长。在巨大的压力下，中央决定：不靠别人，自己来！

在逆境中成长起来的中国导弹研究团队，自主研制中国自己的东风二号。1962 年，在酒泉基地的茫茫大漠里，他们亲眼看着它载着希望与汗水轰然发射，与旭日同辉，却又骤然落下，伴随着震耳欲聋的爆炸声，化为一地灰烬残骸。“那个时候我们的心理压力特别大，我们觉得国家花了那么多钱，同志们花了那么多心血，第一次就失败了，无地自容啊，都不能原谅自己。”直至两年后，东风二号终于发射成功，戚发轫才在漫漫黄沙中，露出了疲惫却欣慰的微笑。

“东方红，太阳升”

1968 年，中央发布了研制人造卫星的任务，也就是后来的东方红一号。35 岁的戚发轫被选为中国“航天十八勇士”的一员。东方红一号有 4 根 3 米长的天线，是收缩式的，上天后要靠自旋甩开，天线轻了甩不开，重了会被甩出去，地面试验十分危险。戚发轫一行人借了一间库房临时作为场地，大家就地取材，每个人找了个包装箱盖，捅上两个透光的洞，套在头上进行实验，从缝隙里观察卫星旋转时天线的反应，终于找到了天线折断的症结。

长期的高度紧张与过度劳累致使戚发轫多次晕厥，突如其来的穿孔性阑尾炎更让他疼痛无比。然而他说，这些身体上的疼痛，远远比不上中国曾经历或正承受的耻辱带给他的心痛。记忆里，大连码头搬运担架上，志愿军伤员那一个个痛苦但坚定的面孔，支撑他继续走下去，把路走远、走好。

1970 年 4 月 24 日 21 时 35 分，中国第一颗人造卫星发射升空。在沸腾的欢呼声中，他仿佛又听到了中学那堂课上老师的声音——“我们有长江、长城、黄河、泰山……”20 多年过去，他终于用自己的方式，保护了它们，用自己的力量，夯实了这个东方大国的底气。

“你走吧”

此后，中国的航天事业发展迅速，平台打开，戚发轫先后参与主持了东方红二号通信卫星、东方红三号第二代通信广播卫星的研制工作，为后续卫星研究提供了技术成熟的公用平台。此后，他又担任“神舟”系列飞船总设计师，引领中国航天事业蓬勃发展。

2000 年，与他一路扶持相伴的夫人被确诊为肺癌晚期，预计寿命只有 3 个月到半年的时间。那时，神舟二号正处于攻坚的重要阶段，他几乎无法抽出时间陪伴妻子。神舟二号发射前，妻子发高烧，“在这种情况下，你作为一个丈夫，你还能走啊？”医生劝告。最后，是妻子说：“你走吧，这里还有医生，还有女儿。”

2003 年 10 月 15 日 9 时，神舟五号化作一道白线升空，戚发轫久久伫立着，极目苍穹。作为总设计师的他，望着神舟五号载着中国航天员杨利伟成功进入太空，此刻，他想起妻子曾说过，她愿意看到中国的航天人进入太空。可惜，妻子已经去世，他曾许下的诺言“再陪她吃一次晚饭”，最终变成了遗憾。作为中国人，戚发轫见证了祖国从一穷二白到如今的强大繁荣，他永远记得码头上海风吹来的那股血腥味，他不会忘了那种愤怒与屈辱，更不会忘了那从破旧的库房里一步步走来的艰难岁月。那划破长空的大国重器，在地球之外萦绕着，这或许是对这段历史，连同消逝在其中的人们，最好的告慰。

—学子说—

戚发轫是老一辈航天人的一个缩影。他们生长于战火纷飞的时代，见证了中国几十年来的发展与变革，对“祖国”二字的理解更为透彻，对祖国的感情极为深刻。

“发轫”二字，意为拿掉支住车轮的木头，使车前进，可泛指新事物或某种局面开始出现。戚发轫的航天生涯，也可谓是与中国航天事业一同“发轫”的。从最初东风二号的发射成功，标志着我国自主导弹研制从无到有，到“东方红”系列卫星的开疆辟域，再到“神舟”系列飞船的研制开发，戚发轫带领着他的团队，助力这个泱泱大国驶入航天大发展的时代。时至今日，戚发轫依旧毫无倦意地在中国航天事业的道路上前行着，这条路连接着筚路蓝缕的过去，也指引着光明璀璨的未来。

在此致敬。

我自躬身启天路

叶泓宇

龙乐豪篇

龙乐豪（1938— ），战略导弹与运载火箭技术专家，中国工程院院士。历任长征三号甲系列火箭首任总指挥兼总设计师，中国运载火箭技术研究院副院长、科技委主任、高级顾问，中国运载火箭技术研究院运载火箭系列总设计师，国家首次月球探测工程副总设计师。曾主持和参加5项国家重点工程中运载火箭的研制，主持运载火箭及相关航天工程长远发展战略研究。曾获国家科学技术进步奖特等奖、国家杰出专业技术人才奖章、“全国优秀科技工作者”称号、首届全国五一劳动奖章，以及何梁何利基金科学与技术进步奖等荣誉。

无论多么困难，总需要有人开头去做。

——龙乐豪

1938 年 7 月 4 日，鄱阳湖畔的湖口县沦陷，长江沿线的防线面临严峻考验，大江南北的军民仍在浴血奋战。也是在这一天，湖北汉阳县（现为蔡甸区）的一个普通农民家庭里的第三个男孩出生了。1949 年，汉阳县解放，男孩从牛背走进教室；1963 年，他从上海交通大学自动控制专业毕业，被分配到国防部第五研究院一分院火箭总体设计部，由此走上一条为之投入大半生的运载火箭研发之路。这个男孩就是龙乐豪。

上下求索，河出伏流，九载砺箭攀高峰

“我们相信外国人能搞的，我们应该也能搞。”

20 世纪 70 年代，为了建设卫星通信系统，我国必须将通信卫星发射到 36 000 千米高的地球同步轨道，但彼时我国只具备低轨道发射能力，高轨运载火箭领域仍是一片空白。1975 年 3 月 31 日，通信卫星工程被正式列入国家计划，作为其中重要一环的长征三号运载火箭随之立项，担任火箭总体主任设计师的正是龙乐豪。

“那时候我国工业技术基础比较薄弱，又受到外国的技术封锁，一切只得自己摸索。早期的科技攻关，我们用了很多‘土办法’。”龙乐豪回忆，在简陋的条件下，他不得不“土法上马”。有一次需要制作 400 多根推进剂管道，没有快速冷却设备，研究人员就直接把管道泡进厕所的水池，因为数量太多，男女厕所都被占满了。管道制作成功了，研究人员身上也臭了。

龙乐豪要面对的，除了艰难，还有危险。在发动机的研制过程中遇到有爆炸危险的“次同步振动”和“缩火现象”时，龙乐豪总是冲在第一线。经过 9 年的奋战，在研究团队攻克了 36 道关键技术难关后，新生的长征三号火箭终于迎来了它的首飞。对龙乐豪来说，这就像自己的孩子头一次走上考场。

1984 年 1 月 29 日，随着一声号令，长征三号火箭乘焰腾飞，人们悬着的心逐渐放下，龙乐豪高兴得跳起舞来。“我们以为成功了，正在准备喝一点稀饭。突然来人找我，说：‘老龙不好，这火箭有情况。’”火箭三级二次点火不久就失去推力，原本应该被送入 36 000 千米高的轨道的卫星只被送到了 400 千米高的近圆

轨道。

首飞失败给了龙乐豪当头一棒，但他并没有气馁，他知道在未知的道路上探索，总是困难的。龙乐豪带着研发人员不断实验、分析，找原因、改方案。

4 月 8 日，第二次试飞圆满成功，龙乐豪团队创造了 70 天攻克氢氧发动机高空二次启动这一世界性难题的纪录，为中国的高轨运载火箭从无到有地蹚出了一条路。

龙乐豪后来总结："它（中国的航天）主要是在被包围与封锁的环境当中成长起来的，我们相信外国人能搞的，我们应该也能搞，尽管我们受到很多封锁，但无非是多吃点苦，一定要把它搞成了。"

若要说龙乐豪有什么遗憾，那就是未能亲眼看着如自己孩子一般的火箭升空。每当他完成指挥工作走出指挥大厅时，火箭已经升到高空，他只能听到长空中传来的阵阵轰鸣，看到山谷中渐渐飘散的烟雾。为此，每次发射前，龙乐豪都会绕着火箭转一圈，作为告别。2012 年 3 月 31 日，70 余岁的龙乐豪终于如愿登上观礼台，亲眼看着自己研发的火箭直上九天。

倾覆之困，陟涉可凌，一年归零铸金牌

"卧薪尝胆补短板，浴火重生再起航。"

时间进入 20 世纪 80 年代，长征三号尚在研制时，国家就瞄准下一代通信卫星系统的建设，开始论证长征三号的改进型。一面是有限的基础和资金，另一面是高可靠、高性能的要求，担任总设计师兼总指挥的龙乐豪提出新的设计方法，规划覆盖不同运力的长征三号系列。

为了打开国际市场，缓解资金紧张的压力，龙乐豪亲自带着设计图出国争取客户，最终成功拿下 4 笔订单。随订单而来的还有压力，合同规定长征三号甲首飞必须成功，否则订单作废。因此，龙乐豪不仅在设计中大胆采用上百项新技术，还亲自主持与外方的技术协调，每次发射更是亲临现场指挥解决各种问题。在研制发动机时，龙乐豪曾在连续两次试车失败的情况下果断决策——发动机不返厂，就地更换零部件并迅速开展第三次试车，节省了一年的时间和数千万元

经费。

1994 年 2 月 8 日，长征三号甲首飞一举成功，龙乐豪激动地写下对联“一箭双星首飞传捷报，八年鏖战今朝定乾坤”。

1996 年 2 月 15 日，长征三号乙迎来了首飞，由于芯级与助推器两部分都已分别经过验证，其首飞即被安排了国际通信卫星 708 星这一重要载荷。这一任务不但被全国人民寄予厚望，发射过程还将面向全球电视直播。

然而，全球观众看到的，却是中国航天史上极为惨痛的一次失败。在起飞仅仅两秒后，火箭的姿态就出现异常，随后径直撞向发射塔旁的山坡。贮存箱内数百吨推进剂瞬间爆炸，星箭俱毁，导致 6 人牺牲、57 人受伤。此时距离起飞不过 22 秒。“那时才真正知道什么叫痛苦。说实话，我没想到失败得这么惨。”这是龙乐豪遭遇过的最大的挫折，也是最刻骨铭心的失败。他为此一夜白了头。

雪上加霜的是，半年后，本来已经技术成熟的长征三号发射失利。接连的失败使我国航天事业陷入低谷，但龙乐豪唯有继续向前。“我没有灰心，问题不在于有没有失败，重要的是如何从失败中吸取教训，改进研制工作，最大限度地减少今后的失败或避免失败。”龙乐豪事后说道，“在哪里跌倒，就要在哪里站起来，然后再继续前进。这是事业的需要，是大局的需要。”为了查明原因，所有研究人员放弃春节休假，立刻投入排查故障的工作中。他们打着应急灯，挑灯夜战整整一个月，终于锁定了造成失败的元凶。

后来，中央电视台制作了一部航天主题的纪录片，公开了不少发射失利的影像，其中最惊心动魄的一幕正是长征三号乙首飞坠落的瞬间。纪录片名为《撼天记》，龙乐豪在困顿中开辟的，也正是一条撼天之路。以人力撼天，何其难也，但他做到了，他们做到了。

“面对高难度复杂的航天工程，一定要胆大心细，勇于突破，既要有高度的责任心和自信心，又要有不计个人得失、不惧挫折失败的奉献精神。”全面“归零”技术和管理的工程量不亚于重新研制一枚火箭。为了尽快扭转局面，走出低谷，这一年半的时间里，他们在与时间赛跑。

1997 年 8 月 20 日，长征三号乙搭载一颗菲律宾卫星复飞成功，两个月后又成功发射亚太 2R 卫星。此后，长征三号甲系列运载火箭逐渐发展成了包括 3 个大型号、12 个小型号，发射次数最多、成功率最高的“金牌火箭”，并在 2019 年完成了系列的第 100 次发射。龙乐豪对此感到很自豪。在长征系列火箭中，长征三号甲系列火箭是当之无愧的佼佼者，说它是“骄子”也不为过。

高瞻远瞩，功在身后，撼天不怕长征难

“年过花甲心未老，为创名牌自奋蹄。”

中国的撼天之路并未止步于长征三号家族的成功。1986 年，我国制订了发展“大型运载火箭”的计划；1995 年，新一代运载火箭开始预研；2006 年，长征五号立项。作为长征五号立项的发起人之一，龙乐豪几十年间，为中国火箭的发展高屋建瓴地规划了一条既着眼于长远发展、又立足于工程实际的道路。

2016 年 11 月 3 日，龙乐豪亲临文昌航天发射场，见证长征五号首飞一举成功。

2017 年 7 月 2 日，长征五号第二次发射，龙乐豪再次来到现场。然而，龙乐豪的航天路似乎总要与挫折相伴，年近耄耋的老人又一次看着自己研发的火箭从空中坠落。不同的是，此时已有更多年轻人成长起来，他们已经能够担负起“撼天”的重任，一如龙乐豪年轻时那样。这一次的“归零”用了两年多的时间。

2019 年 10 月，龙乐豪参加了长征五号遥三运载火箭的出厂评审会，为长征五号的复飞做最后的保驾护航。12 月 27 日，长征五号不负众望，成功复飞。在龙乐豪眼中，长征五号就是他的孩子。他曾鼓励长征五号的研制团队：“要最坚决地、最踏实地、最坚定地向着目标一直走下去。”

长征五号之后的下一个目标是：近地轨道运力达一百吨级的重型火箭长征九号，而龙乐豪则是推动长征九号论证与立项的主力之一。

21 世纪前 10 年，美国商业航天公司 Space X 开始尝试运营可重复使用火箭，但是由于航天飞机工程管理失败的教训在前，外界普遍对其前景持怀疑态度，龙乐豪也是如此。他评论道：“美国研究重复使用技术是为了降价，但是能否达到预期目标，目前还很难说。”彼时长征九号的方案也是完全为一次性使用而设计的。

然而此后几年的事实证明，随着技术的发展，过去很多工程问题都已经可以解决或绕开。龙乐豪秉持着与时俱进、实事求是的精神，很快转变为重复使用火箭的坚定支持者。2021 年，被完全推倒重来、瞄准重复使用的长征九号方案由龙乐豪正式对外公布，龙乐豪和他研发的火箭再次成为焦点。“长征九号的构型方案，我也是主导者之一，和团队里很多年轻人一起定的。”在采访中，他直言，“我们将来的重型运载火箭，一子级或者部分是要回收的。”

龙乐豪晚年在参与预研和论证工作之余，还在科普领域中发挥余热。“现在想得更多的是传承，做一些力所能及的工作。年轻人有一些长远发展规划，需要我们出出主意，帮忙把把关。我感觉身体各方面还不错，所以就积极参加一些科普的事情，只要有人需要我。”龙乐豪满头霜发却精神矍铄，从北京理工大学到香港大学，活跃在各个论坛、讲座上，化身为连接国家前沿航天发展与普通民众的桥梁，来自五湖四海的航天爱好者亲切地称呼他为“龙老”。

今天，我们可敬可爱的“龙老”已经 80 多岁，不再年轻，但紧随其后的，是更多年轻的“龙乐豪”。今天，长征三号乙和长征五号都已进入高密度发射阶段，长征九号的方案日渐完善，长征十号首飞已不远，我国商业火箭的发展方兴未艾……从钱学森到任新民再到龙乐豪，一代代航天人接续开辟着中国航天的撼天之路。回望来路，遇过挫折，历过蹉跎；遥瞻前途，前人已可以卸下重担，交付来者。我们相信，航天人的脚步不会停下，只会越走越远，向着更高的目标迈进。

—学子说—

因篇幅和本人才学所限，寥寥数语，几笔勾画，难绘龙老的风采，其他值得一书的故事，如他与任新民的关系、他对“归零”制度的完善、他对载人登月的论证推动等，都只能略过。最后决定以他参与的几个重要火箭型号为线索，以国家需求和发射失利交替为推动，以“撼天之路”为核心意象，引出传承之意，搭起这篇文章的框架。纵观世界，航天事业特别是火箭的进步，难以避免失败，而基础弱、起点低的中国，更是在艰辛中求索。因此，这篇文章也暗含了两个问题：如何看待失败？如何对待失败？

我是一个航天爱好者，很早就关注到这位不服老、不服输的老人了。他每次公开出席讲座，往往意味着我国航天领域有新计划或新进展公开。近几年龙老的讲座我几乎次次在线上观看，只是遗憾未能有幸面见。因写文章之故，我才开始了解龙老的个人经历，走近他的一生。最后以一首七律再表敬意：

“国破乡关何处是？烽烟倥偬汉津途。
南天箭指青丝雪，北海鹏飞晓雾疏。
九载登攀曾辗转，一朝覆坠再踌躇。
铭功可待擎旗者，浪聚龙楼望远图。”

北斗耀星海，长风卷苍穹

杨佳琛

杨长风篇

杨长风（1958— ），航天系统总体技术与工程管理专家，中国工程院院士，北斗卫星导航系统工程总设计师。曾参与北斗二号系列卫星星载原子钟的研究，并全程主持北斗三号系列卫星的建设与应用，是我国卫星导航系统“三步走”发展战略的重要奠基人与实施者。曾获国家科学技术进步奖一等奖、钱学森杰出贡献奖。

中国北斗，服务全球，造福人类，这是我们的一个期望。

——杨长风

北斗，是北半球夜空中 7 颗明亮的星星。《淮南子・天文训》云：“帝张四维，运之以斗，月徙一辰，复反其所，正月指寅，十二月指丑，一岁而匝，终而复始。”古人以北斗七星定四季年月，并以此为天意。而时至今日，中国自主研发的北斗卫星导航系统，如同现代版的“星群向导”，为全球提供精准的导航服务。在北斗卫星的尽头或许并非浩瀚的星斗银河，而是一位位像杨长风一样投身于北斗科研事业的中国航天人。

翱无垠九天，耕毫厘之间

2000 年 4 月，中国在国际电信联盟争取到了导航卫星发射所需的合法轨道位置和频率资源，同时被要求在 7 年内发射卫星并成功接收信号，否则就要自动退出。7 年，要从头开始设计新的导航卫星并发射绝非易事，无数的科研任务都在等着这群身担重任、充满斗志的航天人。

2004 年，杨长风和团队成员拟从一家欧洲公司采购北斗导航卫星必需的原子钟，双方达成一致，计划在 2005 年完成最后的交付。原以为已经谈妥了的项目，对方却在签署协议的最后关头变卦，拒绝合作。

该怎么办？要知道，在导航卫星上，每一纳秒的时间误差都会导致 0.3 米的测距误差。原子钟可是导航卫星的“心脏”，没有原子钟，导航卫星的定位精度将会大幅下降。当时的北斗团队是又急又气，谈妥的项目就这么吹了？北斗团队咬了咬牙，下定决心从根本上解决问题——研制国产星载原子钟。

当时北斗团队中流传着这样一句话：“六七十年代有原子弹，我们北斗人，一定要有我们自己的原子钟。”杨长风把这句话当作军令状，立即组织 3 支队伍进行全力攻关，立志在最短的时间内研制出原子钟。

虽然我国已有研制地面原子钟的经验，但是研制星载原子钟仍是困难重重。原子钟要上天，不仅要求有更高的精度，而且体积也要比地面上的原子钟小很多。

杨长风统筹了各个科研单位的研究工作并参与其中。在拼搏与汗水的背后，杨长风十分乐观，他相信一定能够在规定的时间内研制出原子钟。3 支队伍你追我赶，最终用了不到两年的时间便研制出星载原子钟，还实现了 300 万年仅误差一秒的技术跨越，遥遥领先于国际常规原子钟 10 万年误差 1 秒的标准。

是什么力量让北斗团队在这么短的时间内完成了如此艰巨的任务呢？之后在接受采访时，杨长风说道："在那个时候，我们的北斗二号工程已经全面启动了，没有核心的东西，我们的系统，我们整个研制工程就要受阻。当时在这样一个情况下，我们北斗人坚定一种信念，一定要拿出自己的原子钟。"正是这样的一股舍我其谁的闯劲，让北斗团队夜以继日地进行攻关，突破了原子钟的技术封锁。

时至今日，一直在不断改进的北斗的原子钟已经成为我国航天技术的一张闪亮的名片。极其微小的量子世界与浩瀚无垠的广阔宇宙在此处发生交汇，迸发出耀眼的光芒。

七年磨一剑，三日定乾坤

2007年4月，7年之期将至，我国的第一颗二代导航卫星北斗二号进入发射阶段。然而，临近发射的紧要关头，卫星的通信应答机却出现了问题。

要知道，彼时地球上空80%的"黄金导航频段"已经被美国和俄罗斯等国的卫星占据，而欧洲伽利略导航系统也在同期申请了和北斗高度重合的频率，如果发射不能如期顺利进行，我国就要再次申请并重新发射不同频段的导航卫星。面对瞬息万变的国际形势，我国导航卫星的发展可能会陷入"一步迟，步步迟"的境地。

在这危急关头，每一分每一秒都弥足珍贵。如果不抓紧时间抢修，那北斗团队7年以来日日夜夜的付出就要付诸东流了。

杨长风和同事们沉着冷静、当机立断，在离发射仅剩72小时的时候，迅速乘梯到达火箭顶端，打开火箭整流罩，将卫星的应答机取出。在发射场地无法彻底检修应答机，一行人又风尘仆仆地从西昌赶到成都。路上，杨长风就像抱着自己的孩子一样紧紧地抱着应答机，生怕路上的颠簸再让这本就出现问题的设备雪上加霜。

到了成都之后，杨长风和同事们马不停蹄地进行检修。几个人窝在实验室里，争分夺秒地计算数据，不分白天黑夜地反复检测，终于从根本上解决了应答机的问题，又火速赶回了西昌。应答机的事告一段落，卫星最终进入了发射阶段。杨长风他们还没来得及休息片刻，紧接着又要去监视卫星的发射情况。

发射场上，长征三号甲运载火箭轰然升空。伴随着指挥中心的一次次倒计时，一级级火箭顺利脱离，最终卫星进入了预定轨道，等待着地面指挥中心下一个信号。这时所有人的心都提到了嗓子眼，卫星能不能成功应答并发射信号在此一举。

最终在离规定的 7 年之期不到 4 小时的时间点，场地上的十几台设备接收到了北斗二号卫星向地面传输的信号。伴随着地面控制中心科研人员的一阵阵欢呼，北斗二号首颗卫星发射任务圆满成功。杨长风说："接到这个信号，那个时候反复跳跃，高兴得、激动得要命，大家眼泪都出来了。通过我们的努力，把我们的轨道频率资源给保住了。"

7 年，北斗二号卫星从无到有，科研人员经历了太多太多，从此以后，中国北斗正式进入了腾飞的篇章，而杨长风与北斗的故事才刚刚拉开帷幕。

"三步"结硕果，北斗无止境

我国北斗工程实行"三步走"发展战略：第一步，建设北斗一号系统，为中国用户提供定位、授时、广域差分和短报文通信服务；第二步，建设北斗二号系统，为亚太地区提供定位、测速、授时和短报文通信服务；第三步，建设北斗三号系统，向全球提供服务。

2014 年，正值北斗工程进入第三步的节点，杨长风从中国卫星元老孙家栋手中接过了重任，当选为北斗工程的总设计师。作为一位参与了北斗一号和北斗二号工程的科研工作者，他很明白接下来的北斗三号工程将会是更为艰巨的任务。"如何在短时间内成功地建成这个系统，并持续提升其服务能力，这是当时摆在我面前的首要任务。"杨长风立志高远，誓要建成"中国的北斗、世界的北斗、一流的北斗"。

2020 年，北斗系统全面建成并正式对全球开放。它的定位精度为分米级，处于世界一流水平。在杨长风的带领下，北斗三号的核心器件实现了百分之百国产化。

杨长风没有在巨大的成功面前止步，而是继续进行北斗系统的后续改进与维护工作。从新疆、黑龙江、河南等地的北斗农机自动驾驶收割作物，到辽宁丹东、山东潍坊渔场的北斗渔船携着安全与可靠启航，再到大兴安岭的卫星防火，变电站施工的安全保障，以及我们日常使用的导航软件，北斗系统已俨然走进了我们生活的方方面面。

在未来，北斗系统的各方面功能将会更加完善，北斗系统的应用也将更加广泛。以杨长风为首的北斗团队正在推进北斗系统与多网络融合，为即将到来的无人化、智能化发展提供核心技术支撑。从阿联酋到柬埔寨，从欧盟到俄罗斯，北斗系统的足迹也逐渐遍布整个世界。正如杨长风所说，“北斗系统的应用只受到想象力的限制”，北斗系统的发展潜力巨大，杨长风所带领的新一代北斗团队志向高远。

肩负家国愿，执剑续征程

北斗系统成了真正的东方传奇，但传奇的背后是平平凡凡、柴米油盐的生活。杨长风的夫人也从事空间技术研究工作，正因也是一个航天人，她懂得杨长风肩负国家、民族之宏愿，作为总设计师的艰难与承担的重大责任，即便自己在工作上也忙得不可开交，她仍选择了理解并支持丈夫。在《开讲啦》节目中，杨长风的夫人说：“因为航天这个行业非常特殊，这个可能一般人都承受不了，非常辛苦，你到我们空间技术研究院去看，基本上晚上是彻夜通明。”

英雄的史诗并非孤军奋战，一个个新技术的突破是杨长风和他带领的北斗团队将“焚膏继晷”当作常态，日夜辛勤奋斗的结果，更是无数“幕后英雄”责无旁贷地撑起整个家庭、默默付出的结果。站在历史的长河中回望，相信我们看到的不仅仅是星河的辉煌灿烂，还有平淡日常中的付出，以及在家国选择中的义无反顾。

— 学子说 —

璀璨星河之中，一位“牧星人”缓缓走过，让中国的北斗卫星导航系统覆盖了全球，为世界带来了精准导航的春天。长路漫漫，在上千个日夜中，杨长风执着且坚定地推行着北斗服务全球的愿景。

在我七八岁时，我曾经随父亲和其他的天文爱好者去乡下看星星。我们看到了木星，看到了土星，而北斗星那么遥远，只是夜空中 7 个微弱的光斑。如今，北斗卫星导航系统已然近在咫尺，仿佛有人将遥远的北斗星从浩瀚宇宙拉到了我们身边，融入了我们的生活。

这个人就是杨长风，他同其他北斗人一道书写着北斗导航的传奇。一起长风莫道远，星辰大海行将至。时代不曾停歇，北斗执剑人杨长风，亦在前行。

孜孜铸箭蕴匠心

邢雨菲

崔蕴篇

崔蕴（1961— ），航天科技集团一院211厂总装事业部总体装配工，特级技师，长征七号运载火箭总装技术负责人。现任天津航天长征火箭制造有限公司总装车间副主任。曾获全国五一劳动奖章、大国工匠年度人物、全国劳动模范、全国技术能手、天津市劳动模范等多项荣誉称号，并被五部委联合授予“长征五号运载火箭首次飞行任务突出贡献者”，拥有以个人名字命名的国家级技能大师工作室。

我要蹚出这一条路，为咱们国家下一代火箭奠定一个良好的基础！

——崔蕴

将上万个零部件，组装成一飞冲天的火箭——总装，是火箭诞生前的最后一道关卡。为保证火箭顺利升空，大到部段的整体对接，小到一颗螺丝钉的安装，每一个环节都有着极其严格的标准，这对火箭总体装配工提出了万无一失的要求。崔蕴正是一位火箭总体装配工。精益求精，不懈追求，他身上是大国工匠的气度；九死一生，命悬一线，他心中唯有对火箭升空的热忱。

新的理念，带来新的考验

“我们航天火箭总装人有一句行话，叫‘后墙不倒’。‘后墙’就是火箭出厂的那个时间节点，那是必须守住的。”

2016 年，崔蕴的团队接手了一项重要任务——我国自主研发的第一枚大型运载火箭长征五号的总装及测试。对一名狂热的火箭装配工而言，最令人激动的莫过于图纸上的火箭从无到有，并亲历火箭发射升空的盛大场面。然而，一架火箭的诞生，从设计到装配，困难重重。对崔蕴团队而言，他们面临的任务更加艰难——这是不同于老火箭的新一代火箭，是一次全新的考验。

接手任务之初，他们也曾焦头烂额，无从下手。长征五号新型运载火箭 95% 采用了新技术，直径也比传统火箭大了近一倍。工人在箭体里装配时，只能够到相对靠下的扇面，其他的部分是够不到的；而对于大火箭的总装，国内没有任何经验可以借鉴。这给崔蕴的团队带来了很大的困扰。

正当大家一筹莫展的时候，崔蕴逆向思考——既然人够不到箭体相对靠上的部分，那么如果想办法让箭体相对靠上的部分由高处旋转到低处来，是不是就解决了这一装配难题呢？就这样，“让火箭旋转起来”的想法油然而生。这个惊艳的想法打开了新型火箭装配的新思路，但是由于长征五号的二级结构为特殊的异形结构，最大处直径可达 5 米，最小处直径为 3.35 米，若采用传统的方法直接在箭体两侧的边框上固定滚环，会导致箭体头重脚轻，甚至造成损伤。因此，虽然让箭体转动起来能够实现人在地面的可操作性，但具体如何实现转动又是一个难题。

崔蕴迎难而上，他从自行车上获得灵感，无数次地修改方案和图纸，终于设计出了带动箭体旋转的“滚转驾车”。他的巧思也在中央电视台的《大国工匠》栏目中被展示出来。他在直径为3.35米处的箭体之外增加了直径约为4.85米的滚环，并将箭体边框和滚环用连接板连接，使箭体两端直径大体一致。这样，箭体就像自行车的车轴，连接板像辐条，外侧的滚环像轮胎，整体结构就像自行车的车轮，实现了滚环带动箭体的平稳转动。

没有前路可循，他就另辟蹊径。在他的带领下，火箭出厂的“后墙”永不会倒。长征五号的总装是一种全新的考验，而崔蕴曾战胜的，远不止由新的理念带来的困难。

“那一次”，他不惜拼命

那一次，是在1990年。我国首枚长征二号捆绑运载（以下简称“长二捆”）火箭准备在西昌发射之际，火箭助推器突然泄漏，顿时，有毒气体四氧化二氮充满了整个舱体。由于这种气体会对皮肤、肺泡等产生强烈的腐蚀作用，没有人敢轻易进入舱内。而若不及时处理，高浓度的气体将导致火箭爆炸，整个发射基地岌岌可危。

那时的崔蕴年仅29岁，面对紧急情况，他来不及多想，与几位队员做了些简单防护便冲了上去。由于熟悉火箭的内部结构，他按照惯例想要拧紧传感器本体，谁知密封圈已被腐蚀，稍微一碰，里面的四氧化二氮便像水柱一样喷了出来。瞬间，这些液体转化为有毒气体，弥漫在整个舱体内。崔蕴忍受着四氧化二氮导致的皮肤如针刺般的疼痛感和肺部的窒息感，没有停下手中的扑救工作，在火箭故障还未排除之际，他就晕倒在毒气弥漫的舱体内。

当被送到医院抢救时，他只剩下1/4的肺部在艰难地工作。“再晚一小时就没命了！”抢救室医生感叹。由于他吸入毒气太多，医生不得不给他注射了正常人承受极限值10倍剂量的解毒剂，才勉强把他从死亡线上拉回来。长二捆火箭发射当天，他躺在病床上，恳请护士把他抬到天台观看发射。在火箭的轰鸣声中，他热泪盈眶。

那一次，是在2014年。新一代运载火箭长征七号进入攻坚阶段，各种大型试验任务接踵而至。彼时，长征七号的总装厂房是第一次启用，面对新设备、新环境、新型号、新队伍，要想在规定时间内完成大量任务，急需一个“排头兵”冲锋在前。单位领导们一致认为，无论是看资历还是看个人能力，崔蕴都是试验团队负责人的最佳人选。

可这次，一向支持他的爱人张晔提出了反对意见。张晔曾是火箭总装工作的检验人员，她了解这份工作的艰辛和崔蕴的身体状况，更了解对工作起来就拼命的崔蕴来说，这个任务对他的身体将是一种持续的透支。崔蕴当然理解爱人的顾虑，可一工作起来，他便将这些事情抛到脑后。在一次产品组装时，他的血压突然上升，脸涨得通红，他全然没有在意，而是一心一意地工作。所有工作终于圆满完成后，他的身体几近透支，他却也只是简单地去医院治疗了一下，又赶紧回到工作岗位。

那一次……

有多少“那一次”的紧急任务，就有多少“那一次”的义无反顾。在无数次面对紧急任务的时刻，他是一名直面挑战的勇者；在队员遇到困惑与不解时，他是一位对火箭装配无所不知的专家。正是因为对火箭知识的深入了解和实践经验的长期积累，他在面对各种问题时，总能处变不惊、胸有成竹。

专业知识过硬，才会胸有成竹

一次，崔蕴在指挥操作人员排除故障时，注意到一位队员在进舱时身体轻晃了一下。虽然动作细微，但崔蕴凭借过硬的专业知识和多年的抢险经验，马上意识到这绝非小事——是氮气中毒，若不及时抢救很可能命悬一线。他根本来不及犹豫，立刻掀起队员的空气面罩、切断气源，抱住他滚倒在地，狠掐人中、连扇耳光……一系列匆忙的动作让现场人员以为两人在打架。直到队员清醒过来，大家才知道原来崔蕴一眼就看出了队员氮气中毒的症状，及时施救，才避免了悲剧的发生。

长征七号在海南发射场全面演练时，按照原来的火箭操作流程操作，突然出现助推器无法与芯级正常连接的情况，这突发一刻让现场工作人员不知所措。面对这种前所未有的情况，崔蕴胸有成竹，给大家分析了新火箭与旧火箭的不同，以及利用新方法固定助推器的必要性。于是，他只是简单地下达几个命令，便指示队员把助推器装配好了。

在其他队员眼中，崔蕴是对火箭总装无所不知的能手；在他的徒弟们眼中，他是传道授业的师父。

对于“火箭装配工”这一身份，崔蕴有着自己的理解和定位。他认为，火箭装配并不是一个简单的手工活，应该了解火箭装配背后的原理，正所谓“知其然，知其所以然”。为了让徒弟们“知其所以然”，他专门让车间装配工去火箭设计部门学习，从火箭设计原理学起；还会给徒弟们出题、设置考试，检验他们的学习情况。

在组装火箭时，装配工要将几十万个大大小小的零部件全部组装在一起，其中少不了细致的人工操作；由于火箭的总装对精密度的要求非常高，拧紧每一颗小小的螺丝钉时对力矩都有严格要求，因此每一个环节都需要将严谨细致的态度贯彻到底。为了将精益求精的精神品质传给下一代火箭总装人，崔蕴对徒弟们的要求十分严格，有时也难免发顿脾气。“等我老了，拄着拐棍儿，敲着他们的脑袋干……”这就是徒弟们的“倔老崔”，他恪尽职守，让宝贵的精神薪火相传。

勤奋刻苦，炽热深沉

在队员、徒弟眼中，崔蕴是“通才”“帅才”，他凭借什么，得到了众人如此高的评价呢？

他勤学好问。刚刚实习结束时，崔蕴由于表现出色，进入了火箭装配二组工作。他第一次进入车间时，出于好奇和对火箭的热爱，每次完成自己的工作后，都会到其他组看同事们工作，并且把自己不懂的地方全都问明白。这也正彰显了他对火箭装配的理解：“干总装，不能光看自己这一摊，还要全面了解火箭各个方面的知识，触类旁通，才能总装出完美的火箭。”

他刻苦踏实。别人出去游玩的时候，崔蕴丝毫不肯松懈。在他眼中，游玩带来的欢愉远不及火箭升空带来的心潮澎湃。在图书大厦的航天类书架旁，只需要一本书、一支笔和一个本子，他便可以沉浸其中，边读书边记笔记，一坐就是一整天。

几十年如一日，崔蕴用勤奋与汗水铸成每一枚火箭。在这不辍的努力与执着的追求背后，是他对火箭深沉而炽热的爱。这份热爱，如同火箭冲破天际，激励他一次又一次与火箭一起搏击长空，一步步接近心中理想。

— 学子说 —

当崔蕴的故事渐渐被大家所熟知，面对赞扬与荣誉，他却说："受到这么多的关注，我感觉很惭愧，航空航天人中有无数个无名英雄值得被赞扬。"他不因为赞誉而自喜，只是愈发感受到重任在肩。

如今，他已经是位年逾花甲的老师傅，眼睛有些花了，手也不像年轻时那样灵活，逐渐衰老的身体更是不能支持他进行长时间、高强度的工作。他或许从来不是那种家喻户晓的人物，但他将"工匠精神"四个字写进每一颗螺丝钉里，写在每一枚火箭上，孜孜矻矻、夙夜匪懈，用自己的方式为中国航天做出不可磨灭的贡献，他的形象朴实又崇高。

他知道，年轻的一代正成为中国航天事业的中流砥柱，于是他一直用自己的一言一行，激励更多年轻人在航天事业中发扬精益求精的工匠精神。可喜的是，在崔蕴的带领下，一大批青年骨干脱颖而出，他所带领的青年团队先后获得多项荣誉。他推推眼镜，微微眯起双眼，似乎看到了年轻的一代成为时代的掌舵人，引领中国航天事业的未来。他虽已年老，但他身上表现出的工匠精神永远鲜活，并被不断进步的时代赋予崭新的含义，在不同的岗位上闪烁出五彩斑斓的光辉。

如果把航空航天精神比作星空，那么崔蕴就是其中的一点星光。一点星光照亮一方寰宇——那便是代代航天人仰望的地方。

走在生死边缘，雕刻危险火药

张鑫蕊

徐立平篇

徐立平（1968— ），国家高级技师、航天特级技师。现任中国航天科技集团公司第四研究院7416厂航天发动机固体燃料药面整形组组长。曾获航天固体动力事业50年“十大感动人物”、“三秦楷模”、中华技能大奖、全国五一劳动奖章、感动中国2015年度人物、“时代楷模”、第十二届航空航天月桂奖“大国工匠奖”、“最美奋斗者”等荣誉。

我会时刻提醒自己这是一项危险的工作，对待这种危险工作的时候，我永远会把它当成第一次去干。

——徐立平

秦岭深处，万籁俱寂。

车间灯亮着，向巨大的火药桶那端望去，有一个穿着蓝色工服的身影。

他眉头微皱，古铜色的灯光下，一双眸子像把利刃，眼神锋利得似乎能刺穿一切事物。手中，是把雕刻刀，他熟稔地在灰色固体表面刮擦着，手起，刀落，一片片薄片脱落下来，干净利索，行云流水。

这就是“火药雕刻师”——徐立平，日复一日、年复一年的工作。

与航天结缘，与死亡共舞

1968 年，徐立平出生在一个航天世家。那时，国家大搞“三线建设”，徐立平的父母先后在四川、内蒙古、陕西工作，他也随着父母几经辗转。就这样，从事航天事业的梦想，在他心中开始生根、发芽。

1987 年，还不到 19 岁的徐立平从陕西航天技工学校毕业后，便来到了中国航天科技集团公司第四研究院 7416 厂航天发动机固体燃料药面整形车间。他选择像母亲一样，成为一名火药整形师。

火药整形，也就是在固体火箭发动机上给火药“动刀”。这是一项常人难以想象，也鲜有人知的高危工作，当时全国从事这项工作的人很少。固体燃料发动机是火箭的“心脏”，而固体燃料，也就是火药的药面整形，是对质量要求最高的一道工序。药面的平整度与精度直接影响火箭的轨迹，所以每一枚发动机推进剂的燃烧表面必须严格修整，以达到要求的精度。

这在世界范围内都是一项技术难题，高速运转的机械无法完成如此高精度的操作，因此只能通过人工对火药表面进行切削。因精细度极高，这项工作又被称为“火药雕刻”。我国固体火箭发动机总设计师侯晓院士曾这样说过：“这项工作就像一个人去擦火柴，他每次必须擦上，但是又不能擦出火星。”在切削过程中，如果火药碰到金属壳体之后产生火星，火苗便会迅速蹿起，烈烈火焰中会迸发出一大朵腾起的蘑菇云，几千摄氏度的热浪随即扑面而来。一声巨响，一片火光，整个过程快到几乎没有任何逃生的机会——徐立平的一位工友就是这样牺牲的。

每一刀，都决定着自己的生命。就是这样一份整日“与死神打交道”的工作，他一干就是30多年。可哪怕亲眼见过火药爆炸时吞噬一切的画面，他依然坚定地说：“我可能会紧张，我可能会吃惊，但我没有害怕过。”

苦心钻研，潜心铸“箭”

认识到“火药雕刻”的危险之后，他下定决心，苦练技术，不让意外发生。

艰难困苦，玉汝于成。少年立下的誓言从坚守开始。工厂的某个角落里总有他练习的身影，他总是对着发动机，一边比画动作，一边细细思索该如何用力，怎样下刀，甚至下刀的角度、切去燃料的量，以及各种可能发生的情形。想得出神了，即使手臂已经酸得发抖，他也浑然不觉。他还借着工作的机会向周围人请教，不放过一切练习的机会。刀练坏了一把又一把，手掌心也磨出了茧，后来，他终于娴熟到只需用手一摸，就能感知出怎样切、切多少才能达到要求。对于火药整形，国际标准的精度是误差在0.5毫米以内，而他能够将误差控制在0.2毫米以内，这相当于不到两张A4纸的厚度，削切下来的药面都可以透光。

技术练到家后，他开始在工具上下功夫。每当拿到新的发动机产品、要修整的药面出现新形态时，徐立平和工友们便会立刻聚在一起，兴致盎然地分享做刀具的好点子——这已经成为他所在班组独有的乐趣。徐立平专门准备了一个箱子，里面装的全是“市面上花钱也买不到的好东西”——这些年来他和工友们发明的各种药面整形刀具，这些刀具获得了多项国家专利，其中一种更是在厂里被称为“立平刀”。可永持学习态度的徐立平没有止步于此，他学习数控技术、操作整形机，计算各种参数，只为与时俱进，满足更高的要求，铸更好的“箭”。

狭小的发动机，隆隆的心跳声

1989年，一台即将试车的国家重点型号发动机出现脱黏，为保证研制进度，航天技术试验专家组经研究做出艰难决定——将发动机内装填在故障部位的火药挖出，查探修复。这是我国固体燃料事业第一次大规模挖药，而这意味着“火药雕刻师”需要钻进狭小的发动机内，在成吨火药的包围下，一点一点地将填注在里面的火药抠挖出来，并且，这一工作没有任何经验可以借鉴，一旦出现失误，没有任何补救的办法。

徐立平毫不犹豫地报了名，参加工作不到3年的他成为突击队中年龄最小的队员。

狭小逼仄到不能转身的空间里弥漫着浓烈刺鼻的火药味，紧张感和氧气的匮乏使人窒息。突击队队员们一个一个地挤进发动机内，趴着、半躺着，用木铲、铜铲一点点挖火药，精神高度紧张，大气也不敢喘。每个人一次只能在发动机内待10分钟，挖上四五克火药，头晕、呕吐、疼痛等症状就会袭来。即使这样，为了让大家多歇一会儿，徐立平还是选择咬牙，坚持在狭小的发动机里多待上五六分钟。

功夫不负有心人。将近3个月过去，300多千克的火药像是被蚂蚁啃骨头般一点点被挖出，专家组成功找出故障原因。修复完成后，发动机地面试车取得圆满成功。

由于长时间在狭小空间内保持一个姿势，且长时间接触火药，火药的毒性使得徐立平双腿麻木，无法行走。尽管心疼，母亲还是狠下心来，让他扶着门框一步一步地走，强迫他做康复训练。这样一段时间后，徐立平的双腿才逐渐恢复知觉，可他从此落下了腿疼的毛病。

直到现在，他还清晰地记得当时挖火药的情形：“在里面铲药的时候，除了铲药的那种沙沙声，还能听到自己的心跳声。”

择一事，终一生

徐立平工作30多年来，经历了无数场生死考验，许多同事都相继换岗或是离开。

妻子梁远珍曾半开玩笑半认真地说：“为了我和孩子，你也换一个安全点的工作吧。”他总是回答：“再等等。”

谁知这一等，就从少年意气风发等到了年过半百，疾病缠身。

由于长期低头操刀作业和保持别扭的雕刻姿势，徐立平的身体发生严重倾斜，无法纠正，甚至大腿也变得一边粗一边细。长时间的腰酸背痛，使得他20年来没有睡过一个安稳觉。他还因推进剂的毒性，头发越来越稀疏。妻子在采访中提到这些，总是会心疼得掉眼泪。她说，出去工作时互道一句“注意安全”，成为他们夫妻俩表达感情的特殊方式。母亲也总是叮嘱徐立平注意身体、多休息。一家人都在牵挂着他的安全，而很少有时间陪伴默默支持他的家人，成为埋藏在徐立平心底最大的遗憾。

成为“火药雕刻师”以来，他先后承担多种战略战术导弹、载人航天、固体运载等国家重大专项固体火箭发动机推进剂的整形任务，保持着合格率100%和安全事故为零的纪录。

谈起自己的工作时，他这样说道：“工作本身是很枯燥的，但当很漂亮的一个火药型面展示出来时，心里是很有自豪感的。如果我们把每个产品都当成艺术（品）操作的话，是不是就不枯燥了？”他的眉眼里尽是笑意。

现在，他把更多的精力花在了培养年轻技术骨干上。他的业余时间被年轻人排得满满当当：不厌其烦地教他们如何下刀、用力，毫无保留地将自己的经验、技术传授给他们。截至2022年，他培养出了一名国家级高级技师和多名国家级技师。“火药雕刻”这个行业，有了新的接班人。

“要做，就要做好，做到底。”他用一生，履行着这个承诺。

— 学子说 —

2021年6月17日，酒泉卫星发射中心。神舟十二号——这艘由徐立平班组完成逃逸系统固体发动机火药微整形任务的载人飞船正等待升空。

“点火！”发射指令响起，火药开始燃烧，愈燃愈烈，最后，它们化为辉煌夺目的尾焰，与火箭一同，如蛟龙一般，一跃而起，点亮了整片苍穹，也照亮了遥远的大山深处，被一道道掩体隔绝的工房。

有谁会想到，那直上九天的大国重器，曾静静立在这里。曾有一位工匠，眉眼低垂，弓着歪斜的身子，满是茧的手中紧握着一把刀，静静雕刻着。

一呼，一吸，抬手，落刀……在这一次次重复的动作中，岁月流转，上演着一场场生死淬炼。30余年，淬炼出炉火纯青的技艺，淬炼出这位在刀尖上舞蹈的“火药雕刻师”。

他，把火药雕刻成璀璨星光，把生命雕刻成不灭信仰。

师生共话：理想之问，前路何向

“第一次知道这个人物是什么时候？”

董灿（冯如篇）：第一次认识冯如先生还是在中学的课本上，在“近代科技”专栏里，右边有一段短短的文字，写着：冯如制造了中国人的第一架飞机。彼时的我也没想到会考上北航，所以只是知道这个名字，但对这个人物并没有什么感触。毕竟，那段介绍实在太短，近代的“第一”又实在太多了！

刘泽轩（钱学森篇）：知道钱学森这个名字似乎已经是很久很久之前的事情了，久到我还在方格本上规规矩矩地练习写 1、2、3、4，久到我还记不全汉语拼音究竟有多少个，久到我还在幼儿园里看天空中的哪一片云会路过我家。那时候我几乎什么也不知道，但我知道钱学森是大科学家，而且我也想做大科学家。

肖鸣昊（任新民篇）：第一次听说任老是在初中时读了李鸣生的《飞向太空港》，与我在人物故事中写的不同，《飞向太空港》在写任老参与发射任务之外，还写了不少他生活中的故事，这让我在一个德高望重的老科学家的形象之外，看到了一位和蔼可亲的老人。

龚学韬（屠守锷篇）：我第一次听说屠守锷先生是在入学军训期间，辅导员介绍北航校史的时候，当时 PPT 上面罗列的优秀校友数不胜数，而当放映到介绍屠守锷先生那一页时，他那霸气的名字和一路用汗水与泪水拼搏至成功圆梦的事迹在我脑海里留下了深刻的印象。

于硕同（王永志篇）：第一次听说王永志院士是在刚上高中的时候，王永志院士是辽宁省实验中学（当时的东北实验学校）的优秀校友，院士的名字可以说伴随了我的整个高中生活。舞台剧比赛是辽宁省实验中学的一项传统，我有幸参演了根据长征二号 E 发射事件改编的舞台剧，该剧荣获比赛第一名。比赛结束之后，全班同学给王永志院士写了信，得到了院士的亲切回信和视频鼓励。

叶泓宇（龙乐豪篇）：没有任何戏剧性，我是在某个讲座上知道龙乐豪院士的，我开始集中关注航天信息的时候，龙乐豪院士就已经活跃在科普活动中了。

阿丝娜（戚发轫篇）："东方红"系列、神舟五号、神舟六号这些名字如雷贯耳，但并非航天迷的我，起初并不知道默默站在它们身后的那位老人——戚发轫院士。进入北航后，我渐渐了解了这个名字的分量，以及它所镌刻、代表的那段艰难又辉煌的历史。

杨佳琛（杨长风篇）：说来十分遗憾，我在写杨长风这个人物之前完全没听说过他。当初选择他的理由只是因为他姓杨，和我一个姓。当我打开百度百科想了解一下他，我才知道他是北斗卫星导航系统的总设计师！关于杨长风总设计师的报道并不多，而且大部分集中在北斗卫星导航系统官网上，还主要是关于会议和论坛的。我搜来搜去，找到的更多是武侠剧《天涯明月刀》里杨常风的爱恨情仇。但要我说，杨长风总设计师才是当今互联网上的武侠人物，真可谓"来无影去无踪"。

张鑫蕊（徐立平篇）：第一次知道徐立平先生，是看到他"雕刻火药的大国工匠"这个称号。我一开始觉得雕刻火药听起来十分新奇，深入了解后才知道雕刻火药是这样一件危险的事情。我看过很多遍他雕刻火药的视频，看着刀缓缓地在火药表面划过，一片片火药缓缓脱落，我几乎都不敢呼吸。

"回想刚刚来到北航时自己的困惑，关于方向的，关于理想的，在走近前辈的过程中，又有哪些新的思考呢？"

董灿（冯如篇）：我进入北航以来，对航空航天有了更深的认识。而写作冯如先生这篇文章让我对"第一"有了新的认识。如果说体育竞技在追逐人的极限，追逐天空就是在追逐世界的极限，天空的"第一"大概本来承载的就是无尽的浪漫。但冯如先生的"第一"是脚踏实地的，没那么多潇洒逸趣，他只是像每一位勤劳淳朴的华工，埋头奔波于异国他乡。他的初衷并非翱翔天空这么浪漫，而就是去做这个"第一"。因为这可以让同胞们知道，天空是可以征服的，机器是为我们所用的工具，这样同胞们就能用机械——特别是飞机来武装自己，就能保护神州大地免受涂炭。冯如先生的"第一"是把中国的旗帜在天空中展开，是从天空俯瞰疮痍大地，这点我会永远记得。

刘泽轩（钱学森篇）：在走近钱老的过程中，我越来越有一种感慨，人们似乎对伟大的人常有一种偏见：总是想当然地觉得他们取得那样的成就源于天赋，他们承担那样的时代责任是上天赐予的命运。于是我们铭记，但并不敢追随他们；我们崇拜，但并不敢靠近他们；我们仰望，但并不敢成为他们。我们从不想自己是否有一天要扛起时代的桥，连通过去和将来，以及到了那一天我们应该怎么扛，扛多久。这种偏见有时候阻碍了我们与他们的交流，让我们常常忘记，在他们的光芒之下，也藏着同你我一般跳动的心脏，藏着那些同你我无二的过往。在同样的那些辗转反侧难以入睡的清夜，在同样的那些忙碌奔波疲惫不堪的夏日，在同样的那些需要做出似乎是人生选择的瞬间，我们状态相近，他们做出那样的选择，一步一步扛起了那座名为“时代”的桥梁。伟大，正发轫于此。

于硕同（王永志篇）：王永志院士在来到东北实验学校时，就树立了成为农业生物学家的理想，这是从农村走出来的青年想要帮助家乡发展的朴实信念。抗美援朝战争期间，他虽身不在战场，却始终心系前线，将自己的志向改为了航空报国。青年时期的王永志始终根据国家的需要选择事业方向，这是值得包括我自己在内的很多对未来仍感到迷茫的青年学习的。在中国第一枚自行设计的中近程弹道导弹发射期间，王永志院士提出的减少燃料的方案遭到在场几乎所有专家的反对，但他没有就此放弃，而是坚持己见、据理力争。我想到我自己，在我的科研过程中，也遇到过想法因遭到反对无法实现的情况，很多时候这些想法都是在我查阅了很多文献并加以分析之后提出的，但我最终还是迫于各种原因放弃了，现在想来，王永志院士的这种坚定不正是我们追求的“创新”吗？

叶泓宇（龙乐豪篇）：其实我想说的，全都浓缩在我这篇文章的标题里了。“我自躬身启天路”这个标题的灵感，一部分来自我的一位朋友，他建有一个文件夹，里面存放了很多院士传记的资料，文件夹的名字叫“躬身向天问”，被我化用为了标题的前半部分。标题的后半部分“天路”则是本文的核心意象。“路”来自本书所收录文章的一位作者，这是他为本书拟的书名方案，“路”有开辟、接续之意，正好契合本书主题；“天”实为“撼天”，取自纪录片《撼天记》。“撼天”一词我认为是对我国航天事业最精确的凝练，它生动形象地概括出航天事业的艰难和永无止境，更包含了坚定的革命乐观主义精神，令我既敬畏又向往。这样的感情基调，应该说在全书之中都是一以贯之的。你或许觉得这是老生常谈，书中人物的经历也确实不是所有人都能感同身受的，但对我而言，其中的感动就是真实的，更何况这也确确实实代表了那样一个时代、那样一群人。

“一路走来，现在的你能够回答自己当初的‘理想之问’吗？大家可不可以分享一下自己的答案，或者找寻答案的经验呢？”

董灿（冯如篇）：我觉得航空航天的情怀已经渗透进我的生命了。我本来是一个完完全全只对文史哲感兴趣的文科生，对理工科以及相关的军事国防可以说是一窍不通。但前几天，已经毕业的我在旅途中遇到了一个爷爷，他说到航空航天时，我的耳朵一下子就竖起来了，爷爷讲他当年怎么搞伺服系统，让我听得津津有味。离开的时候，爷爷说我这样的年轻人很好，我其实很惭愧，我并不了解爷爷说的很多物理知识，但我或许已经成为有意识地为这样的航空航天工作者作传的人了，这点让我很自豪！

恰逢“冯如篇”被收录，我改着改着，就发现这好像是我为航空航天伟人撰写的第一篇稿子。4 年过去，我成长了很多，现在回头看那时略显稚嫩的文笔和不够严谨的考据过程，感觉时空交错间，我仿佛见到了冯如先生！

不过如果要说这次写作对我最大的影响，大概就是如果某天路过恩平和黄花岗，我会去献一束花，再多站一会儿，看看天空中飞机的尾迹云！

龚学韬（屠守锷篇）：在写作过程中，我不仅感受到屠守锷先生在克服跨界、资源稀缺、技术瓶颈等诸多难关后成功圆梦的喜悦，同时也幻想我在多年后成功圆梦的激动场景。现在，每每遇到什么困难，我的脑海中总会浮现他的伟岸形象，既有那一步步走过的艰辛道路，也有那实现梦想时的喜悦与激动，这两个画面无一不给予我力量，激励我咬紧牙关坚持到底。

杨佳琛（杨长风篇）：我并不知晓未来自己是否能有像杨长风总设计师一样的

能力与抱负，能否在柴米油盐的生活中、在未来遇到困难时，始终像杨长风总设计师一样坚定而有力。但我会多记住他一点，多了解他一点。他这样的航空航天人所创造的奇迹早已成为我们日常的一部分，被我们反复品味；而那些伟大的灵魂，早已悄然融入这繁华世间的烟火中。

刘泽轩（钱学森篇）：这个世界似乎太大了，哪里似乎都可以去看看；世界上的选择似乎太多了，哪个似乎都通向终点。几十年前，当钱学森刚刚来到国立交通大学读书时，当他刚刚来到美国麻省理工学院时，当他决定拜往冯·卡门教授门下时，当他在美国声名鹊起时，当他被美国移民局拘禁时，他都做过选择。来到国立交通大学的时候，受"铁道救国"思想的影响，选择学习铁道机械工程。准备赴美留学的时候，是因为之前看到日军飞机在上海肆虐，所以改学航空工程。在回国受阻，面对当局有意刁难的审问时，他断然回复："我忠于中国人民。"钱老的所有选择，根本准绳都是国家和人民的利益。

曾经听过一段话，"在做选择的时候，立志为祖国做贡献是最崇高的，也是最容易的。当你把人生目标寄托在其他目标之上的时候，很容易动摇，而以国家作为出发点时，不容易彷徨，方向也明确，基石坚定了，选择就容易多了，这容易的背后是坚如磐石，是初心不改、风雨不动"，我想，这会是我的答案。

张鑫蕊（徐立平篇）：其实一开始，我不知道自己为什么会来北航，也不知道自己以后要到哪里去。但是当我真正来到这里，当我真正走近徐立平先生之后，我开始庆幸，开始坚信自己当初的选择。我以前从没想过，那些离我如此遥远的航空航天先锋，会这样充满信念，会这样鲜活与可爱，会给予我这么多的力量。

之后我又问自己，以后我就不害怕生命短暂、不害怕死亡了吗？当然不是。以后我会成为"火药雕刻师"吗？或许不会。那以后我会做什么工作？我也不能立刻确定。不过，可以确定的是，在走近这位大国工匠之后，我会开始在自己的世界里去探索、去寻找，找寻那些比生命更为重要的东西。所以如果感到迷茫，或许真的可以去读读他们的传记。体味不同的人生可以让我们看到生命更多的可能性，汲取更多的生命能量。

高楼望月

站上最高层，才能看到
未曾有人看过的风景。

霜辉自古动清愁，
欲访嫦娥梦未休。
举目九天观日月，
俯身十载树高楼。

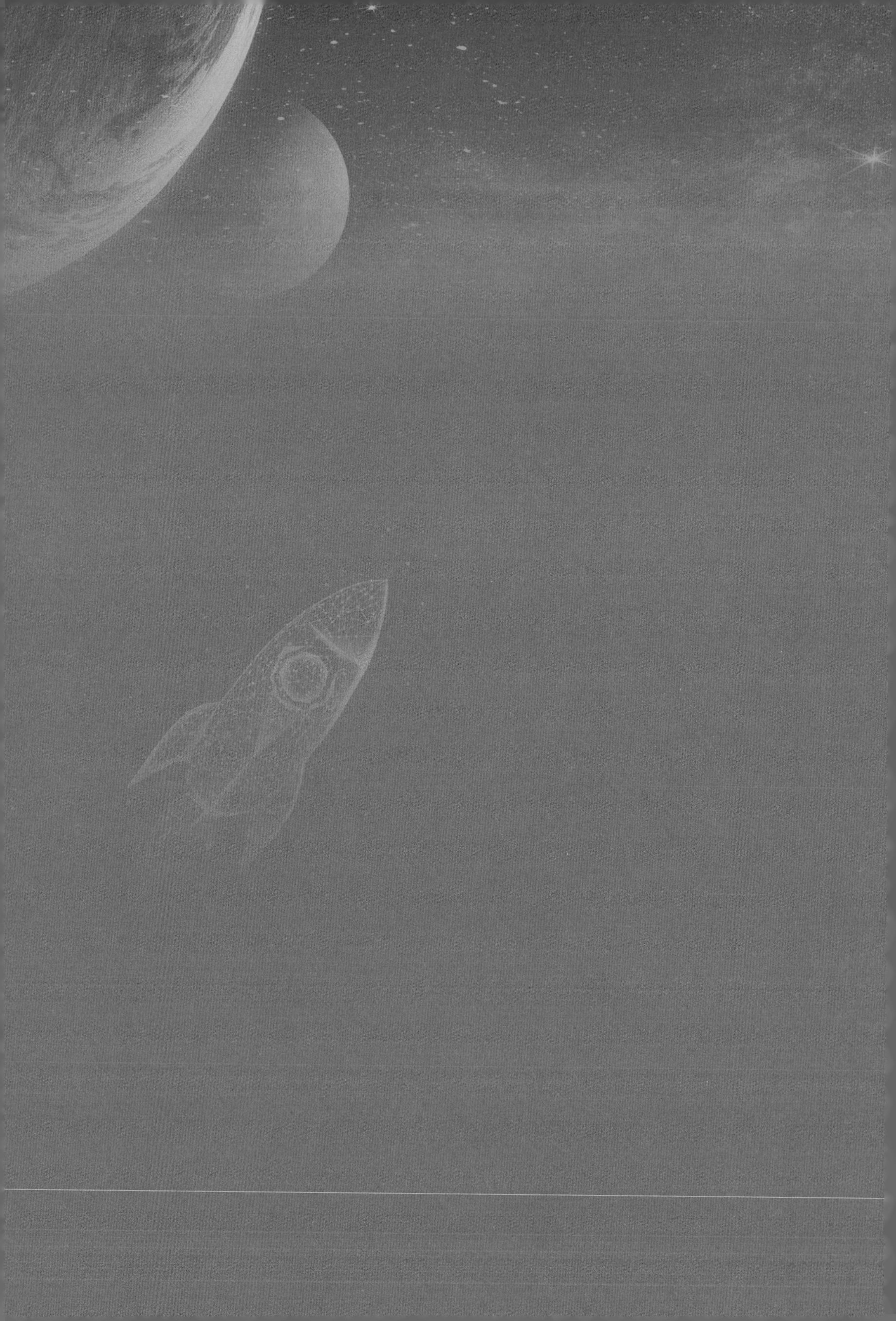

杯中有明月，斟以北斗星

杨安毅 刘国杰

孙家栋篇

孙家栋（1929— ），火箭和卫星总体技术专家、探月工程总设计师、中国科学院院士、国际宇航科学院院士，曾任国防部第五研究院一分院总体设计部副主任、中国空间技术研究院院长、第七机械工业部总工程师。主持完成了中国第一颗人造卫星、第一颗返回式卫星和第一颗静止轨道试验通信卫星的卫星总体设计，担任中国北斗导航系统第一代和第二代工程总设计师，实现了北斗卫星导航系统的组网和应用。曾获两弹一星功勋奖章、“共和国勋章”、国家科学技术进步奖特等奖、国家最高科学技术奖。

只要国家需要，我就去做。

——孙家栋

1957 年，毛泽东主席在莫斯科大学大礼堂接见中国留苏学生时勉励广大青年：“世界是你们的，也是我们的，但是归根结底是你们的。你们青年人朝气蓬勃，正在兴旺时期，好像早晨八九点钟的太阳。希望寄托在你们身上。”台下有一个聚精会神的青年，名叫孙家栋。

1958 年，孙家栋从茹科夫斯基空军工程学院飞机设计专业毕业，戴着学院特别颁发的奖章，迎着风雪踏上回国的火车，他要回去做一轮八九点钟的太阳，洒下灿烂的光。

东风吹起在沙漠

毕业回国的孙家栋开始着手“东风”系列导弹的研究工作。原本在苏联专家帮助之下开展的研究，由于当时中苏关系破裂而陷入困境，苏联的专家带着技术和图纸离开，给孙家栋和其他研究员留下了数不清的难题。这一刻，孙家栋真正地意识到：一个国家必须发展自己的技术，才能拥有强大的资本。缺少图纸，孙家栋就自己研究吃透导弹技术，立下誓言：“就算是‘骑自行车上月球’，也要在茫茫沙漠里平地起高楼。”

1962 年 3 月 21 日，我国首次独立自行研制的弹道导弹东风二号在酒泉卫星发射场升空，孙家栋紧张地盯着起飞的导弹，却万万没有想到导弹很快失去控制，发生了坠毁。东风二号化为了碎片，被夕阳埋在沙漠的深处。为了找出失败的原因，孙家栋带领着其他人在沙漠中寻找导弹残骸，最后在一堆碎片之中发现了一根断掉的导线，微毫之处，可见细节之重。之后孙家栋又开始准备东风二号的第二次发射。有了第一次失败的经历，这次大家更加谨慎，在一次又一次地检查过后，东风二号顺利升空。孙家栋望着沙漠的深处，知道自己总算是成功为国家点燃了一把“火”，让中国的沙漠戈壁吹起了“东风”。

升上太空的第一颗星

1970 年 4 月 24 日的夜晚，在酒泉卫星发射中心，一束亮光划过天际，长征一号拖曳着炽热的火焰升入太空，不久后，东方红一号在浩瀚的宇宙中展开了太阳能帆板，绕着地球轨道缓缓运行。

那是一个风雨如晦的年代，新中国成立之初，迫切需要发展科技。苏联发射卫星之后，中国也启动了自己的卫星计划。由于之前研发“东风”系列导弹的优秀成果，37 岁的孙家栋受命担任卫星技术总负责人，开始着手中国第一颗人造卫星的设计。

本以为自己的一生就是与导弹相伴的孙家栋，在接到新的命令后，没有犹豫，立即前往新的岗位报到。自此，命运的齿轮开始缓缓转动。

时间紧迫，困难重重，第一步就是组建一支强大的卫星研发队伍，孙家栋在各个不同的领域中挑选，最终组成了“航天十八勇士”精英战队。他们被要求在 3 年内独立自主研发出一颗高水平的人造卫星，其难度不亚于登天。事实上，对当时的中国而言，这也确实是登天的关键一步。孙家栋和他的团队开始了苦修，演算和试验成了他们的日常状态。

终于，在经多方研讨和深入考察后，孙家栋决定删去困难板块，全力攻克卫星的主要功能——飞天。是的，在时间严重缩水的情况下，为了按时完成 1970 年的发射任务，只能暂时忽略困难部分，让卫星升上太空，这才是最主要、最迫切的任务。于是就有了 1965 年卫星总设计十二字方针：“上得去，抓得住，听得到，看得见。”孙家栋和他的团队更是齐力攻城。卫星表面反光率低，他们就不断改进卫星模型，直到做出合格的高反光率模型——这正是大众记忆中那颗圆形的亮球，在漆黑的太空中反射着太阳的光芒，让全世界的人都眼前一亮。成功播放《东方红》需要天线以适宜的长度和速度展开，他们就彻夜不眠地观察模型在太空模拟环境中的旋转过程，直到那悠扬的歌声在太空中响起，在国人心中泛起阵阵涟漪。

身边同事们的欢呼声此起彼伏，孙家栋亲眼见证了东方红一号的成功发射，他和他的团队经过日日夜夜的探讨与试验，苦尽甘来，抬头望天，自此，天上多了一颗中国的卫星。

铸北斗之形

1994 年，北斗一号工程立项，已经 65 岁高龄的孙家栋毅然接过时代赋予的重任。当时世界上应用最广泛的导航系统仍然是美国的全球定位系统，国家领导人深知不能永远依靠他国的技术，中国在历经了多年的发展之后，必须建造自己的导航系统。

在北斗一号最初的研制规划中，原计划在东方红二号平台基础上研制导航卫星专属平台，但是无论怎么试验都不能获得想要的结果。陷入僵局之际，孙家栋提出了换一条路的想法，改为使用东方红三号平台。纵使之前东方红三号发射失败，孙家栋也依然坚持只要解决质量问题，东方红三号平台就可以正常使用。最终，果断的选择和道路的转变顺利推动了卫星的研制。

2007 年，北斗二号第一颗卫星在西昌卫星发射中心进行加电测试时，发动机出了故障，刚刚下飞机赶到试验场地的孙家栋立刻趴到发动机下检查，亲自筛选过后找出了疑点才罢休。事必躬亲，严谨务实，已成为他人生中不可或缺的守则。正是这一点点细节的积累，铸就了北斗的荣光。

行揽月之旅

2004 年，中国探月工程正式启动，75 岁的孙家栋再次披挂上阵，担任中国探月工程总设计师。宝刀未老，仍可披荆斩棘。孙家栋因为探月工程的各项计划不得不在全国各地奔走，有时候一年要在好几个城市之间奔波。酷爱穿布鞋的他，一个月需要更换四五双布鞋才能够应对奔波带来的磨损，颇有“烈士暮年，壮心不已”的志趣。而在夜晚，孙家栋也会怀揣一颗浪漫的心去仰望天穹之中的明月。他从睡梦中醒来，走到阳台上坐下，抬起头，明亮的月光洒下，好像在召唤着他去探索那无尽的深空。中国的航天之路没有尽头，他曾经是卫星的研究者，如今又带领着众人向着静谧的月球前行。

2007 年 11 月 7 日，嫦娥一号成功实施第三次近月制动，顺利进入环月轨道。在电视镜头中，所有的科研人员都在欢呼雀跃，而当镜头移向孙家栋时，人们却看到他低下头擦了擦眼泪。不必言说，人们都懂这眼泪代表的是激动，亦是欣慰。

— 学子说 —

如今，孙家栋已经90多岁了，他是一位在时代中穿梭的酿酒人，随着岁月的浪潮翻涌，航空事业的玉露渐渐成熟，愈发醇厚芬芳。

那个曾经仰望星空的少年，用一枚枚导弹、一颗颗卫星，镌刻下他的人生轨迹。孙家栋曾说："只要国家需要，我就去做。这是一个航天人最基本也最重要的素质。"那天边的星辰，正是他人生的碎片，是少年的青春化作的结晶；那也是中国的少年时代，在战后的泥泞中穿行，纵使脚下满是尘埃，也要向宇宙高歌。他是一个可亲的同事，会在天问一号环绕火星成功时给天问一号的总设计师叶培建顾问发送"祝贺近火制动成功！"的短信。他是一个温柔的丈夫，与夫人魏素萍相伴60年，会给夫人戴上"共和国勋章"一起拍下一张家庭合影，也会推着轮椅和夫人一起悠然漫步。他是一个平凡但又不那么平凡的航天工作者，"航天事业是千人、万人，大家共同劳动的结果，奖励是给予航天事业的肯定，我个人的工作是非常有限的。如果要说我自己，那我也就是那千千万万航天大军中的一分子而已。"他总是谦虚地说，"我个人也只是具备了一点最基本的条件。我能够主持卫星总体设计工作，得益于中国航天事业的稳步发展。是中国航天事业的发展为自己提供了'平台'，是中国航天事业的发展成就了我。"

今天，闲时抬头仰望星空，一如几十年前的那个夜晚，孙家栋先生已白发苍苍，不曾愧对年轻时的梦想。词有云："尽挹西江，细斟北斗，万象为宾客。"如今北斗已成，明月在怀，前路正是宏图！

唤醒沉睡的高山，献出无穷的宝藏

罗天翼

欧阳自远篇

欧阳自远（1935— ），天体化学与地球化学家，中国月球探测工程首席科学家，中国科学院院士。曾任中国科学院地球化学研究所所长、中国科学院资源环境科学局局长。曾获全国科学大会奖，国家自然科学奖三等奖、一等奖等。

只有做事踏踏实实，学好真本事，才能以学报国，才能自信地对着浩瀚宇宙说一声：我们的目标是星辰大海！

——欧阳自远

“向太阳系的星辰大海挺进！”——一位博主的个性签名只有这么短短的一句话。而你可能不知道，就是这样简短的一句豪言壮语，背后浓缩着一位院士波澜壮阔的人生……

热爱浩瀚星空的大梦想家

1935 年 10 月 9 日，江西吉安的一座小屋，成了一位伟大科学家生命的起点。当时孩子的舅父正在隔壁屋里念书，正念到《论语》中的“有朋自远方来，不亦乐乎？”时，孩子被产钳钳了出来。舅父觉得这孩子出生如此不易，仿佛是从很远的地方而来，于是便给孩子取名为欧阳自远。而今看来，欧阳自远长期与陨石、宇宙尘这些“天外来物”相伴，也是有着与生俱来的缘分吧。

欧阳自远的双亲均为医护人员，自然希望小自远日后也能从医。但是，小自远却对夜空中的星辰与月亮有着深深的热爱。“嫦娥奔月”“吴刚伐桂”“牛郎织女”……强烈的好奇心与求知欲，让小自远按捺不住地仰望头顶的浩瀚星空。他常常发出这样的疑问：“太阳为什么能长久不息地照耀大地？月亮又为何如同银盘一样晶莹……”漫天的繁星只是笑而不答，留给小自远无穷无尽的幻想。

1952 年，欧阳自远高中毕业。那时的中国拉开了工业化的帷幕，“唤醒沉睡的高山，献出无穷的宝藏”的号召让欧阳自远热血沸腾。他毅然决然地放弃了家中对他承继医学祖业的期望，投身于国家建设之中。“我父母都是医生，他们希望我长大以后做医生，有比较稳定的生活，但我最终还是选择了学地质。”那时的欧阳自远很是豪迈，他下定决心：“要把地下的宝藏唤醒，为建设国家服务！”大学期间的欧阳自远很勤奋，几乎一有时间就跑到图书馆里如饥似渴地阅读；广泛涉猎之余，他也为找矿工作做着身体上的准备：测量实习。登西山，爬香山……高强度的跋山涉水让许多同学叫苦不迭，渴望练出“铁脚掌”的欧阳自远却在双腿上绑上沙袋来练习。他既有先天的聪明，又有后天的勤奋，毕业后留任中国科学院继续从事科研工作，成为我国新生代的代表性地质学研究者之一。

地心深处的闷雷

1964年年初的一天，欧阳自远被侯德封院士叫到办公室。看到侯院士脸上少有的严肃，欧阳自远预感到有大事要发生。“欧阳，跟你说一个事情，我们国家现在要开始搞地下核试验了。国家现在要找一个人，要求学过地质，又学过核物理。”欧阳自远的心一下子收紧了，他明白核武器对一个国家的重要性与机密性，而能够为国出力亦让他兴奋不已。依据任务要求，欧阳自远在地质所选了七八个人组成了“219”科研小组，远行至马兰科学城，着手地下核试验的选址工作。

马兰其实原来不叫马兰，据说在1958年秋天，我国核武器试验基地创始人之一张蕴钰将军带领一支部队来到这里，只见这里黄沙漫天，人烟难觅，独有紫色的马兰花给大漠平添生机，故给此地取名“马兰”。而也就是在这般荒芜的地方，欧阳自远和他的同事们挥洒了数年的汗水。地下核试验选址的范围圈划约有几百平方千米，选址也有着诸多问题需要考量：会不会掀顶？会不会泄漏？会不会造成污染……这些问题，只有亲身走遍每一处峰谷和角落，精确测量山上的每一处裂缝和断层后，才能回答。繁重工作的间歇，是两个馒头一壶水的自备餐。满身疲惫的众人多是狼吞虎咽，可吃饭对欧阳自远来说却异常艰难。他素来有晕车的毛病，颠簸起来便吐得人仰马翻，说是吃饭，还不如说是就着酸水咽下干硬的馒头。即便如此，为了保持体力工作，他依旧抿紧双唇，一口一口地强迫自己吞下。不仅如此，工作的繁重任务与绝对的保密要求使得他们好几个春节不能回家，到家也不能把工作的辛劳向家人吐露半分。艰难至此，日夜更替，“219”小组的脚步从未停歇。

经过日复一日的勘测、讨论、定案，1969年9月23日成为欧阳自远人生中极其重要的日子。这天，他站在距离核爆心几十千米的指挥部里，借助望远镜紧盯着实验山顶。0点14分40秒，主控站操作员按下系统自控的电钮，0点15分，原子弹爆炸。没有凌空的火球，没有升腾的蘑菇云，只有地心深处响起的闷雷。

他们，成功了。

一克月球样品 探月梦想在持续

若说矿物是宝藏，月球则可谓是一座巨大的宝库。月球上稀有金属的储量比地球多。月岩中含有地球上存在的全部元素，还有丰富的可控核聚变的理想燃料——氦-3。自1957年苏联发射第一颗人造地球卫星，宣告空天时代开启，苏美两国以月球与火星为中心进行了多轮太空探测。“对月球与火星的探测，意味着人类对地球和太阳系的研究进入一个全新的整体性认识阶段。中国如果在这个崭新领域落后于人，必将成为民族最大的憾事。”尽管当时的中国并没有能力参与竞争，欧阳自远仍敏锐地觉察到月球探索的重要性。于是他着手进行陨石、月球和行星地质研究，以此使我国早日进入空天时代。

而在此期间，诞生了“欧阳克”的传奇。

1979年1月1日，中美建交，美国总统送给中国1克月岩样品。当时中国做相关研究的人很少，中国科学院推荐了在陨石研究方面颇有建树的欧阳自远。欧阳自远去取样品，那1克只有小黄豆粒大小的月岩被封在有机玻璃中。“我舍不得用完这1克，只砸下了0.5克，然后组织全国的力量，利用这0.5克的样品，写出了14篇论文。后来美国NASA的官员见到我，说：‘欧阳啊，我们什么都没有告诉你，结果你全知道了。’”因此壮举获绰号“欧阳克”的欧阳自远讲述这段经历时，眼中既饱含着当年的辛酸，也有骄傲。

时间来到1992年，我国载人航天工程正式启动。同期，欧阳自远带领团队精心编制了我国首个探月计划的战略规划与长远蓝图。他们从太空地质环境入手，详细分析了航天技术的现状，并对具体的登月操作流程进行了严谨的论证。这份规划不仅涵盖了科学理论，还充分考虑了技术可行性，为我国探月工程奠定了坚实的基础。经过多年的持续努力和反复论证，这份规划最终得到了国家层面的认可。2004年1月，国务院正式批准启动中国月球探测一期工程，即绕月探测工程，标志着我国探月计划迈出了坚实的一步。

从此，中国的探月步伐一往无前。

2007年10月24日，嫦娥一号升空，绕月探测494天，获取了月球的空间环境与资源分布相关信息。

2010年10月1日，嫦娥二号升空，首次绘制了全月球最高分辨率为7米的地形图和三维立体图，提高了探测数据的精度。

2013年12月2日，嫦娥三号升空，首次实现了中国探测器软着陆月球风暴洋虹湾地区，进行着陆器的就位探测和月球车的巡视探测。

2018年12月8日，嫦娥四号升空，首次成功登陆月球背面。

2020年11月24日，嫦娥五号升空，12月17日在内蒙古四子王旗预定区域安全着陆，带回了1731克月球样本。

…………

中国的探月工程，未完待续。

仰望星空　脚踏实地

“B站的同学们，大家好，从今天开始，我将正式在B站和大家聊聊你我都熟悉的太空啊！”2022年6月2日一个于18点定时发布的视频中，一位白发苍苍的老人映入眼帘：稍稍眯起的双眼透出长者的和蔼，微微上扬的嘴角彰显着学者的底气。观众们纷纷发送弹幕打招呼，欧阳自远在这样的氛围中进行了满怀热情的演说。欧阳自远如数家珍，在观众面前展开了一幅绮丽绚烂的太空画卷。

这并不是欧阳自远第一次进行科普活动。在繁忙的科研工作之余，他总是会挤出时间进行科普讲座，多年来在各种科普刊物上发表了近百篇科普文章。他的讲述主题多样，从天外来客到对月球、火星等太阳系行星的探索，乃至寻找地外生命；内容生动有趣，“月球无风缘何国旗招展？”“漆黑夜空为何未见星星？”……每个问题既引人思考，也耐人寻味。各个年龄层的人都是他的受众，为此，对于每个主题，他都会根据受众的类型设计七八个版本，“面对小学生、中学生、大学生、公务人员，讲法都不同，甚至在大学里给文科生、理科生和工科生讲都要区别开”。面对科普活动中公众提出的科学问题或是质疑，欧阳自远总是心平气和地耐心解答。“我觉得科普是我们科学家的责任，我们应通过科普让公众越来越热爱这个国家，越来越理解这个国家。”自 2022 年 6 月发布了第一个视频后，欧阳自远就入驻哔哩哔哩（简称“B 站”）这一年轻人的聚集地，以星空之理循循善诱。

对于未来的科技发展，欧阳自远在接受采访时向广大青年科技工作者寄语：仰望星空，脚踏实地，上下求索，践行梦想！游走于地底的矿洞，极目于天上的群星，钟情于一生的事业，轻叩醒尚寐的凡尘。寄语中的这 16 个字，正是欧阳自远一生的真实写照。

— 学子说 —

欧阳院士自幼对月球有着深沉的热爱。他可以轻松说出月球的 50 多个别称，娓娓道出每个别称背后的动人故事。同许多其他科学家一样，他奋进于中国经济恢复和初步发展之际，奔波于矿脉之间，耕耘于手头的工作，将我国与他国的差距竭力弥合。只是闲暇时，他会仰望着头顶的明月陷入深思，会想起那些遥远的神话传说，直到将仰望夜空的目光凝作坚毅的眼神，才如做出某种约定般微微一笑，又埋首于对矿坑、岩石，以及那些“天外来物”的研究当中。

欧阳院士，怀着仰望星空的梦想，所走的每一步都用自己的脚丈量，他眼中的星辰，有着弥散于寰宇的名状，他不曾忘记与每一束光的邂逅。于是，他踏上了去往星辰大海的征途，极尽星空承载的一切浪漫，奉献生命表达的全部热忱。

他化作星尘，去聆听星的密语

王子昂

南仁东篇

南仁东（1945—2017），天文学家、中国科学院国家天文台研究员，曾任国家重大科技基础设施500米口径球面射电望远镜（FAST）工程首席科学家、总工程师。作为FAST工程的发起者和奠基人，他全面指导工程建设，主持攻克了索网疲劳、动光缆等一系列技术难题，为工程的顺利完成做出了卓越贡献。“逝世的十位国家脊梁”之一，曾获改革先锋、“人民科学家”等荣誉称号。

你以为我是天生什么都懂吗？其实我每天都在学。

——南仁东

你听过来自群星的声音吗？

我记得几年前，FAST 建成的消息传出，父亲告诉我它可以让我们听见来自外太空的声音，这让我这个在当时对天文学一窍不通的毛头小子产生了极大的兴趣，我也因此知道了南仁东先生。先生数十年如一日的笃志、淡泊名利的品性、矢志不渝的坚守，给年少无知的我带来了巨大的影响。可以说，南仁东先生就是我在科研领域中的启蒙导师。

有人说高洁的人逝去后会化为一颗星星，在夜晚陪伴着他所爱的人和所爱的那片土地。在我看来，“南仁东星”与 FAST 无数个重合的数据绝不是偶然，那一定是宇宙为先生选好的归宿。故人已往，家国正盛，谨以此篇献给南仁东先生，寄托我对先生的无尽思念以及对祖国的美好祝愿。

先生的“大梦想”

20 世纪五六十年代，在吉林辽源，村民常看见一群孩子坐在一起看星星，最中间有个孩子指着这颗或那颗星星给周围的孩子讲故事，其他孩子也愿意听他讲故事。这个穿着平凡但气质不凡的孩子，便是南仁东。

弟弟南仁刚说，家里条件不好，哥哥对星星的了解源于他到处找书，借着路灯一点一点地学习。后来，哥哥也是以这样的方式，在中学时期提前自修了全部物理课程，包括一部分天文物理。

先生出生在一个普通的山村，但人生经历却并不普通。在那个很多人都上不了大学的年代，他以吉林省理科状元的身份进入清华大学无线电系。求学路上，他表现异常突出，屡获学校表彰，获得理学硕士和博士学位。从清华大学毕业后，他来到无线电厂工作，在这里大放异彩。因为心灵手巧、细心严谨和勇于钻研，他主导设计的电视发射机外形被吉林省工业厅评为第一名，他的能力逐渐被国内外的诸多公司与研究所认可，它们纷纷向他抛来橄榄枝。

先生吃过苦、受过累，在并不一帆风顺的道路上，他选择了一直坚持，收获了诸多荣誉与成就，先生最被后人仰慕的是他的“大梦想”。

1993 年，国际无线电科学联盟大会在日本东京召开。科学家们提出，要在全球电波环境恶化到不可收拾之前，建造新一代大射电望远镜。时任中国科学院北京天文台副台长的南仁东先生获悉后十分激动，他当即提出建设一台 500 米口径的球面射电望远镜——这是一个在当时的人看来极为狂妄的梦想，因为那时国内天文望远镜的最大口径只有 25 米，很多人认为这绝不可能实现。

为了将这大好的机会引至中国天文领域，南仁东先生无数次奔波于国际会议和国际机构，为中国的立项申请摇鼓呐喊。他自掏路费，跑了一家又一家单位，最终使厚厚的立项申请书上出现了 20 多家合作单位的名字。这一项目的缩写为“FAST”，恰如其分地体现了中国天文学追赶国际前沿的雄心，这与当时中国的社会背景、与南仁东先生的梦想，是高度契合的。

谁能阻止追逐梦想的脚步呢？面对自己这个“狂妄”“不符合实际”的梦想，南仁东先生并没有退缩。建造如此大口径的射电望远镜根本没有经验可依，关键的技术无处可查，只能凭借自己的力量自主创新。可就是这样，从选址到设计，从选择材料到施工，从模仿到创新，南仁东团队勇攀高峰，克服了一个又一个不可想象的困难，展现了中华儿女敢为人先的骨气，书写了辉煌的报国篇章。

先生 62 岁时，项目获批。在先生的生命即将走向终点之际，项目竣工。先生的“大梦想”终于画上了一个完美的句号。但我想，先生那份矢志报国的热情，直到生命的最后一刻，也从未真正画上句号。

先生的“小生活”

对于如此大口径的射电望远镜，想找到一块合适的区域来建造，不仅需要极大的努力，更需要“老天爷赏饭吃”。很多人劝南仁东先生放弃，他宣称“我不信”，立下志向要找到合适的地址。他这一找，就是 12 年。

作为整个工程的总设计师，先生的生活真可谓是“小”到极致。一顶安全帽、一套工作服，可以陪着他走过 700 多天；由于经费紧张，他坐 50 多个小时的火车，来往于北京和贵州之间；为了选到最好的地址，他用脚踩过上百个窝凼，村民都认识他，说他发现了“外星人”；由于没人手、没经费，他只能一点一点地测量，被大家叫作“丐帮帮主”。

大部分时间里，他都和工人们待在一起，同吃、同睡、同生活。面对陡峭的山坡，60多岁的南仁东先生坚持亲自观测，以免错过第一手资料。

去食堂打饭时，阿姨要给他加个菜，他急忙摆手说："不用不用，刮点剩菜凑合一下就行。"有一次，南仁东先生回到家乡，家人看他风尘仆仆的样子，急忙给他做了一桌好吃的。先生笑了："从没吃过这么好吃的饭，太羡慕你们了。"母亲和弟弟看着他憔悴的脸，眼含泪水，心疼地问他："天天在大山里奔波吃苦，值吗？"这时，先生的眼神却突然坚定了起来："值，一切都值！"

2010年，FAST面临着一场近乎灾难性的风险——索网疲劳。先生跑遍各地寻找合适的钢索结构，并亲自反复测试，却发现没有一例能够满足FAST的使用要求。当时，台址开挖工程已经启动，设备基础工程迫在眉睫，但由于索网疲劳的问题迟迟难以推进。先生顶着巨大的压力，经常忘记吃饭和睡觉，天天在工作室埋头苦干。他好几次都是半路上疼痛难忍才去医院，在医院开点药就走，拒绝住院，生怕查出来严重的病，耽误了工程的进展。整个研制工作进行了两年，经历了上百次失败，他的面庞逐渐憔悴，但他的精神依旧饱满。最终，得益于他的创造性思维，南仁东团队研制出了满足FAST使用要求的钢索结构，在解决了技术难题的同时，也让中国在这一领域有了巨大的突破。

我们今天提起南仁东先生，脑海中浮现的可能会是工作台前自信满满的设计师形象。如果时间倒流，走进施工现场，我们会发现，先生只是一个头戴安全帽、身穿蓝工服，与其他工人并无两样的朴素形象。是的，先生的"小生活"可能在外人眼中到了不能理解的地步，但也正是基于"小生活"，他才能成就"大口径"，才能实现"大梦想"，才能体现"大人格"。

先生的"名与利"

先生生前几乎没得过什么大奖，"CCTV2016年度科技创新人物""2016中国科学年度新闻人物""2017年全国创新争先奖章"，这些已经是先生最"拿得出手"的个人荣誉了。临近退休，他得过的奖可以轻松数明白，就连"先进工作者"之类的荣誉称号都没有。即使是"中国天眼"这样举世瞩目的工程，他也几乎没有获奖，因为他总是把别人的名字放在自己前面。

先生明明有能力过上更好的生活，作为首席科学家，他一生潜心研究，学术水平极高，完全可以在窗明几净的工作室里进行理论研究。可他为了振兴我国的天文学，放弃了舒适的生活，一头钻进大山。年轻时，他喜欢绘画、天文学和建筑学，报考时却选择了无线电专业，原因是当时国家缺少无线电人才。恢复高考后，他报考了中国科学院攻读天文学，也是为了响应国家的需要。他曾在日本国立天文台担任客座教授，后来却放弃了这份高薪工作而选择回国。他像一根总是燃不尽的柴火，在新中国这颗冉冉升起的希望之星上不断燃烧。

先生总是愿意和村民、工人待在一起。他给来自云南的布朗族工人每人买了一套运动服，总是带着西瓜之类的东西去工棚里坐坐。他的记忆力很好，他记得每个工人的工种、名字和一些琐事。他看到当地人生活艰苦，于是尽可能资助当地儿童上学，在高校开展义务讲座。直到今天，仍有受过他帮助的人给他写感谢信。

先生没能看到“中国天眼”大放光彩，他走了，留下了“名与利”：艰苦朴素，不忘初心的令人崇敬之名；造福世间，振兴中华的千秋万代之利，仅此而已。

东寻多年一心窝凼建址，
仁者故去志向薪火相传，
南风不息，永存世间！

— 学子说 —

写这篇文章的时候，我试图在网上找一些有关南仁东先生的资料，但鲜有先生接受采访或参与节目的内容，相关图片也并不多，图片中的他大多戴着安全帽。先生的淡泊名利，似乎就是他生活和工作的一部分。

项目竣工的消息被报道后，先生渐渐消失在了大众的视野之中，但如先生这样的人所代表的航空航天精神却一直在传承，是这样的精神，让我们的技术从无到有，让我们的工程开疆扩域，让我们的国家逐步迈入航天时代，在国际领域中的影响力不断增强。这些宏伟目标的实现，既源于宏观层面的规划，也离不开安全帽下的一次指点、会议后的一次便饭、山沟里的一次测量。在这条通向航天强国的路上，正是这一次次恪守与坚持，让我们向着美好的未来不断迈进。

截至2024年11月，FAST已发现1000多颗新脉冲星，极大拓展了人类观察宇宙视野的极限，未来它将会做出更多的贡献，这也是对先生最好的回报。

培星奔浩宇，建梦驻星河

高海强

叶培建篇

叶培建（1945— ），空间飞行器总体、信息处理专家，中国科学院院士，曾担任嫦娥一号和资源二号卫星的总设计师兼总指挥，嫦娥三号探测器系统首席科学家，嫦娥二号、嫦娥四号、嫦娥五号试验器总指挥顾问、总设计师顾问。1967 年毕业于浙江大学无线电系，1985 年在瑞士获得博士学位。现任中国空间技术研究院研究员、博士生导师。曾获国家科学技术进步奖特等奖、国防科工委科技进步奖一等奖、全国五一劳动奖章、“人民科学家”称号、“最美奋斗者”称号等多项荣誉。

为做一个中国人而骄傲，为中国做出贡献而自豪！

——叶培建

2022 年北京冬奥会的第三棒火炬手是一位 77 岁的老人。在火炬接力中，他从航天员景海鹏手中接过奥运圣火，步伐稳健、满脸喜悦、充满自豪。他就是航天功勋叶培建，从大学毕业起，他的人生就和中国航天紧密连接在一起。

“这是缘分”

1945 年 1 月，叶培建出生于江苏泰兴，他的父母都是军人。1946 年，苏中七战七捷的首场战役——宣堡战役开始。当叶培建的父母随着部队北撤时，他们将幼小的叶培建送到外婆家生活。1951 年，叶培建上小学。父亲一年后从抗美援朝战场归来后，叶培建便与父亲一同四处奔波，他在南京、杭州和湖州都有过求学经历。在长津湖战役中，父亲亲身经历了美国空军的狂轰滥炸。后来，父亲把战争中的惨烈经历都讲给叶培建听，他至今都难以忘怀。

叶培建在初中时就开始展现出自己的优秀。上完初一，他从杭州四中转学到湖州一中，直接跳级读初三，初三毕业后被学校保送到浙江省湖州中学上高中。时局风起云涌，叶培建萌生出当一名外交家的念头。但父亲告诉他：国家正处于建设时期，很需要理工科人才。叶培建接受了父亲的教诲，决定弃文从理。他想学飞机专业，便填报了北航、南航等高校，可最后录取他的却是浙江大学无线电系。后来他才知道，这是因为当时浙江要让优秀的学生留在省内。

最有趣的是，他大学毕业后还是被分配到了航天单位。他说：“这是缘分！”

“我就觉得我学完了应该回来”

1967 年，大学毕业的叶培建被分配到航天部卫星总装厂任技术员，他与航天事业的不解之缘由此开始。恢复高考后，1978 年，叶培建顺利考取了两个科研院所的研究生入学资格，后来又通过了首批留学生考试，于 1980 年赴瑞士纳沙泰尔大学留学，并用很短的时间获得了博士生资格。1985 年，他获得了纳沙泰尔大学的科学博士学位，论文题目是《手写中文计算机在线自动识别》。

那时，叶培建的父亲已经离世，夫人也不在国内，有些人以为他不会回来了。但他刚获得博士学位，就和夫人一同回到中国。有人在采访中问他：“您曾经在瑞士留学，完成学业后毅然选择了回国，投身于我国航天事业。能讲讲当时的故事吗？”他的回答斩钉截铁：“纠正一下，我当时没有‘毅然’，回国这件事我没有任何思想斗争，也不存在困惑、犹豫，这样说我是小看我了。我就觉得我学完了应该回来，因为我是一个中国人。”

“一定要拿得出来”

“当遇到和国家任务相矛盾的事情的时候，应当能把这个事情先放下，去完成国家任务……现代社会价值多元化，不可能要求个体全然不顾自己。但是国家需要你做奉献的时候，一定要拿得出来。”这是叶培建对后辈航天人的期望，而他自己也是这样做的。

20 世纪 90 年代，叶培建接到了深圳证券交易所送来的一份“美差”。观看过《大时代》等香港影视作品或者亲身经历过那时的证券交易的朋友们想必知道，原来的股票交易是通过给证券交易所打电话交由“红马甲”完成的，相当不便。现在只要下载各大券商的炒股软件，通过卫星就可以把数据传输到证券交易所，十分便捷。说来很巧，这个系统正是叶培建回国后带队研发的。深圳证券交易所当时以 40 万元的年薪和一所超大的住房聘请叶培建。那时叶培建一个月工资就 2000 多元，即年薪不到 3 万元，虽然收入也还算不错，但这份新工作的工资相当于一下子涨了 10 多倍！谁也没想到，面对这样一个成为百万富翁的好机会，叶培建就是两个字：不去。他说：“我去了，多了个百万富翁，却少了个科学家。”叶培建始终认为，做航天工作一定要安下心来，任何外界的东西都干扰不了他。

“责任比命大”

1996 年，叶培建首度挂帅，担任资源二号总设计师兼总指挥。时至今日，在航空航天这一领域他已经辛苦耕耘了 50 余载，但他仍无法忘记资源二号首发星发射时的惊心动魄，这也是对他打击最大的“挫折”。

2000 年 9 月 1 日，资源二号第一颗卫星顺利升空，绕地球第一圈、第二圈状态都良好，叶培建和他的团队从太原转战西安，准备开展下一个阶段的工作。他们坐在赶往太原机场的车上，沉浸在顺利完成任务的喜悦中，兴高采烈地谈天说地。

可惜这份欢乐没有持续多久，一个紧急来电告知叶培建，卫星突然姿态失控，“丢了”。那一瞬间叶培建想了很多，或许那时他的同事们都没发现，但多年以后，叶培建在央视《面对面》节目专访中回忆起这段往事时仍心有余悸。他说：“我跟你讲我当时的心情是什么，我是希望那个车从山上掉下去，把我摔死。”主持人很惊讶：“那只是一颗星，而您这是一条命啊。”叶培建却有些不知所措地回答：“是我觉得我无法交代，很自私啊……卫星丢了，我无法交代。”他在访谈中甚至压抑不住自己的情绪，低下头抹泪。

但当时的他没有让自己逃避，而是保持镇定，与副总设计师积极沟通，最后发现原来是地面发错了一条指令。工作人员紧急发送补救指令，最终成功让卫星重回正确的状态和轨道。

这一次的化险为夷也是对叶培建的一次考验。叶培建在这一考验中有瞬间的回避，却没有败给永恒的求索。他是资源二号团队的一员，他不怕为自己写一部“镜头前的忏悔录”。

“10000-1=0”

2004 年，叶培建挂帅嫦娥一号。经历了资源二号的波折，叶培建对自己和团队有了更苛刻的要求。

叶培建回顾世界航天史后便深知，那些失败案例从来不是大问题所引起的，反而是像一颗螺丝钉这样的小事情便足以致命。所以质量一定要做得可靠、更可靠，这就依赖于地面工作。所以叶培建和他的团队树立了对问题要“捕风捉影”的信念。他们有一项有趣的“制度”：凡是发射之前，谁主动提出自己负责的部分存在问题，非但不会挨处分和批评，还会受到表扬，让大家尽管怀疑，大胆暴露问题，把问题扼杀在摇篮里。

叶培建和他的团队在嫦娥一号与嫦娥二号发射在即的最后检查阶段，都发现了问题。嫦娥一号发射前有一个高频接头松了，嫦娥二号发射前则是卫星的外包热控上有个地方有点鼓鼓囊囊的。这两个小问题，如果在发射前没发现，前者很可能影响测控信号或数据传送，后者很可能会影响发射，甚至会导致发射失败。多亏发现及时，叶培建和他的团队才交出了“满分答卷”。

“第一个吃螃蟹”

科技创新不能好高骛远，却要有向前冲的胆量与魄力。叶培建说：“无论是技术的进步，还是人类探月事业的发展，都需要我们做一些‘冒险的事’，去开拓，去创新。”

嫦娥四号是人类第一个在月球背面着陆的探测器，这一成就令世人瞩目。让卫星落在月球背面的想法，正是叶培建提出的。可当初，大部分专家并不支持这一想法。

嫦娥四号原本被定位为嫦娥三号的备份星，好比球赛中的替补球员。一旦“主力”嫦娥三号任务失败，团队就可以迅速排查原因，予以解决，让这颗备份星“替补上阵”。因此，不少人以求稳的心态规划它。嫦娥三号任务成功后，其他专家仍然想的是“打一个保一个”，继续在月球正面着陆。但叶培建认为，嫦娥四号应该摆脱求稳心态，更进一步。他向上级提议：“落到月球背面，成功了是一大亮点，即便不成功，也是人类第一次，可以原谅。”面对着一份写着卫星在月球正面着陆的会议纪要，叶培建怎么也不肯签字！在他的据理力争之下，经过多轮讨论，月球背面着陆被写进了方案。为了实现这一目标，方案中增加了一颗中继卫星——也就是后来的“鹊桥”，用于保障月球背面的通信需求。

嫦娥四号在月球背面软着陆成功后，NASA 有专家惊叹：“从今往后，我们再也不能说中国人只会跟着别人干了！”

—— 学子说 ——

如果你打开浏览器，搜索播放叶培建历来接受采访的视频，你会发现叶老是个面相和善、能言善道的老爷子：略显严肃的面容，温和的语气，幽默的言谈，就像是你身边一位有幸结识的关爱你却又放手让你成长的长辈。正如嫦娥四号成功在月球背面软着陆后，一张在网络上广为流传的照片中的场景：在北京航天飞行控制中心的工作现场，叶培建慢慢地走到当时正在流泪的嫦娥四号项目执行总监张熇身后，紧紧握住她的右手，露出温暖的一笑。有人说，这一刻，两位代表不同时代的“嫦娥人”的手，握在了一起。

仔细品味叶老的点点滴滴，你会发现，每当“祖国”这个词出现，每当“航天”这个词出现，他的语气就一下子变得斩钉截铁起来，这何尝不是一种对国家、对航天事业炽热的爱？因为征途是星辰大海，所以前路没法敷衍徘徊！

在此以叶老亲自创作的《七律·赞嫦娥四号》一诗尾联结尾：宇宙探索路漫漫，薪火相传永不休！

三十载航天路，梦圆太空家园

戴晨晗

杨宏篇

杨宏（1963— ），载人航天器系统工程管理专家，天宫一号总设计师，中国工程院院士。现任中国载人航天工程空间站系统总设计师。2021 年毕业于北京航空航天大学，获博士学位。自 1991 年进入中国载人飞船总体室工作以来，全程参与中国载人航天工程“三步走”发展战略，参与并主持了多个航天器的研制。曾获国家科学技术进步奖特等奖两项、全国企业管理现代化创新成果一等奖一项，部级奖十项（其中一等奖两项）。

在向宇宙探索的征程中，我们一直在路上，但是我相信，路虽远，行则将至。

——杨宏

2011 年 9 月 29 日 21 时 16 分，一枚火箭划破夜空，直指星辰，天宫一号顺利升空，中国在迈向空间站时代的征程中又跨出了重要一步。它的总设计师杨宏站在荧幕前方，目光坚定。这并非终点，望着操作室中的荧幕，杨宏回望载人航天工程的筚路蓝缕，航天人一步一个脚印，历经数十载的拼搏与奋斗，才使中国航天取得如今的成果。而今杨宏已经准备好向下一个目标前行，因为航天路无止境。

不忘初心，心系空天

1963 年冬，杨宏出生于吉林通化的一个知识分子家庭。在身为航天科技人员的父亲的教导下，杨宏从小品学优异，并经常在课余时间参与与航模、船模等有关的科技活动。

年少的杨宏，在欣赏着精细的航模、听父亲介绍航天工作时，对航天的兴趣与日俱增。正是在这样的环境下，探索星辰大海的种子悄然在少年的心中发芽，他立下了成为一名工程师的人生目标。在这一目标的激励下，杨宏奋发向上，向着心中的梦想前行。

1984 年于西安电子科技大学毕业后，成绩优异的杨宏被分配至铁道部科学研究院。此时全国正处在改革开放的浪潮中，对信息专业的人才需求将杨宏推向时代的浪尖。

当时，杨宏所在单位地处中关村，他出门只需要走上几步，换个工作单位，工资便会翻上几倍。然而在面临种种诱惑时，杨宏并未迷茫，他坚信自己在大学学习的内容将让他在国防领域大展身手，这也让他成为航天人的意愿更加强烈。对梦想的追求，对回报社会与国家的渴望，无一不在激励着杨宏坚守初心，沿着成为工程师的道路心无旁骛地迈进。为此杨宏进入中国空间技术研究院攻读硕士学位，继续向自己的航天梦迈进。

1991 年硕士研究生毕业后，杨宏再一次站在了人生的十字路口。当时，信息通信技术领域某科技集团正在进行软件中心的组建，急需杨宏这样的信息类人才，并决定出高额资金为杨宏付清原航天单位的培养费，邀请他加入。可杨宏拒绝了这个诱人的机会，选择加入飞船研制队伍。自此，杨宏走上了航天之路，自幼年至青年，追梦人初心不改。“我总是想让学到的知识能够有一个展示自己的，回报社会、回报国家的机会。”杨宏说道。

严谨务实，神舟飞天

1992 年，中国载人航天工程正式启动，国家制定了“三步走”的宏伟蓝图，旨在建立属于中国的空间站。在这一年，年仅 29 岁的杨宏成为中国载人飞船总体室的首批成员之一，开启了他与载人航天事业紧密相连的职业生涯。

当时，中国的载人航天技术仍是一张白纸，载人飞船刚起步时，谁也没干过，谁也不会干。杨宏说，那个时候，他对于载人航天一无所知。尽管困难很多，但杨宏的信心是坚定的。即使载人航天的开始是一张白纸，航天人也会用自己的努力在上面绘出动人的图案。

当时，杨宏在团队中承担的核心任务是负责计算机系统的总体架构设计。没有专业知识，杨宏便去学习；有不懂的地方，便去查找资料，寻求老一辈航天人的指导。杨宏回忆道，王希季院士、戚发轫院士，一位位老一辈航天人、科学家在工作中给予了他莫大的帮助。而其中他印象最深刻的是一次在测试火工品的阻值时，王希季院士就坐在他身后亲自进行指导，一步步地为他做示范。老科学家的言传身教帮他迅速成长，杨宏所在的团队从零出发，很快绘出了中国第一艘航天飞船的蓝图，提交了一百万字的报告。

勤奋与严谨是杨宏对待航天工作的鲜明标签。为了航天事业，1993 年到 1995 年，杨宏跑遍了所有分系统承制单位，广泛调研国内星载计算机的生产能力；同时，杨宏没有拘泥于书本上的知识，而是多次前往发射场与火箭的制造、运载系统实地考察。在被问到为何如此认真时，他回答道：“载人航天，人命关天，这是我们的原则，是我们的底线。”正是如此严谨的态度，使得杨宏所在团队在船载计算机系统的总体设计中提出了优秀的方案，而这些方案在 1999—2003 年的“神舟”系列 5 次大型飞行中得到了充分验证。

攻坚克难，天宫在宇

2003 年，随着杨利伟搭乘“神舟五号”升空，中国成为继苏联和美国之后第三个实现载人航天飞行的国家，开启了探索宇宙的新篇章。此后，中国载人航天工程“三步走”发展战略中的第二步逐步展开。最初的计划是将“神五”飞船改造舱改造，继续留在轨道，接着再发射飞船进行交会对接的实验。这个方案虽然没有解决空间实验室的问题，但是技术创新少，没有太多风险。

2006 年，杨宏被任命为空间实验室系统总设计师，中国也在大力推进空间实验室计划，为未来的中国空间站打下基础。此时，伴随着“神舟”系列飞船的逐渐升天，问题也浮现在了杨宏面前：中国航天技术的发展速度已经超出预期，最开始的战略计划没有考虑到现今中国的航天科技水平。交会对接与空间站实验室技术的突破，是应该继续沿着十多年前的计划一步步推进，还是按照现今的技术水平更改计划？再一次，杨宏需要做出选择：稳扎稳打，可能错过创新超越的机会；而在原计划上调整整个方案，既需要巨大的勇气与胆识，又需要创新的思维。

为此，杨宏经历了无数个不眠之夜，进行了一次次严谨的技术分析和复杂的风险评估，直到 2008 年神舟七号顺利升空，他认为中国的航天技术水平足以支持更进一步的挑战：在最初的计划上进行更改，直接发射可作为空间实验室的目标飞行器“天宫一号”，接着发射飞船与之对接，旨在同步达成自动与手动交会对接，以及在空间实验室环境中长期驻留太空的任务目标。

这是大胆的创新，也是巨大的挑战。没有成熟的经验可借鉴，要完成多次交会对接试验，难度不言而喻。在飞行器设计初期，研制人员在杨宏的带领下，以神舟五号飞船技术状态为基础，不断改进设计，先后攻克了空空通信、高压供电、多回路通风换热等一系列技术难题，在他国的技术封锁下独立自主地研发了多项关键核心技术，托举天宫一号成功飞天。

2011 年 9 月 29 日 21 时 16 分，炽热的火焰划破长空，震撼天际，天宫一号腾空而起，直指浩瀚宇宙。此次发射历经波折，才最终得以实现。

2011 年 8 月 18 日，与承载天宫一号的长征二号 F 火箭属于同一系列的长征二号丙火箭发射失利。这一突发状况直接导致原定于 8 月底发射的天宫一号延迟发射。

问题接踵而至，经计算，神舟八号与天宫一号的交会对接窗口持续时间有限，如果天宫一号不能在 9 月底成功发射，将会严重影响整个交会对接计划的实施。

一直等到 9 月 10 日，在近 20 天的持续工作下，长征二号丙火箭的故障原因终于被摸清，问题得以解决，发射场才能为天宫一号运载火箭的测试清出场地，然而距离火箭的交会对接的最佳时间窗口只剩下约 20 天。

20 天，完成整个测试工程如同天方夜谭，但这无法动摇航天人的决心。杨宏以实干回应压力，用创新面对挑战：首次新增挠性惯性测量组合、首次采用冯·卡门曲线整流罩……使用全新的技术和设备与时间赛跑，突破极限。7000 多名科研与试验人员不分昼夜地工作，通过“双想双查”的方法，成功完成了 8 次火箭全面检测及 234 种故障应对方案的演练，所有项目均一次性圆满完成。

自此，太空中出现了一个中国制造的空间站的雏形。紧接着，神舟八号与天宫一号对接成功，中国载人航天工程也将继续前行。

圆梦空间站，天路无境

紧接着，神舟九号实现载人对接；神舟十号与天宫一号对接后，女航天员王亚平在太空实验室进行授课……这些都离不开杨宏和他的团队的努力。从此，中国航天飞速发展，朝着建立太空家园的目标迈进。

在天宫一号发射成功并与“神舟”系列飞船完成对接后，杨宏继续在航天路上前行，担任了中国载人航天工程空间站系统总设计师，总领我国规模最大、最复杂的航天器——空间站的研制。

然而，2011 年 5 月 16 日，美国通过《沃尔夫条款》，限制与中国航天的合作，使得中美两国航天机构的交流几乎完全中断。没有技术支援，只有科技上的打压，但这吓不倒杨宏。曾经，29 岁的杨宏在戚发轫院士等老一辈航天人的带领下，从无到有，制造“神舟”系列飞船；如今，杨宏带领着平均年龄为 30 多岁的青年航天团队，突破他国的技术封锁，披荆斩棘，进行着中国空间站的制造。时光飞逝，航天人的精神薪火相传，杨宏用自己的热情感染着身边的科研工作者，用严谨的态度诠释着航天人的精神，继续坚守在航天路上。

空间站建设是一个漫长的过程，也是一个由简单至复杂、逐步完善直至完美的过程，空间站系统副总设计师朱光辰说过：“如果神舟飞船是一辆轿车，天宫一号和天宫二号就相当于一室一厅的房子，而空间站就是三室两厅还带储藏间的豪宅。”空间站的复杂程度可想而知。为了航天员的生命安全有保障，杨宏夜以继日，跑遍了全国，与各种项目组对接。工作期间，杨宏好几年没有在周末休息，每天朝八晚八地工作，但从不叫苦叫累。最终，天和核心舱成功发射，并且用时间证明了它的质量。

2021 年 4 月，天和核心舱成功升空。2022 年 7 月，问天实验舱顺利与天和核心舱完成对接。同年 11 月，梦天实验舱也成功与天和核心舱对接。经过中国航天人持续不断的奋斗，空间站终于圆满建成。这离不开身为总设计师的杨宏的操劳。空间站虽然已建成，但杨宏并未停下脚步，他将继续在无止境的航天路上前行。

—学子说—

可以说，杨宏院士参与了中国载人航天工程的全过程。从摸着石头过河到空间站引领世界，杨宏院士从老一辈人手中接过接力棒，也将把它传递给后来的航天人。从 1992 年至 2022 年，足足三十载的坚守，方有太空家园在 400 千米高空的运转。他随时做好准备，为航天之路献出自己的力量。

历尽千帆，归来仍是少年。从少年的坚守，到青年的担当，到天宫一号研制时的独当一面，再到此时太空家园组建完成后仍在主持中国航空重大项目，无论身份如何变化，杨宏院士的心中永远有那一片星辰大海。

向杨宏院士致敬。

问天有道，深空搭桥

王佐

张荣桥篇

张荣桥（1966— ），行星地质环境与探测学家，中国首次火星探测工程总设计师，中国行星探测工程总设计师，中国科学院院士。现任国防科技工业局探月与航天工程中心研究员。2010 年开始主持完成中国首次火星探测任务，在国际上首次通过一次任务实现火星环绕、着陆、巡视探测，使中国成为世界上第二个实现火星表面巡视探测的国家。曾获国家科学技术进步奖特等奖，国防科学技术进步奖特等奖、二等奖等。

就像我们去问一个并不富裕的家庭“你为什么让孩子读书”一样，一个民族必须有一些关注星空的人才有希望。

——张荣桥

2021 年 5 月 15 日 7 时 18 分，我国首个火星探测器天问一号稳稳地降落在火星北半球的乌托邦平原上。随着捷报传来，有一个人瞬间激动得热泪盈眶，他默默地摘下眼镜，用纸巾轻拭眼角。

这个人，就是天问一号总设计师——张荣桥。

他用了整整 10 年，回答第一次去火星怎么走的问题；用了整整 6 年，带领科研团队研制精密的探测器；用了整整 110 天，坚守在发射场准备最终的发射。所有的奋斗，在这一刻汇成了中国探索火星的宏伟梦想。

砺学笃行，读书报国

1966 年 4 月，张荣桥出生于安徽黄山祁门县。在这个较为偏僻的小镇上，相对落后的学习环境并没有阻挡张荣桥对知识的渴望与拳拳的报国之心。

上中学的时候，张荣桥就表现出豁达的胸襟和强烈的爱国之心。在作业本的封皮上，他写着“振兴中华，努力学习”“为中华之崛起而读书”等矢志报国的字样。翻开作业本，里面一行行工整的字迹令人赏心悦目，正确率也很高。他的学习成绩是班里最优秀的，他被同学们称为“物理大神”。

然而，当时大学招生指标数量极少，甚至不到 5%。和其他有志进入大学深造的同学一样，张荣桥也承受着巨大的压力，面临着巨大的挑战。填报高考志愿时，他采纳了老师给他的两个字的建议，“偏”——找偏远地区的高校，“冷”——选冷门的专业，因为这样被录取的概率更高。

于是，机缘巧合之下，张荣桥考上了西安电子科技大学的电磁场与微波技术专业，从此步入了航天领域。他在“厚德、求真、砺学、笃行”的校训影响下潜心学习，后来进入中国空间技术研究院继续深造。

在不断的学习中，张荣桥对自己所学的专业产生了感情，一个关于深空探测与航天报国的梦想在他的心里悄悄萌芽。毕业后，他在研究院一干就是 13 年，然后加入了探月工程团队。经过日复一日的钻研，他做出了突出的贡献，成了中国航天事业的骨干力量，开启了探测火星的逐梦之旅。

不甘落后，“绕、着、巡”

从2010年决定进行火星探测工程的规划论证和立项工作开始，大家就一直在探索“第一次去火星怎么走”的问题。实际上，对去火星的技术难度，科学家们心知肚明。

火星距离地球最远约4亿千米，从火星发回的信号强度只有从月球发回信号强度的百万分之一，并且，火星上的天气情况复杂，地质、温湿度等条件特殊，因此一度被称为“航天器的墓地”。总体而言，全球发射火星探测器的成功率只有50%左右，而着陆类探测任务的成功率更是只有40%左右。

在论证初期，大家决定选择一个风险相对较小的“环、绕”方案，但是对于这个方案，张荣桥和各位专家都心有不甘。毕竟，跟国外相比，我们起步较晚，而当时俄罗斯和美国已经进行了多次火星探测任务，获得了火星的全貌影像。如果全力以赴只求稳妥，不仅大家咽不下这口气，我们国家与国外的差距也难以弥补，甚至可能越来越大。

在这论证的关键时期，有一个设计思路别出心裁的探月工程浮现在了张荣桥的脑海中。经过缜密的思考，他提议可以借鉴嫦娥探月工程的“绕、落、回”三步走方式，采用“绕、着、巡”三步走的方式探测火星。在国家的大力支持下，考虑到拥有长征五号提供的运载能力与探月工程积累的宝贵经验，张荣桥和大家达成了一个基本共识：不能仅仅考虑风险，更要考虑这件事对火星科学研究的带动作用，对国家航天技术的带动作用，对国家综合国力的提升作用。

因此，大家在仔细分析了各项因素后，决定“伸伸手，踮踮脚”，创造性地一次实现“绕、着、巡”三步走。尽管这个计划难度很大，但是它的风险是可控的，而且它在整体上更加节省经费，在技术上能够实现跨越式发展，能使我国更快地迈入世界先进行列。

严谨有担当，亲切又关怀

张荣桥曾说：“光鲜亮丽的成功背后，我们也有很多‘走麦城’的故事。”的确，天问一号的设计、生产、实践，每一步都困难重重。

26个月一次难得的发射窗口期、其他国家带来的竞争压力、新冠疫情的暴发，三重考验叠加，天问一号团队面临前所未有的挑战。张荣桥带领大家坚守在航天城里，在疫情期间，人手不够，大家就轮班，坚持24小时不停进行各项试验。探测器上的15万个零件，每一个都检查了数遍；发射过程中的每一步都进行了仔细的演练；前往火星的轨道，每一条都经过了精密的计算。张荣桥用教科书般的标准要求自己、要求团队，“十年磨一剑”，确保天问一号能够成功发射与着陆。

这个任务最困难的部分在于着陆火星的阶段。在这“生死9分钟”里，通信时延长达18分钟左右，这相当于要让天问一号独自经历这个危险的软着陆阶段，速度从约2万千米每小时降到零。为了保证着陆的成功，张荣桥带领大家设计了着陆的各个部分，将每一步的计算都精确到秒。在任务成功之后，他还保持着严谨务实的态度，告诉大家，要清醒地认识到，成功的必然当中也有幸运的成分，要正视自己的水平。

在工作上如此严谨、有担当的张荣桥，私下里却是一个平易近人的“大爷”。他关心每一位吃苦耐劳的航天人，感激每一位理解航天工作的家属。在日常生活中，他让年轻的队员们不要这么辛苦，抽点时间休息、锻炼；在《开讲啦》节目中，他幽默地不服老，还帮鲍硕总调度打广告、找对象；在采访中，他帅气地“护犊子”，呼吁为年轻的航天人涨工资，替他们解决后顾之忧。

作为一名接手火星探测任务的航天人，他感激孙家栋、栾恩杰等推动火星任务的开展，感激其他为之提供智慧、付出辛劳的老前辈们，真诚地向他们致敬；作为一名航天事业的前辈，他丝毫不摆架子，真诚地为脚踏实地、仰望星空的年轻人着想，受人喜爱，令人尊敬。

在这样一位总设计师的带领下，大家齐心协力，终于成功地完成了天问一号这项任务，使中国首次踏出了地月系，搭起了一座通往深空的桥梁。

“有关注星空的人，民族才有希望”

从航天事业开创至今，总有人不理解这项工程的意义。总有人会问：“中国为什么要搞火星探测工程？这些工程真的有必要吗？”张荣桥回答：“就像我们去问一个并不富裕的家庭‘你为什么让孩子读书’一样，一个民族必须有一些关注星空的人才有希望。”他是这样将前瞻性的见解告诉大家的，也是这样努力地去做一个关注星空的人，一个为了中华民族伟大复兴而奋斗的人的。

从天问一号探测任务来看，火星探测能够对关于火星的很多问题做出解答，还能给我们带来火星上的高清影像，为我们解析火星的地质结构，帮助我们探测火星上生命的生存条件。

在张荣桥的眼里，开展深空探测不仅有助于人类了解太阳系，了解生命的起源和演化规律，还能体现、提升国家综合国力和创新能力，推动社会经济发展和人类文明的持续进步。

那一天，天问一号向着火星呼啸而去，带着航天人的期许，带着无数中国自主研发的新科技，带着中国人民的骄傲。这个可爱的“孩子”将会把独属于中国的标识永远地印刻在火星之上。

在天问一号“落火”之际，张荣桥不能自已，流下了甜蜜而苦涩的泪水。用他自己的话说，这泪水中包含了实现天问一号的成功着陆、完成对国家的承诺的激动，以及多年来承受的压力的释放。

纪录片视频中的他满头白发，手上拿着纸巾和黑色眼镜，脚上穿着朴素的布鞋，身上穿着白大褂，身后是写满数据的黑板和一张靠在墙边的单人床。是他几百天在这里的坚守，是他无数个挑灯夜战的晚上，带领团队汇聚成了一股磅礴的力量，助力天问一号任务成功。

一则网友评论概括得非常准确形象，令人动容：“一头白发，一双布鞋，一张床，筑起了一个国家的希望。”从机缘巧合进入航天领域，到脚踏实地为之奋斗多年，他以身作则，担负起探测火星的重任，秉持着严谨务实的态度，带头坚守在航天城，把每一个小细节都做到完美。他平易近人，体贴照顾后辈，为他们遮风挡雨，向他们传承航空航天精神。

在这次火星探测任务中，张荣桥用天问一号搭起了中国与星辰大海之间的桥梁，用实际行动展现了航天人将梦想变为现实的浪漫。在充满无数可能的未来，他也定将和其他航天人一起，永不停歇，以中国速度不断续写星际航程的新高度。

—学子说—

张总师是中间一辈航天人的典范。他虽没有亲身经历过侵华战争的纷飞炮火，却生活在一个国家较为落后、各方面都亟待追赶发达国家的时代。在这样的时代，人们更容易体会到国家的处境，更能深刻地理解“中华之崛起”的重要性，要想不仰仗他人鼻息，自当建功立业，报效祖国。从西安电子科技大学到中国空间技术研究院，从探月到探火，张荣桥将满腔的热情投入祖国伟大的航天事业中。

他担起了前辈们递来的重担，又帮后辈们做好接担的准备。他用自己搭成了一座桥，一座通往深空的探索之桥，一座传递关爱与精神的航天人之桥！蓦然回首，大概少年张荣桥也没想到，自己竟会成为这样一位国之栋梁。心怀少年凌云志，愿做秉烛夜游事。工作时为严谨务实的总师，待人时为和蔼可亲的“大爷”，这座桥上已然欣欣向荣。

时至今日，张总师仍在续写着这条属于中国的问天之路，且让我们默默守望这座桥将会搭向何方。

在此致敬。

在星空播种的人

周文培

孙泽洲篇

孙泽洲（1970— ），航天器总体设计和测控通信技术专家，中国空间技术研究院空间飞行器总体设计部型号总设计师、研究员。曾任嫦娥一号卫星副总设计师、嫦娥三号探测器总设计师、嫦娥四号探测器总设计师，现任天问一号探测器总设计师。带领团队圆满完成了我国首次月面软着陆及巡视探测任务、人类航天器首次月球背面软着陆及巡视探测任务、我国首次火星“绕、着、巡”探测任务。曾获国家科学技术进步奖特等奖、一等奖，国防科学技术奖特等奖，全国五一劳动奖章等多项荣誉。

仰望星空的时候，你在想什么？无论答案是什么，一定要从地球出发，去探索。

——孙泽洲

在2021年5月15日这一历史性时刻，祝融号火星车稳稳地降落在了火星北半球的乌托邦平原上，这一成就激发了中华儿女的无限自豪，也让总控室内的每一位工作人员泪眼婆娑。孙泽洲，这位杰出的总设计师，带领着他的团队，以不懈的努力和极致的专业精神，铸就了中国火星探测的辉煌篇章。他们的脚步不会停歇，因为他们承载着国家的重托和人民的梦想，将继续在探索宇宙奥秘的征途上，勇往直前，征服一个又一个未知的高峰。

勇攀高峰，尽显英雄本色

1970年，孙泽洲诞生于辽宁沈阳的一个航空社区，他的父母投身于飞机制造的事业。在孙泽洲的童年时光里，观看工厂的飞机试飞成为他日常生活的一部分，这些壮观的场景在他幼小的心灵中勾勒出了飞机制造行业的神秘轮廓，并悄然播撒下对广阔天际无限憧憬的种子。

孙泽洲的父母思想开明，在他成长的过程中并未施加过多约束，唯独在他面临大学和专业选择时，父亲给予了一些指导。母亲的专业背景是财会，而父亲则专注于制造工艺。站在人生的十字路口，孙泽洲在财会与工科之间徘徊不定。最终，他采纳了父亲的建议，选择了工科领域。父亲认为这将为他未来的职业生涯带来更多挑战，同时也意味着更多的成长与锻炼机会。

1992年，孙泽洲从南京航空航天大学电子工程专业毕业，怀揣着对航天事业的无限热情与扎实的专业技能，踏入了航天科技集团公司中国空间技术研究院的大门。在这里，他先后投身于资源一号、资源二号以及实践五号卫星的总体设计与研发工作。回首这段历程，孙泽洲感慨万千：“小时候听老师讲起院士、科学家们的事迹，特别佩服他们、崇拜他们。没想到长大后，自己能够有幸和院士、科学家们一起奋斗，真的从心底里感到光荣。”

使命感的背后，是面对困境时那份不屈的勇气与持久的毅力。孙泽洲的航天之路并非坦途。初入职场时，航天工作中近乎单调的程序化任务让他一度感到失落。彼时，中国的航天事业尚未步入快速发展期，任务寥寥，与老牌航天强国的差距也显而易见。“不知道什么时候能干出点成果”，孙泽洲曾在迷茫中寻找方向。

尽管心中难免失落，他仍然迅速调整了状态。无论任务简单还是复杂，他都以最大的努力去完成。在工作间隙，他主动翻阅单位存档的技术资料，深入钻研，持续提升自己的专业水平。这些点滴积累为他日后承担更具挑战性的任务打下了扎实的基础。

从事资源一号卫星研制工作时，孙泽洲的两位领导陈钦楠和常际军对他说："不能把目光只放在自己的分系统上，要对整个系统的情况和专业技术多了解、多学习。"这一番话点醒了孙泽洲，他开始学习、钻研新的学科。孙泽洲天生带着永不服输的血性，工作上的压力和挑战没能让他畏缩，反而让他干劲十足，勇攀高峰。2000 年，他被委任为资源一号 02 星总体副主任设计师，分管测控和载荷，参与了卫星在巴西的测试，负责飞控工作。2003 年，他出任空间太阳望远镜背景型号副总研究师。

锐意进取，志在一轮明月

孙泽洲与中国探月工程的深厚渊源始于 2001 年，这一年不仅是我国深空探测史上的重要里程碑，也彻底改变了一位航天人凝视月亮的心境。随着中国探月工程（嫦娥工程）进入为期三年的可行性论证阶段，当时的年轻技术骨干孙泽洲正式投身这项承载民族梦想的伟大事业，开启了从地球仰望到月球探索的跨越。从此，他眼中的月亮不再只是诗意的象征，更包含着科技报国的使命与责任。

中国探月工程遵循"绕、落、回"三步走战略，稳步推进其宏伟蓝图。其中，嫦娥一号承担着实现"绕月探测"这一初始阶段的关键任务。2002 年，孙泽洲加入了绕月探测工程的前期论证工作，并专注于星载测控系统的技术攻关。面对初期复杂的技术挑战，他以严谨的科学态度和极高的热情，不分昼夜地分析数据、查阅文献，并与领域内的专家进行深入交流，逐步解决了遇到的技术难题。进入后期工程论证阶段后，他及时调整工作思路，确保论证工作向工程层面平稳过渡。在叶培建总设计师的悉心指导下，孙泽洲率领团队完成了嫦娥一号卫星的总体方案论证工作。团队创新性地整合了东方红三号卫星平台以及资源一号、二号卫星的技术成果，通过持续的技术创新与关键技术攻关，科学地制定了卫星的总体设计方案。这一系列工作为嫦娥一号卫星在短短三年内顺利完成研制任务奠定了坚实的基础。

孙泽洲还承担了另一项重要任务——对卫星各分系统方案进行分析审查，并从总体角度进行优化。这项工作既繁重又琐碎，需要他在各分系统之间反复协调、沟通。然而，他却乐在其中，因为正是通过这些细致的工作，他对“嫦娥”卫星有了更加系统和全面的认识。这段经历不仅深化了他的技术理解，也为他日后担任副总设计师奠定了坚实的基础。

2004 年，嫦娥一号卫星研制团队正式成立，孙泽洲被任命为副总设计师，负责热控、供配电和结构等分系统。这些领域与他的专业背景存在较大差异，但他以勤奋钻研的态度和迎难而上的精神，深入研读大量专业文献，并虚心向领域专家请教，迅速填补了知识空白，达到了专业水平。在测控系统设计中，他创新性地开发出我国首个深空探测测控数传星载系统，成功攻克了远距离地月通信的技术难题，为工程进展做出了重要贡献。

“在研究过程中，遇到任何问题，都不要存在侥幸心理，不要将问题隐藏起来，更不要放弃。一定要正视问题，进而解决问题。”这是嫦娥一号的总设计师叶培建对自己学生孙泽洲的寄语。孙泽洲时刻将老师的教诲记在心里，并将这种严谨的态度带到了自己其后参与的航天项目之中。

2008 年，年仅 38 岁的孙泽洲接任嫦娥三号探测器系统总设计师，回顾这个任务，孙泽洲的印象就是“难”，他说：“难点千头万绪，在脑子里一想就是一大串儿。”

然而，有难度才会有动力。为确保工程顺利推进，孙泽洲带领研发团队进行了数千次桌面联试和数万次数学仿真，最终攻克了关键核心技术，取得了一系列自主创新的科研成果。与普通卫星新研产品和技术占比仅为 20%~30% 不同，嫦娥三号的新产品和技术占比高达 80%。特别值得一提的是，探测器 12 分钟的软着陆完全依赖自主控制，这一成就标志着我国在深空探测领域实现了重大突破。

在嫦娥三号航天器研制过程中，减重是一道必须跨越的关键技术门槛。面对这一挑战，孙泽洲展现出系统工程思维，摒弃了将压力简单转嫁给单一分系统的做法，而是带领团队系统地推进多学科协同优化。他扎根技术一线，与各专业组通过数百次仿真迭代和地面验证，逐步攻克重量冗余难题。经过持续攻关，他于 2011 年年底创造性提出整器优化方案，巧妙地将配重降到了最低，为探测器轻量化设计树立了新范式。

2013 年 12 月 14 日 21 时 11 分，嫦娥三号在月球表面成功实施软着陆。北京航天飞行控制中心的飞控大厅响起一片欢呼声。那一刻孙泽洲低下头，双手掩面。有人以为他是喜极而泣，事实上这是他高度疲劳之后习惯性的抹脸动作。为了实现嫦娥三号的成功着陆，他实在是太累了。

“越是难走的路，越想走一走”，这句话中的自信，是孙泽洲在逐月道路上锐意进取最真实的写照。

探月飞火，向深空砥砺前行

2016 年，中国航天事业迎来了两个重要里程碑：火星探测任务与嫦娥四号任务同时获得批准。孙泽洲肩负重任，被任命为这两个探测项目的总设计师，既要引领团队揭开月球背面的神秘面纱，又要带领团队踏上火星探索的征程。

自 20 世纪 60 年代起，人类便踏上了探索火星的旅程。到 2020 年 7 月，全球已实施了 40 余次火星探测任务，但成功率仅接近 50%，而一次性实现“绕、着、巡”三大目标更是极具挑战。从月球探测到火星探测，孙泽洲及其团队首先需要克服的是距离的巨大跨越——探测器从 38 万千米的月球之旅，一跃迈向 4 亿千米外的火星征程。叶培建院士曾生动地比喻：如果将地球比作天安门广场，月球相当于王府井，火星则如同上海的外滩。未知的深空环境、超远距离的测控通信、探测器的自主着陆等，每一个环节都充满了前所未有的考验。

除了技术难题，“探火”之旅还伴随着国际竞争的隐形压力。2020 年，中国的祝融号与美国的毅力号、阿联酋的希望号同期发射，共同奔赴火星。对孙泽洲和他的团队而言，这次任务已不仅仅是一次技术上的突破，更承载着深层的意义与使命，同时也带来了更大的压力与动力。

为了确保天问一号任务的圆满成功，孙泽洲及其团队在前期经过数年精心的方案设计与初样研制后，便开启了频繁的实地试验之旅。他们奔赴新疆，在茫茫沙漠中寻找与火星环境相似的区域，耗时一个月开展各项测试；转战内蒙古，在广袤的草原上进行空投试验；又来到河北和北京大兴，花费两个多月时间对探测器的避障等关键能力进行反复验证。在长期的奔波忙碌中，团队成员常常风尘仆仆，甚至灰头土脸，但他们毫无怨言，始终坚守在工作岗位上，为天问一号的顺利发射与运行贡献着自己的力量。

在孙泽洲团队的不懈努力下，2021 年 5 月 15 日，中国首个火星探测器“天问一号”成功降落在火星北半球的乌托邦平原。这一壮举使中国成为全球第二个成功实现火星着陆的国家，标志着中国在航天领域迈出了坚实的一步，向着航天强国的目标稳步前进。

星河璀璨，继往开来

生活中的孙泽洲开朗幽默、平易近人，言谈间总是激情洋溢，举手投足透着东北汉子特有的豪爽与洒脱。而工作中的他却展现出截然不同的严谨——这位航天人常把“只求速度忽视质量，就如同失去了灵魂的躯壳”挂在嘴边。他尤其注重培养年轻人的科学精神，总强调“不清楚的环节决不能放过”，要求团队必须保持“打破砂锅问到底”的钻研态度。当年轻人撰写的文件出现疏漏时，他不仅会精准指出问题，还会带着对方层层追溯错误源头，引导团队成员建立系统思维，真正实现举一反三，快速成长。这种既授人以鱼又授人以渔的指导方式，让他所带领的年轻航天人都能感知到航天品质的深刻内涵。

在孙泽洲眼中，执行嫦娥一号任务时，叶培建总设计师就像一棵大树，遇到他们难以解决的困难时总会挺身而出，挡在前面。如今，经过数十年在航天事业中的沉淀和成长，他也成长为一棵大树，在遇到困难的时候，首先把责任承担起来，为后来者遮风挡雨，在中国航天事业快速发展的背景下，努力为更多的年轻人提供锻炼成长的机会。

孙泽洲怀着对航天事业的热爱，不断砥砺前行。他带领团队排除万难，让“嫦娥”奔月、“祝融”飞火，在璀璨的星空播下中华文明的种子。那个曾经在大院中懵懂地打量着天空中神秘飞机的孩子，已然将目光投向了更加神秘的深空。如今，他作为航天路上的大树，指引着后来人前往更加璀璨的未来。

—— 学子说 ——

孙泽洲是世纪之交中国航天人的典型缩影。在那个社会上流传着“造导弹不如卖茶叶蛋”的特殊年代，这群青年毅然选择仰望星空，在前辈航天人的引领下接过了历史接力棒。与开创共和国航天事业的先驱相比，他们或许少了些开天辟地的壮烈——既未经历白手起家的筚路蓝缕，也不曾见证将“两弹一星”送上云霄的震撼瞬间，却以十年磨一剑的执着，用精密计算替代漫天风沙，以实验室灯光照亮探索征程。正是这份甘坐冷板凳的坚守，让中国航天从追赶者蜕变为某些领域的领跑者：当“嫦娥”叩响月宫之门，“玉兔”漫步虹湾之畔，世界终于意识到，浩瀚星空里不仅有传统航天强国的印记，更镌刻着中国航天的崭新坐标。正如央企楷模评委会给孙泽州的颁奖词所言：宇宙浩瀚辽阔，探索艰辛卓绝，你和你的团队，承压前行，历经挫折，终将“可上九天揽月”变为现实，中国跻身世界航天强国，你的名字在深空绽放。

在此致敬。

赤心熇熇，筑梦嫦娥

段智圆

张熇篇

张熇（1970— ），嫦娥三号探测器系统副总设计师，嫦娥四号探测器系统项目执行总监，小天体探测项目技术负责人。1993 年毕业于北京航空航天大学。从事深空探测器总体技术研究，为实现国际首次月球背面软着陆做出了突出贡献。曾获国家科学技术进步奖特等奖、一等奖，中国专利奖（金奖）等奖项，“全国三八红旗手”、“全国巾帼建功标兵”等荣誉称号。

深空探测，充满未知，充满挑战。我喜欢！！！

——张熇

2019年，随着嫦娥四号成功在月球背面着陆，有两张照片在网络上走红。一张照片里，一位女航天人掩面而泣；另一张照片里，一位年长的航天人站在这位女航天人身后，紧紧握着她的右手。那位年长的航天人是“嫦娥”系列型号总设计师叶培建院士，而那位女航天人正是嫦娥四号探测器系统项目执行总监张熇。无数网友为照片中流露出的接力与传承而感动。这也是张熇第一次从默默奉献的幕后走到台前。

热 爱

20世纪80年代，张熇还是个初中生。她常捧着最新一期的杂志，读得津津有味。这杂志不是《意林》，也不是《读者》，而是科普杂志《航天》。浩瀚而充满未知的宇宙深深地吸引了当时的张熇，从那时起，她的内心就种下了一颗名为“航天”的种子。

高中毕业时，她遵从初心报考了北京航空航天大学，一开始读的是飞机设计专业，后转到宇航学院空间飞行器设计专业，大学毕业后她去了航天五院（中国航天科技集团有限公司第五研究院）攻读航天动力学专业的研究生。从1996年参加工作至今的岁月，张熇都在中国空间技术研究院总体部度过。

回顾年少时的选择，张熇觉得一切都很自然，不像现在的人们择业时那么纠结。在与北航航宇问天实践队的交流中，她坦言：“现在我依然觉得航天系统里的工作特别有意思。因为航天是我喜欢的专业，就算遇到再大的困难我也不会轻易放弃。”她也由此劝告同学们，要将自己喜欢的事情作为事业，才能获得不竭的动力。

对于自己研制的航天器，航天人总怀着对待自己孩子一般的情感。但是张熇也会告诫自己，航天器不只是“他们的孩子”，更要对它们保持一丝敬畏之心。她向《北京日报》的记者解释道：“航天器发上去，看不见摸不着。如果有任何疏忽，大家几年的辛苦就白费了。所以航天人一定要把质量做得特别好，所有风险都要识别到，能够控制的都要控制。这项工作就要求航天人强调严谨的工作态度和对事业奉献的精神。”

在“我是科学家”的科普演讲中，张熇提到一位资深同事说过的话：“航天器是有感情的。你认真对待它，它就好好工作；你糊弄它，它到时候就糊弄你。”张熇深以为然。她相信，只要用心地对待工作，就一定能实现人类航天史上更多的突破。

坚 守

2003年，中国空间技术研究院，人们渐渐进入梦乡。张熇正在翻阅眼前厚重的资料，夜以继日的工作已让她疲惫不堪。

当时，作为“月球软着陆探测概念研究”项目的技术负责人，张熇正带领她的队伍做着相关的论证工作。而事实上，直到2004年，我国的绕月探测工程才正式立项；2007年，嫦娥一号才正式发射。

多年后，张熇还是很庆幸当时打下了坚实的基础。

2008年春，探月工程二期正式立项，嫦娥三号探测器全面启动研制工作。嫦娥三号任务作为探月工程二期的主任务，需要实施月面软着陆和在月面巡视勘察，是“绕、落、回”三步走中承上启下的关键一步。虽然有嫦娥一号成功绕月的技术基础和经验，但要首次在月面实现软着陆，依然困难重重……

“很多时候大家看到的是航天任务成功时我们激动欢喜的场面，但对我们设计师来说，最难忘的是出了问题遭遇挫折的时候。”在与香港理工大学学子的座谈会上，张熇分享了着陆器全系统试车的一次意外。开始点火几十秒之后，整个着陆器就着火了，测试人员在两三百米的测试间外都看到了推进剂泄漏产生的浓烟和冒出的火苗。虽然扑救及时，但是这也意味着整个试车实验失败了。张熇和她的团队顶着压力加班排查，发现是一个很小的疏忽导致的。大概半年后，团队组织了一次新的试车，终于取得了圆满的成功。

回忆起那段奋斗的日子，嫦娥三号着陆器的一位设计师感慨道：“那阵子，张熇牺牲了大量的节假日和休息时间，时常加班到深夜，带着不解决问题誓不罢休的劲头，将一个个难题彻底攻克。她那股不服输的劲头深深地感染着我们，同时也让我们大家心里都有了底。”

出新

“我不签字！”叶培建院士的话似一把利斧，彻底斩断了嫦娥四号落在月球正面的稳妥想法。

彼时是 2014 年春，张熇和团队开始筹划嫦娥四号的工作。无数次的方案设计与论证，都避免不了一个关键问题：嫦娥四号该去哪里？

从 1958 年到彼时，人类历史上的 100 多次月球探测中，着陆探测不到 20 次，而且都是在月球正面着陆，在月球背面着陆还没有过。虽然“没人去过”，但对科学家来说，就整个月球的演化以及低频射电天文的观测而言，月球背面都是特别重要的研究对象。所以，张熇一直认为，不是其他国家不想去月球背面，或者说月球背面没有研究价值，而是因为过去受技术的限制。在之后的采访和讲座中，她无数次强调叶培建院士的卓见：“月球背面没有人去过，这就是最大的意义。”

没有过去美国和苏联的经验，张熇和团队只能“从零开始”，请教各方专家，研究可能出现的种种问题、困难。做探索性研究的感觉就像是在走迷宫，无数次地经历碰壁和走进死胡同，不知道什么时候才能走出去，他们只能不断尝试。张熇的团队成员、老搭档吴学英说：“可能前面有一百条路摆在我们面前，有的人运气好，可能第一下就试出来了，但有可能运气不好，试了九十九条都没试出来，只剩最后一条，就看你还有没有勇气去试。”

正因如此，张熇和她的团队基本没有按时下过班，加班是家常便饭。

当然，“四女儿”没有辜负他们的期望。2019 年 1 月 3 日 10 时 26 分，嫦娥四号探测器成功着陆在月球背面南极–艾特肯盆地内的冯·卡门陨击坑内，北京航天飞行控制中心的大厅内响起了热烈的掌声。当大家都还沉浸在成功着陆的喜悦中时，一旁的新华社记者金立旺注意到了叶培建院士缓步走向前排的身影，也正是他捕捉到了叶培建院士与张熇握手的瞬间。

在被央视记者康辉问到那张新闻照片时，张熇依旧记得那无法言说的喜悦，“叶总当时走到了我的身后，拍了拍我的肩膀说：‘辛苦了！不容易！’因为这句话，我就更加激动，所以说这个泪水是激动的泪水、幸福的泪水。”“这是世人以前没有做到的，终于被你首先做到了，你想那是一种什么样的感觉。”

在记者的镜头下，两代“嫦娥人”的手紧紧握在一起，仿佛是在告诉人们：在探索未知的征途中，我们前赴后继，薪火相传，永不止步。

平 衡

张熇的女性身份，总是让她在媒体和大众眼中受到更多的关注。

但是张熇本人并不觉得这有什么。一次采访中，她笑着说：“我们都自称‘女汉子’。这个群体性格或许是随着任务的摔打和磨炼，在潜移默化中形成的。”她向记者透露，在航天的研制队伍里，年轻的女孩子其实是比较多的，性别差异不太显得出来。“大家都是同样地工作。干航天就要尽负责之心，讲‘奉献’二字。既然喜欢这一行，努力做就可以了。”

张熇是标准的事业型女性，为了工作，她仅仅休了两个月的产假就又回到岗位上。当被问到“平时陪伴孩子的时间是不是特别少”时，她说：“确实少了点，可还是会尽量想办法陪孩子一会儿，特别是在孩子人生比较重要的时刻，比如第一次上幼儿园、第一次上学，我都会努力去陪他一下。”“女汉子”也可以“兼容”做个好妈妈。

平日里的张熇，规整的实验服下藏着一颗热情洋溢的心。周围的朋友常常用“小女孩”来形容年过半百的她。她兴趣极广，提到感兴趣的话题时总能滔滔不绝地聊起来。周末有空的时候，张熇经常带着家人一起去周边游玩，还和儿子一起成了天文爱好者，买了天文望远镜等装备，一观天就到大半夜。

在晴朗的晚上，张熇经常会仰望夜空，“每每看到月亮，就有不一样的感觉”。那里有她的“女儿”，有她热爱的事业和毕生的理想。

在“我是科学家”演讲的末尾，她说道：“深空探测，充满未知，充满挑战。我喜欢！！！”

此时的她，在众人眼中，仿佛褪尽了岁月的沧桑，还是那个仰望星空的小女孩。

—学子说—

熇，火热也，古人用“熇熇”来形容火势旺盛的样子。在我看来，张熇对深空、对航天的喜爱，正如她的名字所描述的那样，燃烧得热烈而赤诚。她的成功，靠的不光是一腔热爱，还有她将梦想奉献给国家的信念。习近平总书记曾在2018年北京大学师生座谈会上说：“广大青年应该在奋斗上释放青春激情、追逐青春理想，以青春之我、奋斗之我，为民族复兴铺路架桥，为祖国建设添砖加瓦。”在追溯张熇人生经历的过程中，我越来越意识到习近平总书记这句话蕴含的真理及其重要性。张熇的故事在我感到迷茫时为我指明了前进的方向，我希望也能给读故事的你带来启发。

利箭探苍穹，伟业协力成

龙长春

杨利伟篇

杨利伟（1965— ），特级航天员，国际宇航科学院院士。现任中国载人航天工程副总设计师。2003 年 10 月 15 日，乘坐神舟五号飞船进入太空，是中国进入太空的第一人。曾获“航天英雄”荣誉称号、航天功勋奖章、空间科学奖章。

我当时出舱第一句话就是“我为祖国感到骄傲”，这是实实在在的。现在我回过头来再想一想，说还有什么更合适的，或者更好的表达，我找不出来。

——杨利伟

2023年，距离杨利伟航天首飞已经过去整整20年了。杨利伟在接受采访时回忆起返回出舱的情景，依然心潮澎湃。那个从小就崇拜英雄的少年一步一步从辽宁省葫芦岛市绥中县走进军校，飞上蓝天，在祖国的全力托举下，带着中华民族千年的飞天梦，去到了浩瀚的太空。历经风雨荆棘，回首千帆已过，而燃烧在杨利伟胸腔里的火焰愈发炽热明亮——那是对祖国绝对的忠诚和深沉的爱。

淘气少年的英雄梦

“上幼儿园时，我的名字还是‘杨立伟’，等到上小学认了字，我觉得‘站立’的‘立’哪有‘胜利’的‘利’有气势啊，于是自己改成了‘杨利伟’。”

1965年6月21日，辽宁省绥中县的一个普通教师家庭迎来了一个新生儿，父母为其取名为杨立伟。杨立伟上小学识了字，觉得“站立”的“立”没有“胜利”的“利”有气势，于是自己改名为“杨利伟”。那个时候的他大概不会想到，在38岁的时候，这个名字会被写入中国航天史。

少年时期的杨利伟是个爱玩又会玩的淘气小子。在冬天，他在木条下镶上钢锯条，用皮带固定，做成简易冰刀；在夏天，他喜欢去河里游泳；当年，没那么多现成的玩具可玩，他还自制了玩具，如弹弓、木头削成的手枪等。

成年后的杨利伟依然保持着那份“淘气”。在他作为首飞航天员在太空执行任务时，程序预定睡眠时间是6小时，实际上他只睡了半小时。在测控区，他安静地躺在座位上，一离开测控区，也就是地面看不到的时候，他就干自己的事情去了，在空中飘来飘去，转体、翻身，甚至尝试了翻跟头。当然，这都是后话了。

杨利伟形容年少的自己为“双重性格”，虽然话不多，但是很调皮。童年的各种经历在一定程度上展现了杨利伟天生的乐于探索、勤于实践的特质，培养了他良好的动手能力和平衡能力。而一直种在杨利伟心里的英雄梦，则在日后的多次人生抉择中为他指引了方向。

二分之一的梦想

“小时候我曾对两件事情感兴趣，因此在相当长的时间里抱有两个梦想。一个梦想是‘当一个飞行员’，它由来已久，渐渐清晰，在18岁那年终于得以实现，并引领我走向光荣；另一个梦想则是当火车司机。”

杨利伟的家乡绥中县有一个海军机场，小时候他经常和小伙伴去机场玩飞行员的训练器械。当小伙伴们从旋梯滚轮上下来呕吐不停时，杨利伟展现出了他的天赋——他几乎没有任何不适。“当一个飞行员”的梦想也在那个时候渐渐变得清晰起来，他为此还制订了一个包括踢毽球、游泳、长跑等项目的锻炼计划。后来，杨利伟通过了选飞，在乡亲们敲锣打鼓的欢送中，踏上了奔向梦想的列车。

如果说少年的杨利伟是一块璞玉，那么航校就是对这块璞玉进行精雕细琢的地方。为了培养飞行员的时间管理意识，航校的一日生活制度规定得十分严格细致，连什么时候写家书、什么时候洗衣服都是程序化的。经过一段时间的训练，杨利伟逐渐游刃有余。这种简单严格的航校生活，让杨利伟感受到纯粹的快乐。航校的条令条例、规章制度、文化传统深深地影响了杨利伟的思想和后来的生活。

毕业后，杨利伟被分配到原空军某师飞行团，辗转甘肃、陕西等地。后来所在部队被裁撤，许多战友选择了转业，但是杨利伟心里一直有个当王牌飞行员的梦想，他选择坚守，最终被调到空军某师航空兵某团。出于任务需求，杨利伟需要由熟悉的“强-5”改飞“歼-6”。这种改变对飞行员的身体和精神都是一种考验。杨利伟坦言，在刚得知需要在两年内完成关于“歼-6”的全部课程时，也一度心情低落，巨大的压力让他夜不能寐。但很快杨利伟就收拾心情，下定决心，从头开始训练。功夫不负有心人，他最终在规定时间内掌握了开歼击机的全部技能。

杨利伟是一名出色的飞行员。在人生的十字路口，他一次次坚定地选择了飞行，而飞行也选择了他。杨利伟在航校、部队中磨砺出的坚毅的品格和顽强的意志，成为帮助他飞向太空的一双坚实有力的翅膀。

齐心协力，玉汝于成

“为航天事业在努力的，绝不是我个人，而是一个集体，一个国家。这并不是空话和官方语言，这种意识，从成为一名航天员开始，就已经有，必须有了。”

20 世纪 90 年代，我国载人航天工程指挥部计划从空军现役飞行员中选拔预备航天员。杨利伟接到这个通知，不假思索地报了名。经过预选、初选、复选、复审和漫长的等待后，杨利伟终于收到了那个好消息——他通过了选拔，成了一名预备航天员。这次选拔十分严格，预选通过的 1506 人仅有 12 人通过最终复审，成为预备航天员[①]。

航天员规范课程种类繁多，相当复杂。杨利伟和队友们花了 5 年多时间才将所有课程学完。杨利伟知道航天执行任务的机会难得，所以狠下功夫，努力补齐理论学习的短板。为了记牢操作程序和要领，他编了很多口诀；为了记住飞船的构造，他自制了小片子，每天对着片子练。

在 2001 年年底，杨利伟的妻子张玉梅在医院做了肾穿刺手术，术后十分虚弱，而杨利伟第二天需要去外地进行飞行训练，如果缺席这次训练，那么很有可能失去竞争首飞的资格。杨利伟左右为难，在病床前坐了整整一夜，张玉梅问清楚情况后故作轻松地说：“训练你去你的，你在我身边反而会让我不习惯。”

经历层层选拔之后，在距离任务执行剩一个月时，最终确定杨利伟、翟志刚和聂海胜为首飞梯队。不过，为了备份，直到任务执行前一天晚上，首飞的人员才确定下来——杨利伟作为首飞航天员。翟志刚和聂海胜真诚地祝贺杨利伟当选，并且和他探讨了许多技术问题，以缓解他的紧张情绪。

到了发射场，杨利伟乘防爆电梯登上飞船平台，大家都很紧张。为杨利伟关舱门的工程师想缓解紧张氛围，笑着问：“知不知道当年给苏联的航天员加加林关舱门的工程师现在在干什么？”

杨利伟说：“我还真不知道……”

工程师说：“他现在成了俄罗斯航天博物馆的馆长。”

虽然这个笑话并不好笑，但是大家的紧张情绪确实得到了缓解。关舱门时，工程师微笑着说：“利伟，咱们明天见。”

---

① 这 12 名预备航天员连同 2 名航天员教练员共同组成了中国首批航天员队伍。

杨利伟回答道：“馆长，咱们明天见。”

2003 年 10 月 15 日 9 时整，在中国西北的茫茫戈壁上，长征二号 F 型火箭发出巨大的轰鸣声，宛若龙吟。带着全国人民的期待和中华民族千年的梦想，第一个中国人去到了太空。

—学子说—

2023 年，距离杨利伟航天首飞已经过去 20 年了。这 20 年里，中国载人航天步履不停。从杨利伟那时不足 6 立方米的返回舱到现在一个天和核心舱就是 50 立方米左右；从杨利伟惊心动魄的共振 26 秒，到神舟十六号乘组载荷专家桂海潮情不自禁地感叹“坐火箭太爽了！”；从几样即食食品到一周不重样的丰富菜单……每一点进步的背后都是无数航天人的摸索与付出。桂海潮形容杨利伟这一代航天员为“披荆斩棘的开路人”。从太空回来后，杨利伟转身投入航天员选拔和培养工作。他详细地分享了自己的经历和经验，和科研人员一起优化航天员的培养方案，“可以说，我从一个学生变成一个老师，最后变成一个校长，这是一个成长的过程”。

纵观杨利伟的人生轨迹，他的每一次抉择似乎都彰显了一个最纯粹、最崇高的信条——祖国利益高于一切。这句一走进航天员大队就能看到的话，在杨利伟眼里，是“中国航天员大队的魂”。

时间回到 1998 年 1 月 5 日，航天医学工程研究所举办了一个简短且当时秘而不宣的仪式——中国人民解放军航天员大队成立仪式。面对鲜红的国旗，杨利伟和队友们庄严宣誓：“成为航天员是我无上的光荣，为了负起神圣的使命，我将英勇无畏，无私奉献，不怕牺牲，甘愿为载人航天事业奋斗终身……”

杨利伟做到了。在祖国需要他冲锋在前时，他义无反顾地走向发射场；当祖国需要他退居幕后时，他无怨无悔地全身心投入航天员的培养工作。

清明守望，星辰之约

胡庆康　方若彤

邓清明篇

邓清明（1966— ），特级航天员。曾任空军某师某团某飞行大队副大队长。2022 年 11 月 28 日，经全面考评，入选神舟十五号载人飞行任务乘组。曾获“时代楷模”称号。

任务成功即是我的成功。我宁愿做一块默默无闻的基石，也绝不容忍自己在号角催征时还没有准备好。

——邓清明

每次神舟飞船的凯旋都伴随着无数期待的目光与热烈的掌声，在这些热闹的背后，有一个人的归途却格外冷清但又分外温馨，属于他的欢迎队伍只有两个人——妻子与女儿。妻子会特意穿上红色的衣服，手捧鲜花，母女二人会提前把家收拾得干干净净，准备一桌丰盛的饭菜，斟满 3 杯红酒，见到他后，还会说一句："欢迎英雄回家！" 这是一个关于等待与圆梦的故事，一个于平凡中见伟大的故事。

等待飞天的日子

1995 年，第一批预备航天员选拔工作拉开帷幕，选拔规模空前，1506 名参加预选的飞行员最终只留下 12 人，邓清明就是这十二分之一。1998 年 1 月 5 日，中国人民解放军航天员大队正式成立，那一天，邓清明面对国旗庄严宣誓："……我将英勇无畏，无私奉献，不怕牺牲，甘愿为载人航天事业奋斗终身……"

邓清明在入选航天员大队前曾是一位优秀的战斗机飞行员。飞行与飞天，虽只有一字之差，工作内容却相差千里。自从 1998 年进入航天员大队，直到 2010 年邓清明才作为神舟九号任务的备份，被选入强化训练梯队，第一次真正有机会去执行飞天任务。在训练中，不论主份还是备份，训练的科目、时间、内容、强度和标准都是一样的。在这个过程中，必须始终保持优秀的成绩、最佳的状态，才能有机会进入执行任务梯队。但遗憾的是，邓清明最终以微小的分差落选此次飞天任务。然而他并没有放弃，因为神舟九号任务的强化训练梯队也是神舟十号任务的备份，他把这次经历当作一次历练、一次积累。他感觉梦想就在不远的前方，仍期待着神舟十号任务的到来。

然而，2013 年，邓清明又与神舟十号任务失之交臂。错过神舟九号任务后，他知道次年就会迎来神舟十号任务，而此次错过神舟十号任务，神舟十一号任务何时会来，他不知道。他只是将之前的一切归零，调整心态，潜心训练。

2014 年，航天员大队中有 5 位首批航天员因年龄原因而停航，再也没有机会出征太空了。这一年，邓清明 48 岁。他是队伍里唯一没有执行过飞天任务的首批现役航天员。在战友停航停训的仪式结束后，退役航天员陈全对他说："作为航天员，不管主份、备份，都是航天员的本分，你要努力，不要放弃。”这句话带给了邓清明莫大的感动，也支撑着他一直奋力向前。

在漫长的等待过程中，邓清明的身体出现了一些问题。他在一次常规检查中发现了肾结石，这对年近五十的中年人来说很常见，但是对航天员来说，是个大问题。微小的结石如果在失重状态下游离出来，会严重影响航天任务。取出结石的过程并不顺利，在第一次碎石手术中，结石并未被完全取出。为了将结石完全取出，医生在邓清明的肾脏里埋下一根管子，他因此尿了一个月的血。女儿邓满琪看着爸爸遭罪，心疼得直掉眼泪。邓清明说："为了飞天，再大的痛苦我也愿意承受。已经等了 16 年了，绝不能因为这几块小石头受影响。"

然而就在 2016 年，邓清明再度在神舟十一号任务中落选，微小的分差再一次让他止步于发射塔前，和梦想擦肩而过。

此时，距离邓清明入选预备航天员已经过去近 20 年了，为了实现飞天梦，他也已经等待了近 20 年。等待是最令人煎熬的事，邓清明就是这样一个人，他为梦想、为使命、为信念，选择坚守、选择等待。他在自述里，不断问自己："目送自己的战友一次次飞天成功，一次次载誉归来，说心里话，没有失落感是不可能的。为什么别人可以执行任务，而我不行呢？航天员是我的职业，身为一名航天员却没有执行过飞天任务，那不是我的失职吗？"

"宁可备而不用，不可用时无备"

"航天有两种状态，一种是飞天，一种是准备飞天。"在邓清明看来，他宁愿"做一块默默无闻的基石，也绝不容忍自己在号角催征时还没有准备好"。

成为航天员后，邓清明不仅要学习八大类近百门课程，还要面对一项项挑战自我极限的航天环境适应性训练。在进行头低位卧床训练时，他要连续一周呈 -6° 卧姿，头低脚高，还要保持饮食进水、清洁个人卫生。在模拟失重训练中，他要穿上 120 多千克的训练服，进行水下训练，40 千帕的压强使得弯曲手臂都很困难，但是他还要在水下完成一系列高难度动作。每次训练结束后，他的体重都会减轻四五斤。在考验承受疲劳和寂寞能力的心理训练中，他要在狭小密闭的隔离舱内待上整整 72 小时，并且只能工作不能睡觉。在高速离心机上进行超重耐力训练时，他要承受 8G 的过载训练（2G 约等于过山车从最高点急速俯冲到最低点的压迫感，普通人一般最多能承受 4G 的离心力），训练过程中，他总是会不由自主地泪流满面，五官甚至都会被挤压到变形。在增强前庭功能的转椅训练中，一般人旋转一两分钟就受不了了，他却要连续旋转 15 分钟。

每次训练时，邓清明都要一点一点推敲自己的动作，有时一个动作要做成千上万次，以达到极致。每次高强度的训练结束后，他都会感到身体僵硬、手指发抖，头晕、恶心、难受，甚至长时间不想吃东西。

作为神舟十一号任务的备份，邓清明和陈冬住进了狭小的、仅有十几平方米的天宫模拟舱内，吃喝拉撒睡都在里面，对比神舟十一号计划进行长达 33 天的模拟验证实验。在这期间，没有网络，没有电话，不能出去，不能洗澡，只能吃航天食品，只能两人相对。

在舱内，明晃晃的灯一直开着，机器的震动与噪声环绕不歇，在长时间的强光照射以及持续的轰鸣声中，愤怒、焦虑等情绪随之而来。白天，邓清明和陈冬忙着做各种实验，时间过得相对较快。可一到晚上，身处无处不在的噪声里，两人都难以入眠。而且狭小的空间带来的逼仄与压抑不断累积，许多航天员在这个过程中患上了狭小空间游离症。一般人在那种环境中一天都待不下去，而邓清明他们一待就是 33 天。

邓清明就是在这样日复一日的训练任务中坚持了 20 余年。当他被问及是否会为了再次执行任务继续训练，他斩钉截铁地说："我还要坚持。"

"仰望星空、脚踏实地，你要有脚踏实地的付出和努力，才会有仰望星空的底气。要知道，有一种生活，你没有经历过，就不知道其中的艰辛；有一种艰辛，你没有体会过，就不知道其中的快乐；有一种快乐，你没拥有过，就不知道其中的真谛。"邓清明这 20 余年来承受着常人难以忍受的痛苦，同样获得了常人无法体会的快乐。他深知"太空不会因为故事感人，就向我张开怀抱"，唯有坚持，唯有时刻准备着。

邓清明用 20 余年做一件事，寻一个梦。这梦太远，远在九天之外；这梦很近，近在每一分每一秒的奋斗之中。他是追梦者，也是造梦者。

并非所有的坚持都能以“功成”二字结尾，但邓清明做到了。2022 年 11 月 28 日，神舟十五号载人飞行任务新闻发布会上，神舟十五号任务的航天员乘组名单正式公布，“邓清明”这个名字赫然在列。当被问到得知入选时的心情如何，邓清明说：“确定为神舟十五号乘组成员时，我的内心十分平静，想得更多的是珍惜机会，扎实训练，不辱使命，做一个让组织放心、让乘组放心的人。”他已经为这项事业坚持了近 25 年，也曾经无数次近乎实现这个目标，所以这次的成功对他来说并不算是意外。因为时刻准备着，所以邓清明以最平常的心去接受任何结果。

“清寒枯苦飞天路，明净坚贞报国心。”20 多年来，邓清明目送战友一次次飞天成功，一次次载誉归来，如今，他也得偿所愿，圆梦飞天。

集体很重，个人很轻；国家很重，我们很轻

“计利只计国家利，留名只留集体名”，这句话是无数中国航天员最真实的写照，在邓清明的身上也体现得淋漓尽致。

“竞而不争”从来就是航天员的本色，在任务准备阶段，他们为梦想竭尽全力，一旦飞天人选确定后，他们会送上最诚挚的祝福，在地面值班，为天上的战友提供支持，和他们“一起飞”。

在落选神舟十号任务后，邓清明又经历了漫长的 3 年、1000 多个日日夜夜的训练，备战神舟十一号任务。就在神舟十一号发射的一天前，最终飞天人选确定了，是景海鹏和陈冬，邓清明又一次无缘太空。当人选公布后，轮到邓清明发言时，他停顿了一会儿，转过身面向景海鹏，紧紧抱住他，发自内心地说：“海鹏，祝贺你。”那时，他虽有遗憾，虽有不甘，但是他深知，面对谁上、谁不上的问题，航天员首先应该想到的是任务、是使命、是国家。那时，整个问天阁大厅寂静无声，许多人都流下了眼泪。后来，邓清明在一次采访中谈及神舟十一号任务时，说：“中国的飞天梦想，不是我一个人的梦，是我们国家的梦，是我们民族的梦，是千千万万科技大军的梦。”

邓清明虽3次落选，但他依旧竭尽自己所能，出色地完成备份任务。在他的眼中，备份任务的结束不是在得知无法执行飞天任务之时，而是在战友安全返航之际。每每得知自己无法执行飞天任务时，邓清明没有消沉颓废、自怨自艾，而是按照手册，与飞天的战友一起走程序，战友做到哪一步就在哪一步上打一个钩，直到战友顺利返回。神舟十号发射后，邓清明同备份乘组其他航天员马上收拾行李，返回航天城，为战友做地面支持工作。无缘神舟十一号任务后，邓清明坚持在地面值班33天，与393千米外的战友共同作战。在神舟十一号任务成功后，总指挥长对邓清明和另一位航天员说："作为优秀的备份，你们是光荣的，你们和神舟十一号乘组共同完成了这次任务，任务的成功就是你们的成功，航天员在天上的表现就是你们的表现。""共同"二字让邓清明流下了热泪，他深切地体会到在这样一项神圣而又伟大的事业面前，个人的得失、荣辱微不足道。

当说起与航天事业的结缘，邓清明将其归因于时代："我们赶上了一个好时代，否则也没有我们的机会。"当被问到当了20多年的"陪练"为什么还要坚持，邓清明坚定地回答："只有我坚持了，别人才会为我坚持！"当谈到是否要选择退役，邓清明心系国家的前途与发展："国家需要你，舍我其谁。你是一个战士，战士就是要战斗到你战斗不动为止，不能轻言放弃。"

—学子说—

其实不只是邓清明，对每一位航天员来说，漫长的沉淀与等待早已是必修课。刘旺14年苦心砺剑才有了"太空穿针"的精彩表现；张晓光15年不懈努力，终于换来15天的太空飞行，他们用"天上一日、地上一年"的心血和汗水铺就了飞天之路。

并非所有的努力都有回报，也并非每一位航天员都有机会飞天。每次载人航天任务中，在被大众熟知的航天员乘组背后，还有一份很长的名单，上面是航天员大队所有人的名字。这些隐于背后的英雄们和邓清明一样，或许内心有过失落与遗憾，但是从来没有过抱怨与后悔。对他们来说，"航天"是那样美丽的词语，吸引他们不懈奋进，去拥抱无边的太空。

成功飞天后，邓清明在太空中给25年前的自己写了一封信："当25年后的我从'天宫'窗外眺望我们的祖国的时候，我衷心地想对你说一声谢谢，谢谢你为梦想拼搏，为信仰奋斗，让我有机会，把对党的无限忠诚镌刻在浩瀚苍穹。"

师生共话：价值之问，何谓得失

“第一次知道这个人物是什么时候？”

戴晨晗（杨宏篇）：第一次听说杨宏院士是在“思想道德修养与法律基础”课上，老师让我们了解著名的航空航天人物，并写一篇文章。当时我了解的第一个人物恰好是杨宏院士，我在了解到他从硕士毕业后全程参与中国载人航天工程，最后领军天宫一号等事迹后感到非常震撼，便决定写杨宏院士的故事。而且杨宏院士于2021年获得北航的博士学位，我于当年入学北航，我感觉我们非常有缘。

龙长春（杨利伟篇）：大一时，我在微信公众号上阅读了杨利伟将军的《太空一日》，让我印象特别深刻的是他在升空时，心率竟然只有76，这让我这个考驾照都慌的人非常佩服。

罗天翼（欧阳自远篇）：第一次接触欧阳院士是在B站，他在视频里讲述的“1克月岩”的故事给我留下了很深的印象，给了我一种科学家不只存在于传说中、更在身边的感觉。他的B站账号签名只有短短一句话：“向太阳系的星辰大海挺进！”他科普的内容，正是他要向太阳系的星辰大海挺进的缘由。而这一切都落实到了一个个有趣的问题上：月球上为什么有那么多坑？月球的内部啥样？到了中秋佳节，他还会分享关于月亮的神话故事。我感受到他所讲述的，不只是科学，还有背后丰富的感情。

杨安毅（孙家栋篇）：有点惭愧地说，第一次听说孙院士是在高中作文素材书上。那时候北斗卫星刚完成组网，很多作文书中会提到作为北斗卫星导航系统总工程师的孙院士。高中时我懵懵懂懂地记了很多事例，也写进了作文里，但总是感觉很生硬，有一种这是一个伟大的“活在纸上”的人物的感觉。我也许知道他有哪些功绩，但他这个人却让我感觉距离非常遥远。选择写孙院士和这段经历有很大关系，因为我想更加深入地去了解他的经历。在写作过程中，我也在学习如何去刻画一个真实的人，不仅关注他的科研成就，还关注他生活中的方方面面，向大家展示一个更加立体的人物，也让大家多一个了解他的机会。

高海强（叶培建篇）：虽然我学习的是生物医学工程专业，但大一上学期我也要接受“航空航天概论”课程的洗礼。除了课本和课上老师讲解的内容，我认真研究了我国航空航天发展史。在这个过程中，我第一次看到了“叶培建”这个名字。很快，我在新闻中再次看到了这个名字——叶老被授予“人民科学家”荣誉称号！后来丽莎老师组织我们撰写中国航空航天杰出工作者的人物故事，我便选择了写叶老。

王佐（张荣桥篇）：我第一次听说张总师是参加西湖大学湖心讲堂的时候，那次有幸听了他的报告。那是高一的暑假，我们义乌中学的几个同学一起，在那个奇幻的场馆里，美妙的灯光犹如点点繁星，我们仿佛置身于太空之中，而张总师就在那样的环境里登上了讲台。他的报告别出心裁，不是枯燥地解释一个个步骤原理，而是讲了 4 个故事。从孙院士的贺信、栾恩杰院士的电话与王希季院士的祝贺视频，到孙泽洲总师与赫荣伟总指挥无声的拥抱，张总师将火星探测的意义、过程、难度融入一个个感人的故事中，使原本比较枯燥的知识变得生动、富有情感。我一下就记住了这位严谨谦虚、有担当、有情义的总师。

我选择写他，首先是因为我听过他的报告，对他更熟悉、更了解，也非常崇敬他；其次是因为我感觉我身边的同学没多少人认真地了解过他，我希望能让更多的人了解张总师，了解这位伟大而又平易近人、做出了突出贡献的人物，从他身上汲取力量。

“文章成形的过程，也是一点点了解前辈的过程，你认为他 / 她追寻的价值是什么？”

罗天翼（欧阳自远篇）：欧阳院士为了国家牺牲了与家人相伴的宝贵时间，两鬓斑白之时，仍然关心着祖国的下一代，将自己对科学的热情化作种子播撒在青少年的心中。可以说，他一生都在奉献。

王子昂（南仁东篇）：有人说，像南老这样的科学家，永远是那么默默无闻。对大部分人来说，他们只是偶尔出现在头条新闻中的过客，但是他们让我们的民族有了脊梁。

我记得，南仁东夫人在给国家天文台的信中写道："我想对我们来说，没有天赋，那就勤奋一些；没有机遇，那就再坚持一下。没有传奇的过去，那就让未来充满正能量，为他人、为社会、为国家乃至为了这个伟大的时代，去做些点点滴滴又实实在在的贡献。"南老千古，实为国之脊梁。

杨安毅（孙家栋篇）：孙院士被任命为探月工程总设计师的时候，已经75岁了，这是一个颐养天年的年纪，但他还是接下了这份工作，即使他以前研究的是不太相关的导弹和卫星。在职业生涯中，他从来不拒绝国家的任何要求，不断地接受任务、完成任务，为国家献出自己的力量，他说："只要国家需要，我就去做。"为国家发展鞠躬尽瘁，这可能就是孙院士追寻的价值吧。

高海强（叶培建篇）：我想起叶老在央视《面对面》节目中接受记者采访时，情绪是那么鲜活：开心时的笑容、悲伤时的含泪……特别是谈起资源二号首发星发射遇险时叶老的哽咽，事情已经过去将近20年了，叶老仍然难以释怀，这就是他的责任感、使命感！叶老有一句话让我印象深刻、深受触动："要为国家多做一点事情，做得越多越好！"

方若彤（邓清明篇）：看了一篇又一篇关于邓清明的采访，突然发觉，他是很少有抱怨的。一次又一次与梦想失之交臂，一年又一年承受高强度的训练，在别人看来漫长而艰苦的等待、日复一日的严格训练，从未成为他的困扰，因为在他的心中，他始终在和千万人共同前行。航天已然成为他的生命，是他的一部分。这似乎告诉我们：如果我们能够把自己放在一个更加宏大的格局中，那么有些看似重要的事情就会变得微不足道了；只有当我们的心开阔如宇宙，我们才算真正地飞向太空。

（单问）“你提到‘一次又一次与梦想失之交臂，一年又一年承受高强度的训练’，走进邓清明的人生故事，他的失落与坚持带给你怎样的思考，你是如何看待得与失的？”

方若彤（邓清明篇）：初次了解到邓清明的故事时，他还没有成功飞天，那时候几乎每一篇写他的报道，都用“二十年备份”作为标题。每每看到，我都会感到遗憾。我曾把自己代入这个角色中，想象自己把人生中最美好的、最干劲十足的20多年奉献给了一个不一定能实现的梦想，但我能够想象到的痛苦与煎熬肯定不及邓清明亲身经历的千分之一、万分之一。

在我看来，邓清明身上最为宝贵和难得的特质，就是他的心中装着中国的航天事业，他将自己视为其中一个很小的部分，这对大部分人来说非常困难。很多人会在意自己的得失成败——可能会因为与同学、朋友、同事之间的竞争而感到焦虑，可能会因为自己不如别人而心有不甘，但是邓清明能够很快放下“失败”的情绪，真诚地祝福他的“对手”，这并不是一件轻松的事情。而他之所以能够做到，我认为大概是因为他没有把这件事当成个人的成败，他心系的是我国航天事业的成败，在他看来，集体的成功才是真的成功。

这么说并非觉得计较个人得失是一件错误的事情。在大部分时候，我们在意个人得失，所以会为了实现目标不断进步、保持奋进。但总有一些时候，我们需要面对人生中的失败，在这些时候，不妨把视野放宽，或许暂时的失败和挫折就显得没有那么重要了。有了更加开阔的心境，或许我们也就能够更好地准备迎接下一次的成功。

“前辈故事落笔的瞬间，面对接下来自己的‘答题纸’，你认为应该怎样实现人生价值？”

王佐（张荣桥篇）：写作过程中，我了解到张总师那时候大学录取率低，他听了老师的建议，选择了比较冷门的专业，后来去了西安电子科技大学学习电磁场与微波技术专业，最终却加入了航天事业，并且取得了如此大的成就，这真的给了我很大的启发与鼓舞。因为我填志愿的时候其实并没有很明确的想法，想着去浙江大学但又不喜欢文科类的专业，结果刚好以一分之差错过了浙江大学的工科实验班信息类专业，最终来到了北航，那时我确实是有点沮丧的。但是张总师的经历让我明白，只要探索心中所爱，带着理想，总能找到属于自己的一方天地来施展才华。

段智圆（张熇篇）：因为我也是女性，而且是学习理工科的女性。在叙写张熇故事的同时，我也希望能通过她的故事找到自己以后的事业方向。张熇曾在接受采访时提到，刚参加工作时接不到很重要的任务，也有过自己迷茫和无措的阶段，但是凭着自己的努力和坚持，她终于取得了今天的成就。大学 4 年，看着同龄人拿奖、发论文，有时候我会怀疑自己变差了，比不上当年刚高考完那个优秀的自己。但在我毕业之后回顾自己的本科 4 年，却发现自己已经走了这么远。只要一直在努力，就总会等来自己的收获。

杨安毅（孙家栋篇）：写作也是一个学习的过程，它让我不断去阅读更多的文献资料，去了解那些不为人知的往事，我觉得自己也是在慢慢走近孙院士。能够让一个人从纸上走进心里，或许是我最大的收获。我想过如果我成为孙院士，我肯定会怀疑自己是否真的能承担这么重要的工作，也会在做每个决定之前不断地质疑自己，说到底就是没有那份自信，也不敢对别人给出保证。但是再想想，怀疑自己也是一个不可少的流程，也许孙院士也是经过了这样的自我怀疑、不断改进，才有了足够的底气与自信，能够在发射前坚定地做出决定。所以我也希望自己在经过不断的自我怀疑后能够拥有自信和决策能力。对于未来，我还无法确定自己会做什么工作，也许和航空航天毫无关系，但是我希望不论做什么工作，我都能像孙院士那样认真地对待，能有自己的判断，永远不放弃，永远去挑战，永远不害怕第二次尝试。我记得孙院士曾说航天精神中最重要的一条是热爱，能永远和自己热爱的事业相伴一定是一种幸福。

高海强（叶培建篇）：大一寒假，我参与了北航招办组织的返回中学母校开展招生宣讲的活动，宣讲材料里说航空航天是制造业“皇冠上的明珠”，我深有同感：这项事业确实有着独特的吸引力——人类怎么可能不对自己所处的地球之外的浩瀚宇宙充满好奇呢？而且这项事业除了它本身的魅力，更关乎国家荣辱！正如叶老接受采访时说的，如果美国人能做到的事我们也能做到，他们就没有资格居高临下跟我们说话。我学的是生命科学相关专业，对于“受制于人”也有一番体会：实验室里小到化学试剂，大到千万元级别的仪器，中国制造的能占多少？如果国外对我们断供，那我们就会两眼一抹黑。虽然我学习的并不是航空航天相关专业，但能和一大批功勋前辈做校友，能看到祖国航空航天事业坚实的脚步中有母校的助力，我也感到十分骄傲。

现在，回想起自己的本科生涯，我在北航打下了扎实的知识基础，除此之外，北航还帮助我找到了我的人生价值。如果如我所愿，多年后的我将是一名生命科学科研工作者。我希望自己会像叶老一样，既有“10000−1=0”的严谨，也有“第一个吃螃蟹”的魄力，做困难但有意义的研究，在自己的领域争做第一。

长城止戈

落后就要挨打，是我们在近代得到的最大教训。

处处青砖血泪深，
鲸鲵作浪卷烟尘。
长城此去千山雪，
壮士从来七尺身。

错过诺贝尔奖的“两弹”元勋

李恺华

王淦昌篇

王淦昌（1907—1998），核物理学家，中国科学院院士，世界激光惯性约束核聚变理论和研究的创始人之一，中国核科学的奠基人和开拓者之一。曾任中国科学院近代物理研究所副所长，中国工程物理研究院副院长，中国原子能科学研究院院长。在中国第一颗原子弹和第一颗氢弹研制中做出了突出贡献。曾获两弹一星功勋奖章，国家自然科学奖一等奖（两项）、国家科学技术进步奖特等奖等奖项。

我是学科学的，但我首先是中国人。

——王淦昌

当我国的第一颗原子弹在大漠中成功引爆的一刻，一位年近花甲的老人流下了激动的眼泪，他回望走过的岁月，曾经，他是一位享誉世界的理论物理学家，但随着时间的流逝，他的名字渐渐从公众视野中淡出；年轻时错过诺贝尔奖曾让他无比遗憾，但在这一刻，似乎变得微不足道。对这位老人来说，祖国的强盛高于一切。

誓　言

当身边朝夕相处的同学在他眼前倒下，鲜血溅在脸上，模糊了视线时，他愤怒而迷茫。在“三一八”惨案中劫后余生的他不明白，为什么自己所热爱的祖国的政府会向反对侵略的爱国民众直接开枪？自己学习的知识在这腐败黑暗的军政府统治下真的还有意义吗？怒发冲冠的他本要冲上前去与开枪的士兵对峙，却被同学们拉回来保住了性命。事后，王淦昌的老师叶企孙对他们说道：“谁叫你们去送死的！你们好不简单考上清华，若是这样倒在卫兵枪口下，值得吗？国家为什么挨打？不就是由于羸弱吗？只有科学才能强国！只有科学才能拯救我们的民族！”

叶企孙的这番话点醒了沉浸在悲痛与迷茫中的王淦昌，他不禁握紧拳头，在心中立下誓言，要将此生奉献给祖国的科学发展事业。

第一次的遗憾

在孜孜不倦的努力下，王淦昌在清华大学取得了很好的成绩，于 1930 年获得到德国公费留学的资格，并成了“原子弹之母”、著名的核物理学家 L. 迈特纳的学生。迈特纳被誉为“20 世纪实验物理学三大女杰”之一，而王淦昌是她当时唯一的中国学生。在德国，王淦昌第一次接触前沿的物理，怀抱着报国理想又勤奋好学的他开始如饥似渴地学习这些先进的理论知识与实验技巧，积极参加各类学术讲座。在当时，人们针对一种新发现的粒子能量开展了一系列研究，居里夫人的女儿、女婿认为这是伽马射线造成的，许多科学家在试验后也认可了这一观点，但王淦昌在听了一系列的学术研讨后有了自己的看法。

经过思考后，他向导师提出了关于中子的设想以及验证猜想的实验方法，但导师却对她这位中国学生提出的设想不以为然，并未同意他的请求。想到导师迈特纳是享誉学界的大师，而自己仅是一名学生，王淦昌便没有再坚持自己的想法。1931 年，英国物理学家詹姆斯·查德威克使用王淦昌提出的实验方法验证了中子的存在，并于 1935 年获得诺贝尔物理学奖。王淦昌就这样第一次与诺贝尔奖擦肩而过。消息公布后，导师迈特纳对此感到震惊，真诚地向直觉敏锐的王淦昌道了歉，也真正重视起这位大胆的学生。这次错失诺贝尔奖让王淦昌感到十分遗憾，但也让他明白了坚持不懈、独立思考是多么重要，即使是权威也会犯错，只有切实的实验结果不会骗人，大胆质疑才能有新的发现。

第二次的擦肩而过

1934 年，王淦昌完成了学业。在这几年的留学生涯中，他去了许多国家进行学术访问，与众多物理学界的巨擘都有过交流。在导师的帮助下，王淦昌完成了自己的研究，在物理学的大厦中添上了属于自己的第一块砖。他在这一过程中表现出的科学见解与创新的实验思路得到了导师的重视，导师也将他视为自己最好的学生之一。

博士毕业后，王淦昌再次面临选择——是回到正处于战乱中的祖国还是留下继续跟随导师从事科研。答案对王淦昌来说是理所当然的。导师迈特纳曾挽留王淦昌，希望他留在德国从事研究；也有人劝他不要回中国，他这么优秀，留在德国肯定能大有作为，中国的科研条件那么差，他回去了也干不了什么。而王淦昌坚定地回答他们：“我是学科学的，但我首先是中国人。现在我的祖国正在遭受苦难，我要回到祖国为她服务。”为了当年的誓言，他坚定地回到了风雨飘摇的祖国执教，随大学迁移，带着家人四处奔波。

在抗日战争中，王淦昌的教学开展遇到了很多困难，在前线连连失利的情况下，王淦昌随全校师生向西迁移了 7 次之多，足足 2600 千米。在很多时候，他要顶着敌人的炮火为学生们授课。在敌人不停歇的轰炸中，教室、宿舍成了废墟，行李也大都被烧毁。王淦昌甚至曾在洞中，伴着洞外的爆炸声、警报声给学生们讲课。在这种艰苦的处境中，他仍然为祖国培养了程开甲、李政道等大批优秀的学者，他们后来在中国核事业甚至世界范围内有很大贡献和影响力。

同时，王淦昌也没有放弃科研。他在一所破旧的寺庙中建立了物理实验室，所有实验设备都是他和学生制造的，动力则由一台经过改造的报废汽车的发动机提供。他曾一手夹讲义包一手牵羊放牧，在条件如此差的情况下，这位“羊倌教授”仍然解决了一个世界级的难题，提出了一种验证中微子存在的实验方法，震惊了物理学界，可惜在战火中的中国，没有条件完成这一实验，王淦昌再一次与诺贝尔奖擦肩而过。这让他明白，处在战火中的国家难以具备发展的条件与实力，而要让祖国不再陷入战火，就必须发展祖国的科技。

第三次的义无反顾

抗日战争后，冷战席卷了世界，美国的核威胁也开始瞄准中国。王淦昌也曾深入战场监测核辐射情况，防范美国可能的核打击。这让他认识到发展出中国自己的核武器是多么重要。但战后的新中国一穷二白，无力承担这么庞大的工程，彼时中苏关系尚可，于是中国派遣了很多学者前往苏联学习，其中就有王淦昌。但随着中苏关系的恶化，被派遣到中国的苏联专家被全部撤回，中国留在苏联的学者也遭遇了很多困难，难以继续开展研究，中国的核事业再次陷入困境。

1960 年，王淦昌已经是苏联杜布纳联合原子核研究所的副所长，由他领导的研究小组发现了反西格马负超子，这给整个物理学界带来了很大的震动，许多人猜测他的发现很可能获得诺贝尔奖。但不久后，王淦昌接到回国的调令，国家希望他能放弃自己在理论物理上的研究，协助研发原子弹。在第三次诺贝尔奖的门前，天时地利人和，但王淦昌义无反顾地选择亲手关上它。

回到祖国后，他立刻投身到了原子弹研发计划中。这项任务是当时的最高机密，要参与其中就必须告别父母、妻儿，背井离乡，隐姓埋名，在西北的大漠深处进行艰苦的研究。更何况对研究了几十年理论物理的王淦昌来说，选择加入原子弹的研发计划，就意味着要放弃自己在基本粒子领域的研究，放弃已经获得的声誉和前途。年过半百的王淦昌在这常人看来异常艰难的抉择面前，只留下一句话——“我愿以身许国”。这是他最庄严的承诺，是他在少年时立下便未曾动摇的承诺。从此，那个在国际物理学界活跃的大名鼎鼎的王淦昌消失了，再也没有公开发表过新的论文，再没有参与任何一场学术研讨；而在大漠深处，多了一位名叫“王京”的研究员，一位50多岁仍然奋斗在核试验第一线，与大家一起通宵工作，喝凉水、啃馒头的“王老头”。

学子说

这便是“两弹一星”的元勋与诺贝尔奖的故事。他可以做世界的物理天才，可以名利双收、飞黄腾达，他可以合情合理地得到这些。然而，在祖国的安危面前，一句“我愿以身许国”宣告着，在这位物理界的巨擘心中，祖国高于自己的一切。在炮火连天中，他可以面不改色地传授知识；在一无所有中，他可以演算世上最复杂的谜题；在荒凉大漠中，他可以嚼着树叶研发最先进的武器；甚至年逾古稀时，他仍在为中国核工业的发展奔走呼吁。

王淦昌先生是出色的物理学家，敢于挑战任何世界级的物理学课题；他也是心系祖国的无数学者之一，甘愿隐姓埋名17年，坚守在最艰苦的岗位上，做女儿口中“活在信箱里的爸爸”。也许在王淦昌先生看来，无论是从事研究，还是报效祖国，当誓言立下的一刻，便至死不渝。

理论臻佳境，天问盈诗情

严谨

彭桓武篇

彭桓武（1915—2007），物理学家，中国科学院院士。曾任清华大学教授，中国科学院近代物理研究所、高能物理研究所副所长，理论物理研究所所长，第二机械工业部第九研究所副所长、第九研究院副院长。为中国原子能科学事业做了许多开创性的工作，对中国第一代原子弹和氢弹的研究及理论设计做出了重要贡献。获两弹一星功勋奖章、国家自然科学奖一等奖、国家科学技术进步奖特等奖、何梁何利基金科学与技术成就奖。

科学探索永无止境，做学问不能浅尝辄止。

——彭桓武

有这么一位先生，他用理论去创造，用诗歌去生活，他用物理勾勒出了“两弹一星”事业的曙光。

钱三强先生曾评价说，他的作用是那么重大，而他的名字却鲜为人知。

他就是彭桓武先生。

少小离巢自学飞，省垣故国识芳薇

踏上异国他乡的求学之路时，他已然明白，无论前路多么坎坷，他都将披荆前行。

从清华大学毕业的彭桓武选择奔赴英国留学，他的心中怀着对理论物理无限的热忱和对潜心钻研坚定的信念。在留学期间，玻恩和薛定谔对彭桓武杰出的理论物理研究能力表达了高度的赞扬。在玻恩眼里，彭桓武是一位“天赋出众”、具有“神秘才干”、“单纯”又“杰出”的人。玻恩在与爱因斯坦的通信中曾这样评价彭桓武：“中国人彭桓武尤其聪明、能干。他总是懂得比别人多，懂得比别人快。”

“回国不需要理由。”在说完这样一句决绝而又真挚的话后，彭桓武义无反顾地回到了祖国，投身于艰难的核弹研究事业。

集体的科学

20 世纪 40 年代末 50 年代初，彭桓武回国后，相继任教于云南大学、清华大学和北京大学物理系。在欧洲留学期间，彭桓武谙熟量子力学的基本理论，回国后他也十分注重量子力学的普及教学。1952—1955 年，彭桓武在北京大学物理学系讲授量子力学。除此之外，为让更多大学能有足够的量子力学师资，他于 1954 年暑假在青岛教务部开办的讲习班中进行了相关内容的教授。

此外，彭桓武还协助钱三强等人筹备组建中国科学院近代物理研究所，并担任理论组组长。钱三强与彭桓武这两位随后使中国原子弹事业实现飞跃的科学家于 1939 年在欧洲相识。在 1947 年，彭桓武回国前曾去巴黎看望钱三强夫妇，并与钱三强相互约定回国后“一块好好干”。

1955年年初，中共中央正式决定发展中国自己的核武器。1955年10月至1956年4月，彭桓武被派去苏联热工研究所学习反应堆设计理论。

回国后，他致力于培养中国原子能研究的青年人才，培养了周光召、黄祖洽、于敏等能力超强的年轻理论物理学家，助力中国成功研制原子弹。

彭桓武将一生获得的荣誉大都归功于集体，强调集体的智慧与力量，对个人的贡献报以谦虚的态度，正如他所说："科学事业不是一个人的事情，重要的项目一定要合作去研究，依靠集体的智慧、集体的力量。"在彭桓武先生的理论把关下，在千万人的共同付出下，中国核研究终于迈过坎坷，迎来了崭新的篇章。

我国的第一颗原子弹爆炸后，彭桓武先生看着罗布泊上冉冉升起的红日，激动地写下"不是工农兵协力，焉能数理化成功"的诗句。多年以后，彭桓武作为第一获奖人，因"原子弹氢弹设计原理中的物理力学数学理论问题"获得国家自然科学奖一等奖。当第二机械工业部第九研究所（1964年改为第二机械工业部第九研究院）的同志把唯一一枚奖章送给彭桓武时，他提议由九所保存，并写下"集体、集体、集集体，日新、日新、日日新"以表明心迹。

理论的力量

20世纪60年代初，苏联在短时间内撤回援助专家，中国科学家必须自主研制原子弹。1961年4月初，彭桓武奉命被调到当时的第九研究所，负责核武器的理论攻关工作，接替被撤走的苏联专家。

此时，中国的原子弹研发正处于困境。

中国科学家用时一年多，经过9次烦琐的计算，得到的数据和炸药爆炸后在内爆过程中产生的压力总是与在原子弹设计初期苏联专家留下的教学模型框图不相符。

在中国原子弹研发面临停滞不前的情况下，彭桓武请他的学生、刚从苏联杜布纳联合原子核研究所回国的周光召复查之前的计算数据。周光召从炸药能量利用率入手，从理论上证明用特征线法所做计算结果的正确性，推翻了苏联专家的计算结论，让中国原子弹事业得以迈过难关，继续向前推进。

1964 年 10 月 16 日，中国第一颗原子弹成功爆炸，天边的红色与响彻云霄的巨响，震动了整个世界。

第一颗原子弹理论设计完成后，彭桓武并没有停歇，而是迅速转向氢弹原理探索。从 1964 年年底开始，在彭桓武等人的主持下，邓稼先、周光召组织科技人员制定了关于突破氢弹原理的工作大纲。

彭桓武设计了 3 套氢弹研制方案。经过多年的研究和演算，于敏带领的研究小组率先实现了氢弹设计原理的重大突破。在明确氢弹设计原理之后，理论部科研人员很快聚集在一起，完善模型并进行进一步的物理设计。

在众人的努力之下，在成功研制出原子弹后的两年多时间内，我国研制出了氢弹，取得了核武器研发里程碑式的胜利。

1967 年 6 月 17 日，我国第一颗氢弹空投爆炸试验成功。天边那一抹的炽红，再次照亮了中国大地。

周光召曾说："彭桓武是中国核物理理论、中子物理理论以及核爆炸各层理论的奠基人，差不多所有这方面后来的工作者，都是他直接或间接的学生。"物理学家、1957 年诺贝尔物理学奖获得者杨振宁先生在 2001 年给彭桓武的信中这样写道："中国今日国力鼎盛与原子武器之发展有密切关系。先生在此方面之贡献我虽不知细节，但早知其重要性。"

"科学探索永无止境，做学问不能浅尝辄止"，这是彭桓武常说的一句话。熟悉彭桓武的人都知道，他将自己的一生奉献于研究，他用自己生命的火焰铸就了真理的轮廓。

一生诗词情

彭桓武从小喜欢文学，他的老师曾经夸过他在文学方面的悟性。而他也靠着自己的勤奋和好学，通过阅读和模仿中国古典文学作品，渐渐走入了文学的殿堂。

值得一提的是，彭桓武与同为物理学家，又都是我国两弹一星功勋奖章获得者的陈能宽院士是"文学之交"，两人建立了深厚的友谊。

记得有一次，两人相聚促膝长谈，他们探讨字义、探讨语言、探讨思想、探讨文学。在两人沉醉于诗文之中时，陈能宽提到了多年以前两人通信时创作的一副对联。那是在 1996 年年底，彭桓武收到陈能宽来信，内附对联的上句：“回顾三十年过去，弹指一挥间：三十功名尘与土，八千里路云和月。”彭桓武随后便寄去下联：“俯瞰洞庭湖内外，乾坤日夜浮：洞庭波涌连天雪，长岛人歌动地诗。”对联中，“洞庭湖”泛指全国，而“长岛人”泛指中华儿女。

两人对于文学的热情、对于国家人民的热爱，经过几十年的时光，依旧赤忱如初。

正可谓，一生诗友，一身诗情。

生前慢待因忙乱，去后勤思怎补偿

彭桓武的初心，不仅仅体现在对中国科学事业上，还体现在他的个人爱情中。

彭桓武与国务院机关幼儿园医生刘秉娴于 1958 年年底结婚。婚后，刘秉娴勤俭持家，确保彭桓武在进行科研工作时无后顾之忧。

1977 年，刘秉娴被诊断为肺癌晚期，本就饱受疾病之苦的她仍旧温和而坚韧。在临终时，她提笔给丈夫写了一封“最后通牒”，向彭桓武以及儿子彭远征表达自己最深厚的牵挂和希冀。

1977 年 8 月 14 日，心怀对亲人和生活的眷恋及热爱，刘秉娴永远地闭上了双眼。彭桓武将这一天的日历页撕下珍藏起来，在夫人追悼会结束当晚，彭桓武陷入昏迷，7 天之后才苏醒。

“对影如痴诉断肠，别时已等聚时长。生前慢待因忙乱，去后勤思怎补偿。”这是夫人离世之后彭桓武的一首诗，其中多少辛酸与怀恋，均晕染于笔墨之中。

香山是彭桓武与夫人携手共游之地，是他们回忆与情感的承载之地。直至晚年，彭桓武常常独自一人乘坐公交去到那里，缅怀与夫人曾经共度的时光。刘秉娴去世后，彭桓武一直保留着她的骨灰和那封“最后通牒”，直到他 2007 年去世后，两人的骨灰共同撒在了香山植物园的一棵树下。

—学子说—

彭桓武先生最喜欢的一句话是“人心惟危，道心惟微，惟精惟一，允执厥中”，意思是，人心是危险难安的，道心却微妙难明，唯有精心体察，专心守住，才能坚持一条不偏不倚的正确路线。

在他的一生中，无论是对于求学、科研、报国，抑或是对于生活，他都坚守初心，矢志不渝。

他用中国人独特的心灵去感知、去学习、去创造，用中国人独特的视角去钻研、去合作、去引领。他用一颗炽热的、根植故土的心，用一颗纯粹的、向往真理的心，在漆黑天幕上描摹出一道曙光。

为国铸剑，佑国昌宁

张馨元

于敏篇

于敏（1926—2019），核物理学家，中国科学院院士。曾任中国工程物理研究院副院长。长期领导核武器理论研究、设计，解决了大量关键性的理论问题，对中国核武器进一步发展到国际先进水平做出了重要贡献。曾获两弹一星功勋奖章，国家自然科学奖一等奖、国家科学技术进步奖特等奖、“共和国勋章”等荣誉。

每个人的前途和命运都与国家的兴衰紧密地联系在一起，才会有所作为，才会是一个无愧于祖国和民族的人。

——于敏

偌大的戈壁滩上，是一张张写满验算的草稿纸。天边的蘑菇云，奏响新生中国的最强音。

百年疮痍谁不知

清道光二十年（1840 年），一声巨响震醒了天朝上国的美梦。火铳土炮，哪是铁甲巨轮的对手。有识之士兴办工厂和民族工业，但抵不住八国联军的鲸吞蚕食。十年饮冰，威海败北。全舰视死如归撞击日舰的勇气，虽令人敬佩，但历史的车轮已无法逆转圆明园付之一炬的悲剧。世纪交汇之际，等待中华民族的只有天文数字般的赔款，以及若干项骇人听闻的不平等条约。在这般黑暗中，人们在等待，等待黎明的曙光。

1926 年，盛夏八月，于敏出生了。年幼的于敏在数理方面展现出了过人的天分，深受老师的喜爱。于敏的童年时期，中国正处于日军侵华的动荡岁月。有一日，于敏在人来人往的路上骑车，险遭横冲直撞的日军吉普车碾压。车上下来一个日本人，对于敏一顿怒骂。而他事后才知道，就算这辆车将他撞死，肇事者也不会受到真正的处罚。那时的他，心里便埋下了一颗种子，那便是要用自己的能力，让中华民族不再卑躬屈膝。

而今迈步从头越

聪明的于敏没有辜负自己的天赋。18 岁那年，他以优异的成绩考入北京大学工学院。但是在当时理论物理飞速发展的热潮下，擅长研究的于敏希望通过理论物理拯救当时中国的科学。于是他便转专业到了理学院，研究方向是理论物理。于敏对学术严谨认真的态度以及他的聪明才智对其影响深远，即便是转了专业，他也能很快适应，他惊人的记忆力让老师和同学都十分佩服，他的学习成绩始终名列前茅。于敏的导师张宗燧曾说，于敏是他教过的最聪明的学生。

于敏原本以为自己会在理论物理方向深耕，然而没想到的是，钱三强找到了他，想让他改变研究方向，从理论物理研究转向氢弹研究。这个突如其来的要求让他有些措手不及，因为当时他刚刚获得去海外留学的资格，他已为这个机会准备多时。但是考虑到当时中国所处的困境，西方国家正带着核武器威胁中国时，于敏深深地意识到中国研发核武器的重要性。于是他答应了钱三强等人的邀请，毅然放弃了自己梦寐以求的留学机会，第二次“转专业”，开始研究核物理。而这一次，意味着他将隐姓埋名，做别人可能永远都不知道的工作，意味着他要放弃自己过去的所有，甚至是离开他新生的儿女。面对这样的抉择，他没有退缩，而是更为坚定地向前。

当时世界所知的氢弹技术仅有其名称和《科学期刊》上的寥寥数据，没有留学经历的本土科学家于敏刚开始并没有得到大家的重视，直到他亲自推演，指出了权威科学杂志《科学期刊》上氘氚反应截面的数据错误，大家的态度才慢慢从怀疑转变为敬佩。于敏的严格推导，让我国避免了在氢弹研究中走不必要的弯路。大家也意识到，氢弹的制造是真正从无到有的艰难工程。

一鸣惊人开天地

20 世纪 60 年代初的中国，正值三年困难时期。国家虽已将为数不多的资源向科研部门倾斜，却还是远远不够。无数的科研人员和于敏一样，三班颠倒，不分昼夜地奋力工作着。那时于敏已经身患十二指肠溃疡，物资的匮乏以及在工作岗位上连轴转的劳累，使他的病情更加严重。在吃不饱饭的日子里，于敏经常承受着生理的极限，第二机械工业部三番五次要求他休假休养身体，为了不耽误氢弹的研究工作，他都婉言谢绝了。现代工业刚刚起步的中国，举国上下只有一台大型计算机，却要供“两弹一星”和其他多个工程使用，条件艰苦，时间不够是必然，算力不足，机器损坏也是必然。但是于敏等一众“两弹一星”科学家依旧扛住压力，与时间赛跑。

于敏不仅有着报国的坚定信念，也有着过硬的专业素养。有一次深夜，机器轰鸣运转，打出来长长的运算带。于敏看了其中一个数据，便认定是机器出了故障，在场的人们都惊愕不已。而在技术员来检查之后，果然发现是计算机内一个晶体管烧毁，导致加法器出现了故障。

于敏过硬的计算能力为中国发展氢弹工程节省了不少宝贵时间。当时国际环境严峻，我国处境艰难。为了更早地造出氢弹，需要从无数未知的材料中找到最合适的一种，但是实验验证需要大型粒子加速器的支持，这对当时的中国意味着数十亿元的费用和巨大的人力物力，那是想都不敢想的。而于敏仅用纸笔和算盘，推算出只有氘化锂才是最好的材料，并且在和组内众多科学家讨论后，开创性地提出将原子弹包裹在氘化锂原料外面，经过严谨的计算和验证，提出了至今仍然处于国家机密状态的“于敏构型”。

来到华东计算机研究所，于敏激动地对模型进行可行性验证，结果和他的计算相吻合。于敏兴奋地给邓稼先打电话，但巨大的喜悦却无法明说，只能转化成几句如暗号般的对话。

于敏道：“我们几个人去打了一次猎，打伤了一只小松鼠。”

邓稼先回答道：“你们是不是美美地吃了一次野味？”

于敏回复说：“不，现在还不能把它煮熟，需要留作标本，但我们有新奇的发现，它身体结构特别，需要做进一步的解剖研究，只是人手不够。”

邓稼先回复说：“好，我立刻赶到你们那里去。”

这只“小松鼠”不是别的，正是后来在1967年戈壁滩上空炸响的氢弹的模型。

事了拂衣隐功名

在接受采访时，于敏说过：“我最对不起的就是我的妻子孙玉芹。”他把太多的时间都用在了为国铸剑上，留给妻子儿女的只有疲惫的背影和常年的失联。于敏长时间不归家，难免引起街坊邻居的议论，但孙玉芹给了于敏无限的理解和信任。而孙玉芹也是“妇女撑起半边天”的真实写照，丈夫在外工作时，她一个人担负起所有的责任，不离不弃，静待君归。“军功章有你一半”，是那个时代无数这样为国奉献的家庭中最好的情话。

于敏说过：“我自幼对民族所受欺压有切肤之痛，为了祖国的安全，我愿意为国家和民族的事业奉献我的一切。”当戈壁滩上空升起“第二个太阳”时，于敏和千千万万“两弹一星”工作者一起，真正实现了他们为国奉献的诺言。

于敏向来是一个低调、淡泊名利的人。在20世纪80年代解密之后，于敏等一众科学家在那个特殊的年代默默奉献的故事才被公之于众。于敏在1999年被授予两弹一星功勋奖章，被评为感动中国2014年度人物，于2019年被追授“共和国勋章”。这样“抛头露面”的场合，他只出席过两次，但是他留给中华儿女的，是长达百年的太平与稳定。

“鞠躬尽瘁，死而后已”是于敏一生最好的写照。于敏喜读三国，热爱京剧，而他则是“两弹一星”工程这座舞台上的名角。于敏喜欢诸葛亮，喜欢他的足智多谋、临危不惧、对国忠诚。于敏便是这样的人。参与工程时，他如诸葛亮出征，鞠躬尽瘁，死而后已。隐姓埋名三十载，试教日月换新天。今日我们共处阳光下，更应追忆先辈的精神，踔厉奋发，实现空天报国的理想。

—学子说—

百年陆沉，神州陵夷。当蘑菇云在大漠升起，他是夜空中的一颗星。

对中华民族的深切感情，让于敏将自己的能力毫无保留地贡献给国家的发展。

放弃苦心耕耘十余载，即将迎来丰收的理论物理，却转而去研究核物理，于敏给我们的回答是：“研究核物理不是我的兴趣，但爱国主义胜过兴趣。”隐姓埋名28年，终教日月换新天，于敏是千千万万“两弹一星”工作者中的一个代表，他的身上凝聚着他们相同的精神。他们经历过旧中国所受的切肤之痛，所以坚定地为新中国的安定无私奉献。也正是他们的默默付出，铸就了今日中国屹立于世界民族之林的坚实根基。

科技伟业的背后，是默默躬耕的科学家们，他们身处科研的一线，却退居人们视野的二线。他们给我们带来更美好的生活，却很难尽到一位家长，抑或一位丈夫、妻子的责任。舍小家，为大家，矢志报国，鞠躬尽瘁。他们是我们的榜样，更是中华民族的脊梁。

百年清芬，长守碧空

刘泽轩

顾诵芬篇

顾诵芬（1930— ），飞机空气动力学家，歼-8飞机型号总设计师，我国飞机空气动力设计奠基人，中国科学院院士，中国工程院院士。曾任沈阳飞机设计研究所（简称“六〇一所”）所长兼总设计师，中国航空研究院副院长、名誉院长等。曾获国家最高科学技术奖，国家科学技术进步奖特等奖、一等奖、二等奖，航空航天部航空金奖，感动中国2021年度人物等荣誉。

回想我这一生，谈不上什么丰功伟绩，只能说没有虚度光阴，为国家做了些事情。

——顾诵芬

我们说历史太过宏大，牵扯着数不清的春花秋月，数不清的恩怨情仇，数不清的事，数不清的人，一两句难以言尽。但也有时，我们从一个人就能窥见一段历史，就比如我们看到项羽，就想起逐鹿中原的秦末；看到唐玄宗，就想起万邦来朝的盛唐；看到鲁迅，就想起觉醒求立的近代。

对北航的学生而言，看到顾诵芬，就仿佛看到了百年中国航空的风风雨雨。

在恐惧中坚定

1930 年 2 月 4 日，江苏苏州顾家传来新生儿的第一声啼哭。顾廷龙先生欣喜之余，借用晋代陆机《文赋》中的名句“咏世德之骏烈，诵先人之清芬”，为次子赋名“诵芬”。彼时，或许顾先生不会想到近百年后，爱子之名亦是世人之评。

5 岁时，顾诵芬随家人迁居北平（今北京）。

北平繁盛，哄小孩子的玩意儿也多，但在一众小汽车、小火车、人力车之中，顾诵芬最喜欢的还是长兄顾诵诗从崇德中学回来时带着他一起制作的纸航模。院落颇大，两个孩子便举着纸航模四处乱跑，机翼在空气中翕忽，扑腾进孩童的梦里。

顾家虽重文，但得知顾诵芬对飞机兴趣浓厚，顾父还是专程带他去上海一家航模商店，斥重金购置了一架可以飞行的金属航空模型。自此之后，顾诵芬可谓是“维子之故，使我不能餐兮”。天晴时在院子里飞，风雨天在家里飞，飞坏了自己修，架构断了自己补。日子一天天过去，顾诵芬对飞机的渴望与好奇逐渐加深。

好景不长，随着中国大地响起第一声侵略者的枪声，战争的硝烟也弥散到顾诵芬周围，将他紧紧包裹。

1937 年，“七七事变”爆发，日寇以莫须有之名，悍然向我军进行轰炸。霎时，火光、浓烟、残垣断壁近在眼前，呻吟、哭号、撞击爆炸频频入耳。侵略者的肆无忌惮和轰炸过后的满目疮痍，让恐惧紧紧攥住了这个 7 岁男孩的心脏。恐惧之余，一个想法牢牢占据了他的脑海：“没有航空的话，将来还得受欺负。”

自此，“我想造飞机”成为顾诵芬最笃定的信仰。

在挑战中涅槃

真正伟大的不是伟大本身，而是成为伟大。

1951 年新中国航空工业局成立，刚刚大学毕业的顾诵芬被分配到位于北京的办事处工作。在那里，顾诵芬结识了徐舜寿等一批当时国内最顶尖、最权威的飞机设计专家。5 年后，新中国航空工业开始从修理、仿制向自行设计迈进，局内一纸令下，顾诵芬等人便义无反顾地奔赴沈阳。这群人操着不同的口音，研究着不同的方向，却抱着同一个热切而坚定的目标：设计出中国人自己的飞机！

这之后的几十年里，顾诵芬直接组织领导和参与了低、中、高三代飞机中的多种飞机气动布局和全机的设计。根据国内条件，他创立了成熟的飞机气动设计程序和计算方法，解决了一系列重大技术关键问题，亲身见证并一步步倾力助推中国航空工业从艰难起步、自主发展到如今实现阶段性跨越。

当然，这是后话。

在筑起中国航空航天史上一座不朽的丰碑之前，摆在刚刚调任沈阳的顾诵芬面前的，只有一个又一个的坎。

国家交给沈阳飞机研究所的首项任务是设计一架喷气式教练机，也就是后来的歼教-1，顾诵芬时任气动组组长，负责歼教-1 整体气动布局设计。

众所周知，设备、经费、专业水准是科研成功的必备因素。然而气动力设计方法和手段在新中国仍属“域外新客”，再加上顾诵芬本身研究的是螺旋桨飞机方向，两者在本质上差别很大，不仅如此，设备的匮乏、经费的紧缺也是极大的桎梏和掣肘。三个要素几乎是一张巨大的白纸，而顾诵芬一行人，正是要在这空白的纸上，徒手画出中国航空的未来，这似乎是一个不可解的难题。不过，雄鹰在断崖上重塑羽翼，凤凰在真火中涅槃，中国航空人最擅长的就是“绝境求生”。

专业知识不对口？那就学。顾诵芬找到北航图书馆英国航空学会会刊上登的一篇关于进气道设计的文章，花了一个星期，描下书中有关图解，终于看明白了这篇论文。

设备匮乏？那就造。气动组一行人去医院捡废针头，再焊到铜管上，然后用薄铁皮做一个整流罩来进行实验；没有好的风洞，他们就跑到哈尔滨军事工程学院的一个小风洞里去做实验。呕心沥血，卧薪尝胆，还真让他们闯出一条路来。

1958 年，歼教-1 成功首飞，叶剑英元帅为仪式剪彩，由于国家对这一项目的保密要求，顾诵芬一行人成了无名英雄。

初教-6 飞机气动力设计时一片空白的理论体系、东风 107 飞机发动机缺乏参考资料的方案设计、歼-8 首飞时的抖振问题……回望顾诵芬的飞机设计生涯，“空白”“缺乏”是多年故交，“创新”“突破”是家常便饭。挑战重重，层层险阻，筚路蓝缕，砥砺而行，这一个个坎，顾诵芬终究是迈了过去。

不过，困局虽已解，执念却难消。

在愧疚中前行

困难打不败顾诵芬，他甚至不曾皱一下眉。

在沈阳飞机制造公司几十年的工作中，面对数不清的泥沼与旋涡，顾诵芬总是能看到前方迷雾中的路。多年之后，顾诵芬接受央视《面对面》节目的采访，提起当年的诸多困境和危险时，也只是云淡风轻地一语带过。

在同事和学生们眼中，顾诵芬是天赋超群的“活图书馆”，是认真严谨的“战斗家”，更是总能济危解困、破除难题的“大先生”。只要顾诵芬在，大家就仿佛吃了定心丸——没有什么问题是不能解决的，也没有什么困难是无法克服的。

然而当谈到两个人时，这个在工作中坚毅刚强、从容淡定的老人却红了眼眶，这两个人不是别人，正是顾诵芬的母亲和妻子。

纵观顾诵芬的人生，他的头衔、荣誉不可计数，但于他最重要、最有愧，也是执念最深的两个头衔，一个是潘承圭的儿子，另一个是江泽菲的丈夫。

顾诵芬的母亲潘承圭是当时少有的女性知识分子。正所谓“爱子心无尽”，长子的早逝，更是让她将全部的挂念倾注在顾诵芬一人身上。只是被三校录取时，顾诵芬尚且有余地选择离母亲最近的交通大学，国家分配时，又怎容他为私情让步？面对个人家庭的悲欢与社稷谋兴的需求，为了中国航空，为了新中国的兴盛，顾诵芬只得抛却乌鸟私情，只身奔赴北平，后又调往沈阳。

1967年，顾诵芬的母亲由于长期受到抑郁症的侵扰，溘然长逝。而匆匆结毕手头工作的顾诵芬，最终只看到母亲的一抔骨灰，还有那黑白照片中的温柔注视……

接受央视《面对面》节目的采访时，说起母亲，眼眶微红的顾诵芬慨叹道：“为了航空，我把我母亲牺牲了。”

风吹紫荆树，色与春庭暮。花落辞故枝，风回返无处。这成为顾诵芬一生的遗憾。

所幸，在后半生中，顾诵芬的妻子江泽菲始终默默陪伴着他，为他治愈着内心的伤痛，抚慰着他大大小小的失落与遗憾。她是顾诵芬台下不离不弃的观众，是行路时托付后背的战友，更是一生心有灵犀的莫逆知己。

国家科学技术奖励大会现场，85岁的江泽菲含泪凝视着91岁的顾诵芬。会后，她穿过人群来到丈夫身边，双手与他紧紧相握。这一画面在互联网上迅速走红，无数网友为之动容：“伉俪情深，白头偕老，这才是真正的爱情。”

在这场已经持续了近60年的婚姻中，少有浪漫桥段，更多的是扶持与尊重、理解与包容。

由于江泽菲的姐夫因飞机失事而辞世，出于对丈夫的安全考虑，江泽菲与顾诵芬约定永不再乘坐飞机。然而，在研制歼-8过程中，顾诵芬却瞒着她3次上天，近距离观察飞行中的飞机。这对专业飞行员来说，危险系数也极高，更别提从未接受过训练的顾诵芬了。试飞结束后，顾诵芬特意和同事说，不要告诉他的妻子，然而世上没有不透风的墙，江泽菲还是知道了丈夫当时的“壮举”。了解情况后，她并没有责怪丈夫，而是压下心中的担忧，继续支持这个“用命干事业”的男人。从两人结婚以来，江泽菲从未埋怨过生活冷清。忙于工程的顾诵芬经常忽视大大小小的琐事，江泽菲照顾了他一辈子，二人如同扶桑，同根偶生，更相依倚。顾诵芬接受央视采访时感叹说：“我后半生能做点事都是靠她。”

人的精力终归是有限的，当顾诵芬将自己的一切都献给蓝天、献给了祖国人民时，也就注定了他在家庭关系中的失位，那些或多或少、或大或小的遗憾，只能留给他自己，那是深埋心底的痛。

—学子说—

今天看，这条向前的路，顾老走了一辈子。

56 岁那年，顾老从沈阳飞机制造公司退休，由此转向研究飞机的主动控制，致力于推动国产大飞机发展。71 岁那年，顾老亲自走访空军，赴西安、上海多地调研，提出统筹民航客机与军用运输机的方案。82 岁那年，顾老的身体已经显现出直肠癌的症状，但他依然选择参加运-20 的试飞评审会。而如今，90 多岁的顾老仍坚持每天上午 8 点 30 分前往中国航空工业集团公司科技委的办公楼继续工作，即使脚步蹒跚，依然风雨无阻。顾老把自己一生的心血都奉献给了航空事业，“顾诵芬”这个名字早已成为中国航空界的一座精神丰碑，激励着一代又一代航空人砥砺前行。

青骥奋蹄向云端

张洪硕

宋文骢篇

宋文骢（1930—2016），飞机总体设计专家，中国工程院院士，中国歼-10战斗机总设计师，被誉为中国“歼-10之父”。曾任中国航空工业第一集团公司成都飞机设计研究所首席专家。中国飞机设计战术性能气动布局专业组创建人之一，研制出拥有自主知识产权的第三代战斗机的设计技术。曾获国家科学技术进步奖特等奖、二等奖，航空航天工业部科技进步奖一等奖，立重点型号设计定型一等功、重点型号首飞特等功，获何梁何利基金科学与技术进步奖、航空报国金奖、航空航天月桂奖终身奉献奖。

我们这代航空人最大的心愿，就是要把祖国的航空事业搞上去。

——宋文骢

1952 年，抗美援朝战场上，临时搭建的机棚里，青年机械师盯着参战归来的米格飞机眉头紧锁，心中因目睹其种种设计缺陷而萌生出自主造飞机的想法；2009 年，中华人民共和国成立 60 周年阅兵式隆重举行，天安门城楼上，两鬓斑白的老人向呼啸飞过的歼-10 编队挥手致意，凝聚他毕生心血的“猛龙”正展翅高飞。他，就是“歼-10 之父”——宋文骢。

从革命青年到飞机设计师

1949 年年底，一个晴朗的冬日清晨，昆明的街头一夜间被贴满了告示和传单。大南城、金马坊、碧鸡坊，各个显眼的地方都贴上了人民解放军的“约法三章”。而将“约法三章”秘密带入昆明城的滇桂黔边纵情报员，正是时年 19 岁的宋文骢。

3 年后的吉林古殿子机场，成为机械师的宋文骢缓缓地绕着拉-9 飞机进行航后检查。“我们飞机的实际低空航程太短了，宋工。”正在下机的飞行员说道。其实，宋文骢早就发现了苏联飞机在设计与制造上的一些缺陷。“我们怎么才能造出自己国家先进的飞机来呢？”希望的火苗在他的心中燃起。而担任空军部队飞机机械师和机械长的这段经历，让宋文骢明白了要设计适合自己国家国情的飞机，飞机设计要紧密结合飞行员的体验。这两点对他后来的飞机设计生涯影响深远。

“什么？哈军工！”得知自己被中国军事工程最高学府录取，宋文骢激动得夜不能寐。无论是早年做边纵情报员，还是在抗美援朝战场当飞机机械师，“航空报国”早已成为他的追求与信念。而进入哈军工（即中国人民解放军军事工程学院，现为哈尔滨工程大学），标志着他的飞机梦正式启航。从那之后的近 6 年里，宋文骢在空军工程系潜心学习，心无旁骛。即便在节假日，他也在图书馆看书，几年没有回家。

本科毕业时，宋文骢急于投身到火热的建设中，拒绝了当年中国风洞群最早的设计者马明德教授的研究生入学邀请，选择到工厂设计室从事飞机设计工作。这位羽翼渐丰的飞机设计师，即将为实现自己的理想振翅高飞。而他不知道的是，他的名字，将成为中国航空史上不朽的传奇。

艰难跋涉　砥砺成长

了解新中国航空发展历程的人都知道，中国航空业从无到有的过程是多么艰辛。而对此感受最为深刻的，无疑是那些奋战在一线的航空人，宋文骢就是其中之一。

东风-113，是宋文骢投身飞机设计后需要翻过的第一座大山。项目最后未能如愿推进至终点，但它却让年轻的宋文骢“开阔了视野，看到了更高更远的地方”。

而歼-8双发方案的提出，让这位天才设计师崭露头角。当众人因发动机问题连续开了5天会也无法得出结论时，宋文骢带领的气动布局组设计的双发方案被拿到台前。于是，宋文骢提着赶制出来尚未上漆的木质飞机模型，深入浅出地汇报起他们的双发方案。当宋文骢结束汇报，放下那个“烤鸭”般的飞机模型时，会场陷入了沉寂。人们惊叹于眼前这个年轻人，他不是那种富于幻想、满怀激情的青年，而是一位观点新颖、思维严密的飞机设计行家。宋文骢的方案得到了一致认可，他也因此一战成名。

此后，无论是在无奈夭折的歼-9，还是在首次担任总设计师参与设计的歼-7Ⅲ的研制过程中，宋文骢总是会感到遗憾：这些飞机，都是在追赶别人现役装备水平的飞机，最多只能大步赶上，而无法实现超越与领先。直到1981年年底，中央军委决定要搞一款“新的、性能好的战斗机”，宋文骢明白，属于他的机会终于来了。

歼-10冲天　一鸣惊人

历史总是惊人地相似。当年双发方案被拿到台前，便是出于偶然；而新歼方案的提出，简直如出一辙。

当时，宋文骢只是带队参加兄弟单位的新机方案评审会，却被问有没有新的方案汇报。短暂诧异之后，宋文骢便带领组员通宵准备。与10余年前的“烤鸭”类似，几张明胶片被连夜赶制出来带到会上展示。与兄弟单位没有跳出传统布局的方案相比，宋文骢的创新方案引发了与会专家更深入的思考。结合世界战斗机现状、注重飞机空中格斗能力、采用鸭式气动布局、配备拦射火控系统——新情况下新概念的系统集成，这正是当时中国最需要的自行研制的先进战斗机。

中国战斗机研制的这一“三级跳”，一度被视作乌托邦式的空想。但是，明确的研制方针、强有力的组织保证、行之有效的技术途径，这“三大法宝”促成了歼-10的研制成功。一个“熬”字，可以说是贯穿了歼-10研制过程的始终。专业技术难题、研发资金吃紧、研发人才外流……面对重重挑战，歼-10研发团队呕心沥血，持之以恒，愈挫愈勇，阔步向前。巧妙化解主起落架危机，历经3次试验才成功完成发动机试车，一次次跌倒，又一次次爬起，他们终于迎来了胜利的曙光。

功夫不负有心人。1998年3月23日，歼-10首飞成功，中国第一架第三代战斗机横空出世；2003年，歼-10正式交付部队使用；2009年10月1日，歼-10首次飞越天安门接受检阅；2018年11月6日，歼-10B矢量发动机验证机在珠海航展上进行飞行表演……宋文骢带领团队撒下的种子，已然结出硕果。

一代飞机一代魂

2007年，“歼-10飞机工程”被授予中国2006年度国家科学技术进步奖特等奖。这是继“中国载人航天工程”之后，第二个获得国家科学技术进步奖特等奖的重大科研项目。歼-10飞机工程的成功让中国拥有了一架先进的战斗机，但其意义已经超过了战斗机本身。

一方面，宋文骢在工作中非常关注国外先进技术和理论的发展，注重分析和研究国外机型的设计得失。另一方面，作为飞机设计师的宋文骢，还做了许多“空军的事情”。他组织力量分析讨论战斗机作战使用和战术性能问题，并与气动布局等工程研究结合在一起，最终开创了战术技术与气动布局专业，为中国战斗机设计揭开了新的篇章。正是这样的长期积累，使他能够很好地把握技术的发展方向，提出的型号设计方案往往极具前瞻性和创新性。2001 年,《一种小展弦比高升力飞机的气动布局研究》在《中国工程科学》上发表。文中所提出的升力体边条翼鸭式布局方案，奠定了歼-20 的基础，对全新一代战斗机的预研工作起到了开创性的重要作用。这篇文章的第一作者正是宋文骢。可以说，宋文骢的理论对中国航空工业的发展产生了深远影响。

在歼-10 的研制过程中，宋文骢大胆改革旧有科研体制中不合理的部分，将参与研制工作各专业部门的设计人员纳入同一管理体系，建立了三级设计师系统，明确相互关系和责任。在工作中，宋文骢大量培养、使用新人，建立了一支优秀的设计师团队。宋文骢担任歼-10 总设计师时已经 56 岁了，当时有人问他："老宋啊，你还有 4 年就退休了，新歼能设计完吗？" 宋文骢是这样回答的："通过这架飞机的研制，中国一大批现代飞机设计研制的人才肯定会成长起来，我们只要为他们铺好了路，到时候我老宋在不在没关系，自然会有比我宋文骢更高明的人来接着干。" 诚哉斯言！通过歼-10 项目，新人们迅速成长为飞控、航电、软件等领域的专家。

对未来战斗机作战使用的探索研究，给中国战斗机研发提供了理论基础和发展方向。总设计师负责制的科研体系和优秀的团队也为下一代战斗机的研制奠定了管理体制和人才储备的基础。这是宋文骢和歼-10 项目留给我们最大的财富。

—学子说—

骢者，毛色青白相间之马，亦为马中先锋和领军之帅也！

宋文骢作为两代国产战斗机的总设计师，以毕生心血浇筑出中国航空工业自主创新与跨越发展的精神内核。在完全自主研制歼 -10 的过程中，他突破重重困境，开辟出中国航空史上前所未有的发展路径——面对技术储备空白、硬件设施匮乏、研发资金短缺的困局，他带领科研团队从零构建专业学科体系；在技术代差巨大与工业基础薄弱的双重压力下，他以科学家的严谨态度与战略家的非凡魄力迎难而上，通过系统性创新攻克百余项技术壁垒，最终率领全产业链打造出具有里程碑意义的“大国重器”，为中国航空装备现代化树起划时代的丰碑。

2010 年，宋文骢当选感动中国 2009 年度人物，颁奖词这样写道：“少年伤痛，心怀救国壮志；中年发奋，澎湃强国雄心。如今，他的血液已流进钢铁雄鹰。青骥奋蹄向云端，老马信步小众山。他怀着千里梦想，他仍在路上。”

2016 年 3 月 22 日，宋文骢逝世，距离歼–10 首飞 18 周年只差 1 天。虽然宋老没能等到歼–10 的“成人礼”，但大量列装的歼–10 和崭露头角的歼–20，将带着宋老的期盼，翱翔在祖国的蓝天，守护他毕生热爱的中华大地。

在此致敬。

铸剑为国忠，无名草更芳

丁佳琳

沈忠芳篇

沈忠芳（1934—2024），导弹技术专家，1958 年毕业于北京航空学院。自 1986 年起，先后担任多个防空导弹型号的总指挥（包括中国第三代中高空中远程防空导弹型号总指挥）。曾获国家科学技术进步奖二等奖、国防科工委科技进步奖一等奖，被评为全国劳动模范、感动中国 2022 年度人物。

我们不光有盾的导弹，还有矛的导弹。东方的睡狮醒了，谁敢欺负我们。

——沈忠芳

“从无到有，从近到远，从长缨在手，到红旗如画。这一代人从没有在乎过自己的得与失，这一代人一辈子都在磨砺国家的剑与盾。今天，后辈们终于能听到你们的传奇，隐秘而伟大，平静而神圣。”感动中国 2022 年度人物的颁奖礼上，主持人掷地有声地念出了沈忠芳的颁奖词。我们无从知晓，这一刻，这位 88 岁导弹元勋的脑海中闪过了什么。或许是那些曾经与他并肩作战、共同创造历史的战友，或许是那些为了国家和民族利益、默默无闻地奉献牺牲的同事，或许是那些陪伴他走过风雨、支持他追求理想的亲人……我们只知道，直到 2022 年 4 月，过了脱密期，沈忠芳这个名字才首度向社会公开；我们也深知，如今有多少荣誉加身，他曾经隐姓埋名的岁月就有多艰辛。他却从未后悔，从未放弃，用自己的生命和汗水，为国家和民族的发展奉献了一切。

少年壮志

“如果我们也能拥有自己的飞机，一定要打得他们落荒而逃。”

故事的开始，是 1934 年的夏天，男孩出生在上海的一个知识分子家庭，父亲在英资造船厂工作，母亲是纱厂的女工。可他的童年却没有多少快乐的回忆。1937 年，淞沪会战爆发。沈忠芳从记事起，似乎就生活在日军飞机的轰炸扫射之中。转学、辍学、躲避、逃难……他目睹了无数同胞的惨死和家园的毁灭。在炮火与硝烟之中，一颗报国的种子在他心中埋下。

在经历了辗转流离的两年后，父亲把当时不满 6 岁的沈忠芳送到了上海启明小学读书。两年之后，他随家搬迁，转学到一家私塾。孩提时代的沈忠芳十分聪颖，对很多诗篇都可以过目成诵。后来，他在上海包斯高中学度过了中学时代，接受了 6 年教会学校的教育。在那里，中西合璧式的教育构建了他的知识结构，也塑造了他独立的个性。

一边是租界里的灯红酒绿，一边是百姓流离失所的逃亡生活，这在沈忠芳的心底打下了深深的烙印。战机轰鸣，少年常常仰望天空，梦想着有一天，能用自己亲手设计、制造的飞机，来捍卫祖国的领空。

飞机梦圆

1953 年，沈忠芳高中毕业后，顺利考入北京航空学院，进入飞行器设计专业学习。当时，学院引进了苏联的先进教材，并聘请了从西方归国的知名学者。在严谨的学风和浓厚的学术氛围中，沈忠芳打下了坚实的专业基础。

北京一号是新中国第一架自主设计制造的飞机，它代表了新中国航空事业的起点，也见证了北航师生的创造力和奉献精神。1958 年，包括沈忠芳在内的千余名北航师生白手起家，鏖战百天，克服了种种困难和挑战，从无到有，从零件到整机，从设计到制造，从试验到试飞，终于在 1958 年 9 月 24 日清晨将北京一号送上了蓝天。那时候，许多怀揣爱国情怀的年轻人梦想着投身飞机设计，期望未来能为国家的航空事业贡自己的一份力量。“我们的毕业设计是‘北京一号’，都飞上天啦！”提起这段经历，沈忠芳总是难掩自豪之情。

这是一个航空事业起步的时代，也是一个飞机梦想成真的时代。

导弹事业

1962 年 9 月 9 日，是沈忠芳终生难忘的日子。当天，美军的一架 U–2 高空侦察机入侵我国领空进行情报收集活动，其行为极其嚣张。面对这样的挑衅，我国防空部队使用从苏联引进的萨姆 –2 地对空导弹，成功将这架 U–2 高空侦察机击落。也是从这时起，沈忠芳更加清晰地意识到，要捍卫祖国主权，光靠飞机是不够的，必须有先进的导弹。

沈忠芳 1960 年加入中国人民解放军，并进入国防部从事导弹研究工作，国防部第五研究院二分院就是他导弹人生的开始。当时，二分院正处于初创阶段，资源匮乏，几乎是从零开始，处于一种“边建边干”的状态。尽管面临如此艰难的环境，沈忠芳的热情丝毫未减，反而愈发高涨。正如他本人所言，“越干越热爱”。渐渐地，沈忠芳开始感觉到在学校学的东西远远不够。“除了飞机对我们有威胁，导弹带来的威胁更大，所以我们一定要有反制、拦截的手段装备。”

沈忠芳积极投身导弹研制的“战场”，从此便开始了隐姓埋名的 60 余载。我国首款自主研发的地空导弹——红旗一号问世之后，当时年仅 30 岁沈忠芳便投身于红旗二号的研发工作中。数百名科研人员付出了巨大的心血，经过无数个日夜的努力工作，终于在1967年完成了红旗二号的研制。这一成就标志着我国在自主研制防空导弹领域迈出了至关重要的一步。

“我的作用相当于部队的司令员，能够把大家的积极性发挥出来，是最主要的。”在谈到身为总指挥的责任时，沈忠芳这样说道。同事提起沈忠芳，总会说到他的坚决果断，这正是他冷静分析的结果，也源于他作为型号总指挥的高度责任感。

作为中国国防武器事业的建设者，沈忠芳始终坚定秉持国家利益高于一切的信念，为导弹事业付出了所有。

走出国门

20世纪80年代，随着国家将重心转向经济建设，军用品的订单数量显著减少。在这样的背景下，沈忠芳敏锐地捕捉到了机会，计划开发一种具有国际竞争力的产品，意图开拓海外市场。不过，由于这个方案没有先例，在开始时遭到了一些人的反对。沈忠芳破除阻力不断前行，从多方搜集资料来论证方案的可行性，最终通过了评审。然而，缺乏启动资金成了他面临的又一个难题。在几经波折之后，沈忠芳和同事们终于凑出了450万元的经费。“我当时信心很足，我们的方案是经过科学论证的，找准了方向，就一定要坚持。”提及当时的情况，沈忠芳的语气仍是那么坚定。顶着“成功了是集体的，失败了我个人负责”的巨大压力，只用了不到两年时间，地地导弹B610就成功问世了。在海外的演示中，沈忠芳自信从容、气定神闲，向客户展示了中国导弹的技术和威力。他说：“随便抽检，想打哪一发随你们定。”果不其然，每一发导弹都精准命中，得到了客户的声声赞誉。

在B610之后，B611也成功走出国门。如今，让沈忠芳付出了无数心血的“B6”系列，已经成为世界上最先进的精锐武器之一。提起它们时，沈忠芳难掩自豪之情：“东方的睡狮醒了，谁敢欺负我们？一个民族就是这样，要靠自己强大起来，这很重要。”

2009年，在庆祝中华人民共和国成立60周年的阅兵仪式上，第三代防空武器系统首次亮相。导弹武器装备方阵经过天安门广场，威风凛凛，一展大国风采。此时，有一位花白了头发的老人正在观礼台上欣慰笑着。这位老人，正是我国防空领域的中流砥柱——沈忠芳。

学子说

76岁时，沈忠芳自愿离开工作岗位，回到了他亏欠太多的家庭。直到生命的尽头，他也没法向孩子们和盘托出自己的工作内容。隐姓埋名六十余载，只愿山河再无恙。退休后的沈忠芳，生活怡然自得，时常拜访一两位老友，对年轻一辈寄予厚望。他的记事本首页赫然写着：献身事业，淡泊名利，笑对人生，问心无愧。

“我有国士，天下无双。”沈忠芳就是这样的国士，既有凌云壮志，又有坦荡胸襟，忠于国家。他说自己很喜欢《牡丹之歌》的歌词：“‘有人说你富贵，哪知道你曾历尽贫寒。’你吃过很多苦头，冬天的时候酝酿了生机，到春天的时候把美丽献给人间。人生最大的幸福，莫过于为人民的幸福奋斗。每个人都有这个思想，我们国家就行了。”

无数像沈忠芳这样为中国国防武器事业默默付出的英雄，用热血与青春铸就了守护祖国安宁的铁壁铜墙，他们无愧为真正的大国脊梁。

在此致敬！

碧波骄阳，岁岁不息

曲栢良

罗阳篇

罗阳（1961—2012），烈士，歼-15舰载机工程总指挥。曾任沈阳飞机工业（集团）有限公司（简称“沈飞”）董事长。1982年毕业于北京航空学院高空设备专业。歼-15舰载机立项后，被任命为研制现场总指挥。追授航空工业英模、全国优秀共产党员、全国五一劳动奖章、感动中国2012年度人物等荣誉。

工作即意味着责任，意味着恪尽职守。

——罗阳

蓝天碧海之间，辽宁舰乘着骇浪轰鸣向前，它记得2012年舰岛上的身影——他目光如炬，紧紧追随甲板上的歼-15；它还记得不久后那个身影突然倒下，梦却乘风翱翔，幻化成了天幕中的骄阳，梦里是一个小小少年伏在沈飞外的高墙上，盯着眼前升起的一架架飞机，兴奋得涨红了脸。

种 梦

1961年，部队大院。

窗外，响亮的军号声之后是整齐的口号声。

窗内，一对军人夫妇怀抱着襁褓中的婴儿。

阳光透过窗棂轻抚婴儿的脸，这个婴儿就是罗阳，他恰如一缕阳光，照亮了这对军人夫妇的生活，更在未来照亮了中国的航空事业。

幼年的罗阳，被交给在老家沈阳的爷爷奶奶抚养。彼时的沈阳北郊，有一家公司数十年来一直肩负着祖国高飞的使命，那里更是飞出了中国的第一架自产飞机，它便是沈阳飞机工业（集团）有限公司的前身——沈阳飞机制造公司。3岁的罗阳在爷爷膝下眺望着从那里腾空而起的飞机。沈飞的机场，是罗阳空天梦的开端。

梦想的轮廓，往往只需一眼，就足以刻骨铭心。

自上学起，罗阳回到了父母身边，一家人随着部队的工作分配而辗转多地。西安、重庆、武汉，不同的人和事在逐渐茁壮成长的罗阳眼前变换，可他始终忘不了沈飞的那片机场——那些腾空而起的战斗机和它们共同奔赴的蓝天。

少年的寒窗苦读终是浇灌了梦想的种子。17岁这年，罗阳走出高考考场，填下第一志愿：北京航空学院。

罗阳报的所有的专业均与航空、军工有关。他始终没有忘记自己的空天梦，而当他收到北航的通知书的那一刻，他就正式踏上了逐梦空天的征程。

攀 登

罗阳年少之时守护的梦想、渴求的航空知识在北航这样一座以“空天报国”

为使命的学府变得触手可及。

这个戴着圆眼镜的清瘦少年让北航师生眼前一亮。

阳光，操场，呐喊。同窗记得身为体育委员的罗阳在排球场上奋力拼搏，用声声鼓励使团队激情昂扬。

灯光，教室，演算。导师记得钻研课题的罗阳，守着皓月、守着骄阳，交上近乎完美的毕业设计，精密的图纸基本上都能直接应用到工程实践中，几乎不需要导师修改。

经历了本科阶段的磨砺与成长，罗阳进入六〇一所工作。数年后，他回到北航攻读硕士学位。毕业后，罗阳回到了六〇一所，同数位前辈一起参与了歼–8的改进工作，他开创性的计算机仿真的研发思路使项目大获成功。

在工作中永不停歇的罗阳获得了六〇一所里诸多老同志的信赖，在他们眼中，这个小伙子能担重任又极其冷静，极具领导力又充满干劲，时刻准备着向新的领域发起挑战，他本子上记录的密密麻麻的数据镌刻着他对工作的投入。

“胸有激雷而面如平湖者，可拜上将军。”六〇一所的接力棒交到了罗阳手中，自 1992 年开始，罗阳进入领导层；1999 年，任六〇一所的党委书记；3 年后，罗阳调任沈飞，担任党委书记、副董事长。

罗阳来到沈飞后经常跑到一线监督施工。一年初夏，保洁员在沈飞大楼中不时发现一串泥脚印，这串脚印通向罗阳的办公室。当她第一次跟着脚印来到办公室，才发觉这串脚印来自眼前带了一身泥的罗阳，而不是她预想中的施工队员。提到这位“罗总”，员工们常常惊叹道“没见过这样一身灰、一身泥的老总”。

一年只休息几天，且几乎从没把觉睡足，罗阳一干，就是近 10 年。

这些年，罗阳满身尘土，却成了沈飞的“太阳”。在他的带领下，沈飞实现了工业总产值连续 3 年破百亿元，职工收入翻倍，军机民机齐头并进，仅用了不到两年就实现了西方大国 5 年的研制进度。

2002 年，承载着几代人航母梦、强军梦的辽宁舰停靠在距沈飞近 400 千米的大连港。作为航母的核心战斗力，航母舰载机于几年后正式立项，而这个任务，交给了沈飞。此后不久，罗阳升任沈飞董事长、总经理，并被任命为歼–15 舰载机研制现场总指挥。

攻　坚

在舰载机领域，彼时的中国航空工业尚处于起步阶段，几乎是一片空白，研制技术被西方牢牢封锁，诸多困难阻遏着研发。部分西方专家预测中国舰载机的研发至少需要 8 年……

迷茫、未知缠绕着罗阳和他带领的沈飞。可是，罗阳没怕；沈飞，亦毫无惧色！

在歼–15 开工仪式上，罗阳吹响了集结号，对在场的员工说：“我们只许胜，不许败！”

任务紧迫，沈飞便进入“七一一”工作状态——一周工作 7 天，每天工作 11 小时，而罗阳自己则采取“七二十”工作节奏——一周工作 7 天，每天工作 20 小时。他责令将歼–15 的研发与生产一体化，实施后极大地加快了研制进度，这一举措是中国飞机制造史上的首创。罗阳穿梭于各个生产线之间，习惯性地掏出一个小本子，记录各个生产部门汇报的各项数据以及面临的各项问题。

深夜或是凌晨，他在现场。

刮风或是下雨，他在现场。

设计或是制造，他在现场。

他用不舍昼夜的投入与时间打赌：歼–15 能行！沈飞能行！中国能行！

在歼–15 的研发过程中，为了避免机翼在折叠过程中与尾翼碰撞等问题，机翼采用了全新结构。为此，罗阳特意成立了折叠翼研制攻关团队，并亲自挑选技术人员进行研发。他经常来到团队的基地，和工程师一起夜以继日地翻阅图纸，分析研发困难与主要矛盾，并提出他的解决思路。

歼–15 的另一个技术难题，便是阻拦钩。它需要将 250 千米 / 时速度的舰载机在不足百米的跑道上截停。在多次试验中，钩杆内部断裂、结构变形等问题层出不穷。研发人员连续努力几个月后仍无法给出满足要求的设计。了解到这一情况，罗阳再一次与研发团队站在一起，将影响钩索性能的因素一一列出，逐个审查，最终解决了问题。

折叠机翼、阻拦钩，都是歼–15研制中的一部分。据统计，歼–15的研制过程中遇到了大大小小数百个技术难题。而罗阳，几乎都在一线。

员工们似乎从未见过他休息，对他而言，工作即是责任，责任促使着他永不停歇。歼–15研制项目进展迅速，从设计画图到总装下线，用时十个半月，而非国外专家预测的至少8年！沈飞冲破了重重阻碍，拥有了一整套国际先进水平的飞机装配、整机试验、飞行试验的技术、设备和制造生产线。

罗阳带领沈飞又一次创造了奇迹！

铸 剑

2012年11月23日，渤海深处，海天之间，552号歼–15正咆哮着向航母移动。

耳边的轰鸣，震得人心中翻腾！

恍惚间，552号歼–15放下起落架和尾钩，即将开始该型号的首次着舰试验。

500米，300米，100米……

9时8分，随着巨大的声响，552号歼–15的尾钩牢牢扣住了阻拦索，呼啸而过的552号歼–15瞬间减速。“声驱千骑疾，气卷万山来”，在滑行数十米后，552号歼–15平稳地停在甲板上。

一着海天惊，航母梦正圆！

从这一天起，中国海上没有舰载机的时代成为历史，中国战斗机也实现了从陆地向海洋的跨越。

舰岛上的罗阳注视着这一切，就在刚刚过去的几分钟内，他的胸腔不停地起伏，是紧张、是期待，而在552号歼–15着舰的一刻，万千情绪化为一声感慨。在过去的无数个日夜里，他与沈飞的员工为歼–15的研制呕心沥血。而在着舰试验这样的关键大考中，歼–15经受住了考验。

数十分钟后，第二架歼–15成功着舰。

13时，首批舰载机全部完成各项试验。

20时，罗阳带着他的本子，在人群中穿行，记录着实验人员汇报的试验数据，并与试飞员交流着驾驶感受。在得到诸多满意的结果后，罗阳回到房间闭上双眼，“咚，咚，咚”，心脏开始剧烈跳动，他认为自己只是需要休息，睡一觉就好了……

25日9时，罗阳缓缓走下舰桥，离开辽宁舰。此时，罗阳的心脏已坏死大半。人们在欢呼与拥抱，而罗阳，用钢铁般的意志托着破碎的心脏向人们挤出一丝微笑。

大家察觉到罗阳的异常，在众人的搀扶下，他被送往大连友谊医院。

此时的他，瘫坐在后座上，脸上已没了血色。

“今天大连怎么不堵车？”

“今天是周末，罗总。”秘书答道。

“唉，我都不知道星期几了……”说罢，罗阳闭紧了双眼。

“快到医院了，罗总，再坚持一下。”

500米，300米，100米……

罗阳一生都在为了中国航空工业的腾飞与时间赛跑，而他的生命却没能跑赢时间：2012年11月25日12时48分，罗阳由于突发急性心肌梗死、心源性猝死，经多方抢救无效，因公殉职，终年51岁。

“就是太累了，你想休息，想睡一会儿，是不是啊，罗阳？”看到罗阳的遗体，妻子王希利泪如泉涌。

咫尺之间，已是阴阳两隔。

她知道，自己的丈夫太累了，他心里装着工作，装着党和国家，装着对这片蓝天的深情，所以他无时无刻不在奔跑。罗阳太累了，累到忘记了自己女儿到大学报到的日子；累到看望母亲时刚说了几句话就靠在她怀中沉沉睡去；累到屡屡面对家国两难的境况都只留给妻子一个背影……

沈阳的夜幕被为罗阳送行的车队的灯光照亮。残酷的命运将罗阳掳走，不容他与这个他眷恋的世界道别，而人们望着他最后的身影，目光转向远处的碧绿波澜，仿佛他随骄阳一同升向空中……

骄阳不落，它会一直在海天之间，守望从东方升起的一架架战斗机飞向祖国更广阔的天空，岁岁不息，永不止步！

—学子说—

罗阳的一生，是理想与责任的交相辉映，亦是投入与担当的同频共振。他用生命托举歼-15升空，而歼-15至今仍作为我国海军的重要机型飞天、巡洋。我国航空力量的勃发之势亦是对罗阳英魂的最好告慰。

“修其天爵，而人爵从之”，罗阳用自己的一生践行了孟子的箴言。他是沈飞的优秀领导，体恤员工、低调内敛、义无反顾是无数与罗阳共事的人为他的画像。他是擎举时代责任的先锋，更是镌刻航空航天精神的丰碑。

斯人已逝，精神永存。罗阳精神如骄阳般闪耀在中国航空发展史上，照亮了代代赓续的航空人前进的身影，航空工业集团沈飞的“罗阳青年突击队”勇挑重担，冲锋在前，队员们扎根、拼搏、团结、奉献，让青春在建设航空强国的火热实践中绽放光芒。有他们，但不只有他们，无数“铸剑人”承载着这份光芒正立潮头。而中国的航空事业，也正阔步向前。信仰，使命，在时代的背景音下发出了最响亮的共鸣，罗阳的故事并未结束，它被交给后辈、未来、希望书写。

科研强军女先锋

肖瑶

李贤玉篇

李贤玉（1965— ），指挥信息系统技术与工程管理专家，中国工程院院士。现任中国人民解放军火箭军研究院研究员。长期从事作战指挥信息系统工程领域技术研究、工程管理工作，填补了中国战略导弹信息化建设的多项空白。曾获国家科学技术进步奖特等奖一次、二等奖一次，中国科协“求是”奖，被评为全国优秀科技工作者、国家有突出贡献中青年专家、“新世纪百千万人才工程”国家级人选、全国三八红旗手标兵。

作为女人，我不希望打仗；但作为军人，我必须为打仗做准备。

——李贤玉

“风雪高原，国之利器昂首向天；军令如山，大国长剑动若风发。”在军事科研的战场上，一位女军人步步紧追、年年跨越，她有着静水流深般的智慧，编织了波澜壮阔的“中国剑网”。

“选择当兵就是我成长的开始”

“但愿到那时，我们再相会，举杯赞英雄，光荣属于谁。为祖国，为四化，流过多少汗，回首往事心中可有愧。”1980 年，一首《年轻的朋友来相会》大街小巷传唱。1982 年，在黑龙江省，一名还在上高二的 17 岁学生摘得高考理科状元桂冠，成为北京大学无线电物理专业的一名学生。“人外有人”的北京大学让这位高考状元倍感压力，这首歌陪伴她度过了无数个日夜，最终，她又成了班里的“保研状元”。

攻读硕士学位期间，她研究的课题与当时的二炮部队有些关联。一次，她随导师去看望部队的一位老领导，这位老领导对她说：“像你这样掌握高新知识的年轻人，如果能到导弹部队工作，一定会大有作为的。”这在她的心里种下了参军报国的种子。1990 年，她硕士毕业，放弃了留校重点培养的机会，拒绝了外企的高薪要职，推辞了与同学“联手闯天下”的邀请，毅然地选择了参军。她要将自己所学与导弹部队紧密相连，与振兴中华、建设国防紧密相连。

25 岁的她，选择了国家。

怀着满腔热血的她来到了军营，迎接她的却是机房里一屋子的“古董”，以及每天队列训练、站岗放哨、话务值班等循规蹈矩的生活。她很茫然：这样的条件，能让自己在北京大学的 8 年所学有用武之地吗？但是，“为祖国，为四化”的志向让她觉得，即使待在山沟，思想也不能滞后；哪怕信息闭塞，知识也不能落伍。有一年春节，她请了一周的假，在国家图书馆和北京大学校园里待了 5 天，学习了 5 天。虽然身在军营，但她也常与大学老师和同学联系，确保自己能掌握前沿知识。

机会总是留给有准备的人。

海湾战争的爆发拉开了信息化战争的序幕，她成为当时二炮部队研制第一套作战自动化指挥系统的科研团队中年龄最小的一员。

这是国家选择了她。

她说：“选择当兵就是我成长的开始，当兵的经历是我一生的财富，是战略导弹部队这片沃土让我实现了人生的价值。”

她，就是李贤玉，中国火箭军的第一位女将军。

“第一个吃螃蟹的人”

1992 年，筹建当时的二炮部队的第一套作战自动化指挥系统，这是李贤玉参与的第一个项目。在这个项目里，李贤玉和团队要完成一次跨越地平线的远征，要看清楚“山那边”的事情。没有前人的铺垫、国外的参考，而在那个年代，甚至计算机都很少见。

李贤玉把自己和团队比作“第一个吃螃蟹的人”。“第一个吃螃蟹的人是很令人佩服的，不是勇士，谁敢去吃它呢？”但是光有吃螃蟹的勇气，也难以吃到这只“螃蟹”。团队中，没有人知道这只“螃蟹”的模样，更无从得知这第一口应如何吃。

当时，26 岁的李贤玉作为这个攻坚团队里年纪最小的技术人员，她所做的第一项工作就是编写指挥显示的软件。学无线电物理出身的她对计算机软件相关的技术并不熟悉，甚至从来没有编写过程序。李贤玉曾在一次采访中说，觉得自己的性格有点“虎”。这种“虎”造就了一个不服输的她。她很“虎”地、不分昼夜地突击攻关，很“虎”地从基础学起，很“虎”地着手编程。仅仅两个星期，她完成任务的进度就已经超越了很多“编程高手”。

为了能够吃到这第一口“螃蟹”，李贤玉和团队一起，连接线路、调试微机、连通接口，通宵达旦地采集数据，趴在指挥大厅地上绘制图纸，爬楼层、掀地板地检查线路。一个初冬的深夜，李贤玉和团队不断讨论、不断修改。到了后半夜，因为太冷，他们就用棉被裹着自己，继续讨论、继续修改，就这样，他们工作到了第二天凌晨。李贤玉说，这个夜晚是这个项目从方案阶段到系统研制阶段的转折点。即使过了很多年，李贤玉仍然忘不了这关键的一夜。

1995 年，6 枚导弹惊天捣海，作战自动化指挥系统试验成功。在千里之外飞行的导弹行进轨迹实时呈现在了北京指挥所的电子屏上，李贤玉和她的团队成功地完成了这一次跨越地平线的远征，让首长看到了“山那边”的事情。一位军委首长握着李贤玉的手，连说了 3 个“不简单”。此次演练，开创了中国战略导弹部队信息化建设的先河，这个全新的自动化指挥系统成为全军的“标志工程”，并在多次重大军事行动中发挥了重要作用。

有人说李贤玉“是一个很聪明的人”，但她回答：“现在很多人都很聪明的。”

李贤玉觉得，在诸多事情上人与人之间的差距其实并不大，真正的分水岭在于对一件事的态度和坚持的程度。两年多的时间，摞起来有一米多高的成型方案就是李贤玉“虎”、“不服输”和坚持的最好诠释。李贤玉的同事说：“她的那种执着是不温不火的，一直在揪着你，一直在揪着你，一直在督促着你做，能感觉到女性的那种柔韧在里头。”

“能顶好几个导弹旅长”

2000 年，当时的二炮部队面临对多型号导弹实施一体化指挥的艰巨任务，这相当于将不同型号常规导弹作战指挥中使用的“方言”统一成“普通话”。李贤玉提出要走自主创新的道路，必须对新开发的软件实现全面国产化。但是，全面创新势必带来很大的技术风险，一旦失败，现有的指挥系统可能会受到影响，所以这个想法遭到了很多人的公开反对。

但李贤玉坚持了下来。

在每年隆冬的时候，她都会和战友们坚守在深山中获取第一手数据，在风沙满天、大雪肆虐的野外来回跑。白天取得第一手数据，晚上就进行分析。有一次，为了调研一组数据，李贤玉在西北的戈壁滩上一待就是半个月。艰苦的条件让她洗澡都成了困难，蚊虫的肆虐让她被咬得浑身是包，但这些并没有让她退缩，直到收集到了有效的数据，她才离开。

奋战1000多个日夜后，不同型号常规导弹作战指挥中使用的“方言”终于被统一成了“普通话”。之后，李贤玉又专门选择复杂恶劣的环境做试验。她带领团队进驻塞外深山，在大雪封山、哈气成冰的环境中待了3个多月，连续进行了20多次试验调试。

光是调研论证，李贤玉就用了3年。3年的时间里，李贤玉共调研30次，开办座谈会120场，审改文件1100份……到了2006年，在全军某次重大军事演习中，李贤玉的最新研究成果受到了当时的二炮部队几位首长的一致称赞，他们说：“能把这么多系统统一起来，真是了不起啊！这是战略导弹部队作战指挥系统建设的一个里程碑。别看李贤玉像个弱女子，实际能顶咱们好几个导弹旅长！”

2007年，当时的二炮部队常规导弹旅机动指挥系统研制工程启动。在那个时候，针对这个系统，有基于原有系统更新升级和“另起炉灶”两条路。此前下部队调研时，李贤玉就发现，武器装备控制接口五花八门，数据格式各不相同，指挥系统“烟囱”林立，根本无法互联互通。李贤玉认为，“头痛医头脚痛医脚”不管用，必须进行“大手术”。

李贤玉说：“军事是技术竞争最激烈、最具创新活力的科研领域之一。多年的军队建设发展经验表明：核心技术是买不来的，研仿的路子走不远。要想在未来战争中立于不败之地，必须大幅提高国防科技自主创新能力，用先进技术来加速生成和提高战斗力。”论证会上，她力排众议，力荐采取新的技术体制。最终，该方案通过，上级机关指定李贤玉牵头研制。3年后，具有自主知识产权的新型指挥系统列装，当时的二炮部队完成了从“山沟里的部队”到“车轮上的部队”的全面转型。李贤玉说：“作为二炮的科技工作者，我们有信心，使我军的装备更加精良、更加现代化，以适应未来战争的需要。”

—— 学子说 ——

从刚加入二炮部队时的迷茫，到成为火箭军信息化建设的中流砥柱，30多年来，李贤玉坚持自主创新的发展道路，做“第一个吃螃蟹的人”，参与并见证了我军信息化建设从无到有、从小到大、从弱到强的过程。作为军人，李贤玉用自主创新支撑起军队现代化的伟大事业。她抬头看天、低头赶路，始终挺立在科技强军的潮头，一步一步地将梦想变成现实。

护卫蓝天，以命执剑

吴长骏

王伟篇

王伟（1968—2001），烈士，海军少校军衔，中国海军航空兵一级飞行员。2001 年 4 月 1 日，在执行对美国 EP-3 电子情报侦察机跟踪监视飞行任务时，为保卫祖国领空，遭美机撞机，被迫跳伞坠海，壮烈牺牲。获“海空卫士”荣誉称号、“最美奋斗者”称号，一级英模奖章、“中国青年五四奖章”。

美好的生活人人向往，但总要有人做出牺牲，对我来说，祖国的需要永远都是我唯一的选择。

——王伟

“下面，由指导员向新同志授予军衔！”

“王子！”

“到！”

指导员为王子授衔，从此，或头枕边关明月，或身披风霜雨雪，王子都将毅然坚守命令，担起属于他的重任。

这位青年眼神坚毅果敢，一如当年他的父亲王伟那样。他望着面前的辽阔天空和深邃大海，眼角慢慢湿润了。或许此时他心里在想，他终究没有辜负母亲的谆谆教诲，得以告慰父亲的在天之灵。

“王子，你做好为祖国和人民献出生命的准备了吗？”

“报告，我准备好了！”

此刻，王子仿佛听到了另一个人发出了相同的声音，那人便是18岁的王伟。

心怀赤诚护天疆

1986年，王伟对飞机的喜爱已经达到了近乎痴迷的程度。湖州附近有一个军用机场，只要飞机从城市上空飞过，哪怕是正在吃饭，王伟也要丢下碗筷，跑到外面看他心心念念的飞机。

空军第七飞行学院来到王伟所在的学校招飞，18岁的王伟知道祖国需要优秀的空军，于是瞒着家里偷偷报了名。

一个傍晚，他跑到母亲面前，告诉她自己要去杭州参加招飞最后的体检，那闪亮的眼睛和神往的表情让人印象深刻。

“妈，我已经决定要当一名优秀的飞行员了，驾驶战鹰飞上蓝天！”

…………

那一天，王伟家的灯亮了一宿。

王伟的父母担心儿子只是一时冲动，受不了在部队要吃的苦，受不了当飞行员要接受的艰苦训练，担心儿子离家后照顾不好自己……而王伟十分坚定，毫不犹豫，决不动摇。“美好的生活人人向往，但总要有人做出牺牲。”

最终，纵有万般不舍，王伟的父母仍选择支持他的“空天之梦”，送他学习飞行技术，做一名保卫国家、保卫人民的解放军战士。

“绝情”中的温情

飞行员的训练很艰苦，在别人叫苦不迭的时候，王伟说什么都要坚持，无论怎样也不愿放弃，享受着独属于他的乐趣。

他以近乎严苛的标准要求自己，无论参加什么项目，都要成为连队中最优秀的战士。从基础的力量训练、耐力训练到旋转陀螺训练、多维固定滚轮训练，他都一点一点坚持下来，逐渐成长为一名合格的飞行学员。

王伟是个多才多艺、热爱生活的人。他喜欢唱歌、下棋、钓鱼、养花，会弹吉他，会作曲。同时，他还是一个很有情调的人，会亲手为恋人阮国琴设计时装，即使再忙碌，他也会挤出时间给恋人写信——热恋3年，通信百封。“我的人生，第一是飞行，第二是我们之间的爱情。它们对我来讲，就像飞机的两翼缺一不可，琴琴，我一定要飞出来，否则绝不回来见你。”在淘汰率极高的飞行学院，王伟在给阮国琴的信中写下这样的话。阮国琴后来回忆道：“我相信这辈子不会再遇上像他这么爱我的男人了。”

元旦，本是万家团圆迎接新年的日子，阮国琴一听到邮递员的敲门声，便欣喜若狂，她猜测邮递员送来的是她的心上人寄予自己的深切情思。可她拆开厚厚的信封，映入眼帘的却是一封“绝情信”，王伟甚至在信中画了一座“王伟之墓”。“你说过的，对我‘拿得起’也‘放得下’，你会愿意‘走’的。”阮国琴不敢相信，也不愿相信这个自己早已认定的人会说出这样的话。但阮国琴还是不愿离开这个值得托付一生的人，后来她才得知，当时王伟所在单位的一名战友在跳伞训练中发生意外，不幸罹难。当战友死在王伟面前时，他意识到自己与死亡只有咫尺之遥，每时每刻都在死亡的边缘游走。他担心有一天自己会给心爱的恋人带来痛苦，所以忍痛向恋人提出分手。可是，阮国琴是懂他的，她知道他的苦衷，她说：“他想告诉我，你爱的这个人是国家的，他随时可以为了使命为党牺牲。”后来，当王伟与那朵洁白的伞花消失在南海海面后，阮国琴深刻地感受到：当年20岁的王伟因战友跳伞罹难而引发的那个看似荒唐的举动，其实饱含着对她的爱。

后来，他还是和与他相爱的人步入了婚姻的殿堂。大抵是爱让他们跨越万重阻隔！

孰知不向边庭苦，纵死犹闻侠骨香

1991 年，王伟毕业了，主动要求到海军部队工作。他没有选择离家乡更近的地方，而是选择了守护中国的南大门。“年轻人不能图安逸，到海南去保卫祖国的南大门，更有意义！”那时的他便认定，这“海角天涯”是自己愿意用生命来守护的地方。

在他长达 15 年的飞行生涯里，他对飞行的热爱从未消减，还创造了无数个令人瞩目的“第一”。在学校学习飞行时，他的卓越表现使他成为同期学员里最先放单飞的，迈出了独立飞行的关键一步。进入飞行部队后，迎来 3 次装备更新，每次他都凭借强烈的责任感和过硬的技术，率先担负起战备值班任务，为守护领空安全贡献力量。在同一批飞行员中，他驾驶着先进的国产歼击机，率先飞满 1000 小时，顺利成为“全天候”一级飞行员，无论是晴好天气还是复杂气象，都能从容飞行。而在同龄的优秀飞行员里，他战斗起飞的次数名列前茅，执行重大任务的次数也稳居榜首，他一次次用行动诠释着对飞行事业的坚守。

黄河走东漠，白日落西海，寒来暑往，他已在这片土地驻守执勤将近 10 个年头了，这里的生活和工作已深深镌刻进他的生命里了。阮国琴也放下一切来到了王伟身边，王伟不再是当年那个青涩执拗的小伙子，而是拥有了丈夫和父亲的新身份。他已然成为一名战士，有能力去保护他的家庭与祖国了。

2001 年 3 月 31 日，那是一个星期六，王伟刚飞行完就回家，告诉阮国琴第二天还要战备值班，不能在家休息了。因为当时部队有规定：第二天有值班任务的，前一天不能在家过夜。他们又一次相拥告别：王伟每次因要飞行而离开家之前，他们都要紧紧相拥，这是他们多年来的习惯。

第二天，空军基地突然响起了警报声，一架不明飞行物出现在了海南岛附近海域上空，意图未知。我军基地立即做出反应，安排王伟与战友赵宇驾驶战斗机对其进行驱逐。

在任务中，为了保护国家安全，两架战斗机采取包夹拦截的措施贴近敌机。

“你已进入中国领土，请立即离开，立即离开！”

王伟很清楚，两架战斗机近距离纠缠发生危险的概率很大，可为了维护国家尊严和履行军人使命，他别无选择。

美国飞行员在一番动作后，迟迟没有看见中国战斗机出手，竟有恃无恐地突然驾机扭头向中国战斗机撞去。事发突然，王伟尽力躲避，可战斗机尾部还是被美机的螺旋桨刮得“像纸片一样”飞散开了。

“呼叫 81192，这里是 553，我奉命接替你机执行巡航任务，请返航！”

“81192 收到，我已无法返航，你们继续前进。重复，你们继续前进！”

王伟驾驶的战斗机被美机撞坏后开始翻滚坠落，他仍在试图用自己的血肉之躯为救护战斗机做最后的努力。可结果却不尽如人意，战斗机冒着滚滚浓烟，快速坠入大海。

…………

14 个昼夜，10 余万人次不间断搜寻，依然没能找到王伟……

呼叫 81192，你的夙愿已实现

穿出浓密云层，翱翔广阔蓝天。

你听，是歼 -20 编队扶摇直上云霄；

你看，是山东舰交接入列驶向深蓝。

你是近 40 万空天战士的一员，

你是 9000 余万共产党员的一员，

你亦是 14 亿多中华儿女的一员。

你已离去 20 余载，但若我们仍记得 81192，你便从未远去。

是你，俯身轻抚，贴近每一寸庄严国土；

是你，翱翔空天，护卫每一处神圣领空。

生前，王伟曾手绘一幅名为《夙愿》的油画，画中一名飞行员驾驶舰载机从航母上起飞。这是王伟的夙愿，亦是当时很多人的夙愿，而今天这一夙愿得以实现！

2012 年 9 月 25 日，辽宁舰交付海军，中国从此结束了没有航母的历史。

2019 年 12 月 17 日，第一艘国产航母山东舰正式入列，“飞鲨”列阵，整装待发。

2022 年 6 月 17 日，福建舰下水，中国海军从此进入“三航母时代”。

今天的人民海军劈波斩浪，走向深蓝，山河所在，寸土不让。

20 多年过去了，我们从来不敢忘，也不会忘。20 多年过去了，在英雄牺牲的地方，已有更多“81192”在接力守护我们的祖国。

“青峰几处红蕾，一夜万山霞帔，擎来数枝向南海，献给英雄王伟。”

—学子说—

王伟曾在入党申请书上庄严写道：“为党和人民的利益贡献自己的一切，甚至生命。”一句誓言，一生坚守，他是这么说的，也是这么做的。他留给我们的故事并不算多，但无不彰显着忠诚与担当。20 多年来，我们不敢忘记，也从未忘记，他的故事值得更多人知道。

王伟是默默为祖国镇守海疆的一名战士，更是全体海军航空兵的缩影。20 多年来，我国的科技硬实力迅速提升，海军航空兵以命执剑、护卫空天的信念丝毫未减。今天，我们高声呐喊“你虽无法返航，但我们将继续前进”，去赓续他那响彻云霄、萦绕千秋的精神力量。

师生共话：精神之问，归宿何处

“第一次知道这个人是什么时候？”

严谨（彭桓武篇）：第一次听说彭桓武先生，是看到了钱三强先生对他的评价。他说：“彭桓武默默地做了许多重要工作，但很少有人知道。”我便怀着好奇心，去查了查这位鲜为人知的先生的故事。这次有幸参与文章编写，我的脑海里忽然浮现出钱三强先生的这句话，我想，也许我应该动笔写一写这位名字似乎已经融于历史长卷的先生。

张馨元（于敏篇）：我第一次听说“于敏”这个名字是在初中时。当时于敏先生刚刚过世，国家向其追授“共和国勋章”。了解了他的主要经历后，我觉得于敏先生是一个很厉害的人。无论是通过徒手计算指出权威期刊上数据的错误，还是通过运算带上的小小数据判断出机器故障，都给我带来了不小的震撼。

吴长骏（王伟篇）：我开始了解王伟烈士的契机比较寻常。每年的 4 月 1 日，主流媒体平台都会发文怀念王伟烈士。我就是在短视频平台上了解到他的，尽管只是粗略了解了他的英雄事迹，但依然会感慨他的伟大。

曲栢良（罗阳篇）：我和罗阳前辈恰好都来自“黑土地”，这片土地有它独特的文化符号，所以我很理解罗阳前辈对祖国的深情、对工作的投入，以及生活中的朴实真诚。小时候，我的父亲经常会抱着我看 CCTV-4 的《海峡两岸》节目。当时我国有了第一艘航母，歼-15 首飞的消息很振奋人心，关于罗阳前辈牺牲的报道给我留下了很深的印象。我和罗阳前辈都是从很小的时候就开始喜欢航空，他小时候很喜欢飞机，我小时候也经常拿着各种飞机的模型满屋跑；而今天的我和罗阳前辈成了校友，更来自同一学院。

张洪硕（宋文骢篇）：小学五年级的一天，我翻开报纸，看到了宋老逝世的报道。当天晚上，各类军事论坛上都在悼念与缅怀宋老。“一代飞机一代魂”是人们对宋老最多的评价。也是在那时，我第一次真正认识了宋老：歼-7 Ⅲ、歼-10 总设计师，著名飞机设计专家。此后，中国航空工业百花齐放，各型战斗机纷纷取得突破，而宋老的名字也经常被提及。

“在那样一段岁月，他们扛起了中国空天的大旗，你认为支撑他们前行的精神力量来源于哪里？”

严谨（彭桓武篇）：我本人十分热爱中国传统文化，特别是诗词，而彭桓武先生不仅是一位物理学家，还是一位诗人，让我十分钦佩。他作为一位理论物理学家，却有着诗人一般根植于故土的情结、文人墨客一般浪漫隽永的感情。彭桓武先生曾给故乡湖北麻城写了一首七言律诗。

“今又星稀月正圆，往年交契结诗缘。
离巢采酿爱丁堡，归国系情华夏天。
桑梓炊烟萦梦里，楚云凡物展花前。
请君致意家乡忆，九十衰翁眷念拳。”

此诗以夜色入笔，却笔锋一转，另言自己曾经的经历——从幼时便结下诗词之缘，到后来留学后坚定归国，故乡不再只是一个词语，而是一种理想信念，一种支撑着彭桓武先生的深厚情结。几十年如一日的拳拳之心，几十年如一日的炽热之情，彭桓武先生想到自己的故乡，写下了“请君致意家乡忆，九十衰翁眷念拳”。这一句，写出了曾经挥洒的汗水、曾经奋斗的征程、曾经抚过的稿纸、曾经的思念、曾经的决绝。这一份热忱，这一份从未冷却过的热血，这一份对家、对国最真挚的依恋，氤氲在这一个月夜。文字传情，我想彭老那种温和而坚定、长久而厚重的精神力量，正是来源于此。

李恺华（王淦昌篇）：这也是为什么我尝试以自己的视角去理解文中写的 3 次错过。如果只有客观的记述，我认为写出来的文章和百科知识没有太大区别，很难体现出王淦昌先生作为一位科研工作者、一位爱国者的精神。所以我就想：“如果是我，能做得和王淦昌先生一样好吗？”恐怕很难。第一次错过是源于对自我的怀疑，作为一个学生，对权威感到敬畏，我大概只会视其为理所当然，王淦昌先生却能从中总结出经验教训，提升自我；第二次错过，如果是我，甚至没有错过的资格，在艰苦的现实环境中，还有精力关注前沿科学，这只有对科研抱有极大的热情才能做到；第三次错过，则是我要着重学习之处，将国家利益置于自己的一切之上，我认为这是王淦昌先生最为珍贵的品质。

丁佳琳（沈忠芳篇）：在央视《吾家吾国》节目对沈老的采访中，耄耋之年的沈老英气依旧。他追忆往事，讲述人生。聆听他的诉说，仿佛翻开了一本厚重的书，目录是悠长的数十载岁月，串起一个个撼人心弦的故事。我印象最深刻的是，沈老被问到 88 岁才解密是否习惯时，他笑着答道："习惯，而且应该那样。我们做的是为国防服务的事业，即使搞成了也不是个人的事，集体智慧的发挥才是最大的成功。"在西方国家的重重封锁之下，沈老深知，成功是买不来的，强大是求不到的。没有所谓的名和利，只有对国家的爱与希望，他们就靠着战士般的勇猛与担当，用热血书写了一段中国史上"不可能"的传奇。

"时代交过了接力棒，航空航天精神却作为归宿抚慰着一代代空天人，接过这份来自前辈的精神馈赠，你对未来有什么思考吗？"

曲栢良（罗阳篇）：如果我是罗阳前辈，我会和他一样坚持自己的空天梦，并且坚定地走下去。我认为这也是这次写作的意义：不是一次简单的资料搜集，而是一个真正读懂前辈的故事，并从中汲取营养的过程。2025 年寒假，我有幸来到六〇一所参观交流，在这里我看到了罗阳前辈当年在"坚决完成歼 -15 飞机上舰任务"条幅上的签名。笔迹浓重遒劲，足见罗阳前辈义无反顾，步履铿锵。我在大受震撼的同时，更有一种跨越时空的共鸣感。希望未来我能够进入中航工业的研究所从事航空器的研制工作，甚至进入六〇一所或者沈飞，追寻罗阳前辈的足迹。

肖瑶（李贤玉篇）：第一稿完成的时候还是 2021 年，那时候我只是觉得自己有了一个榜样。现在的我已经进入了博士阶段，也经历过了一些迷茫、无助、失落，甚至有过退缩，所以更能体会李贤玉将军和她的团队当时的艰辛，何况那时的条件还不如现在！再次回顾李贤玉将军的故事，更多了一些敬佩，也对自己多了一些期待，期待自己能够更加强大，期待所做的努力能够在未来的某一天走进现实。找资料的时候，我读到这样一句话："波澜壮阔是一种气势，静水流深是一种品格。”这句话触动了我，我希望自己能够像李贤玉将军一样静下心来，踏踏实实地做一些事情。

刘泽轩（顾诵芬篇）：星斗在天，照亮一片天地，地上的人不会发光，但能够见证那星子的光芒。敬畏之后折服，折服生发追随，地上的人跑起来，也许能一路跑到天上去，成为另一颗被人见证的星星，也许跑不到天上去，扇出的风给望星的人一丝荫凉。其实我并不知道我未来会做什么，我想去研究航空发动机，或是设计火箭探索九天。心心念念的未必会成为现实，也许会稍稍偏航，但只要我开始追，开始跑，曾经种下的某颗种子，一定会抽枝发芽。

最后，在正文里没有写出来的一首词，我在这里写给顾老，写给自己，也写给每一位看到这里的读者。

“一生心血付长空，晓为萤火，晚举烛红，只是恐、空春秋。

一梦儿时醒来酬，百年草木，万世山河，人期颐、魂不休。”

杏坛传火

人终会老去，但知识与精神不会。

长征代代路迢遥，
未老桑榆志在霄。
半世杏坛托素业，
百年梁木始新苗。

中华有嘉士，绝世而独立

李占伟

陆士嘉篇

陆士嘉（1911—1986），著名流体力学家、教育家，我国第一个空气动力学专业的主要奠基者，北京航空航天大学的建校元老之一，曾任北航第一任空气动力学教研室主任，第一、二、三届全国人大代表，第六届全国政协常委，中国空气动力学研究会副理事长。

飞机有个强有力的发动机才能飞得远，人也一样。为了个人的利益是飞不高的，为了祖国，才能高瞻远瞩。

——陆士嘉

“士不可以不弘毅，任重而道远。”

从“秀珍”更名为“士嘉”，似乎就预示了她宽宏坚毅的一生。

“当中国的居里夫人”

1911年，陆家幼女降生于苏州知府衙门，名曰秀珍。她的祖父是晚清最后一任山西巡抚，父亲进士出身、留洋归来，生于这样一个书香门第、官宦之家，陆秀珍可以说是含着金汤匙出生——只可惜生逢乱世，命若浮萍。她年仅半岁时，父亲和祖父同时饮弹身亡，家道中落，一家人颠沛流离，加之母亲重男轻女，陆秀珍还被算命的人扣上了“小人”的帽子，最后被送到了三叔家。寄人篱下，冷暖自知。但正所谓“天将降大任于斯人也”，幼年的孤寂苦闷反而成就了她后来的独立自持、坚韧自强。

初中二年级时，朋友送给她一本《居里夫人传》。这个名字令她澎湃不已：原来女子同样可以成为令世人景仰的大科学家！她对这本书爱不释手，“这个瘦瘦的波兰小女人在陆秀珍心里坐了头把交椅”。与居里夫人结缘，使她对“不让须眉”有了实实在在、真真切切的体认和憧憬，并立下了“学理科，当中国的居里夫人”的志向，她从沉醉于诗词歌赋转移到探索那些难啃的数理公式——命运的齿轮开始转动。

而这乱世仍在继续。1926年，日本军舰开进大沽口，段祺瑞政府却只做缩头乌龟，北京各界爱国人士纷纷游行抗议，在北京师范大学（简称北师大）附属中学就读的陆秀珍也随老师声援。但事态急转直下，等她再出门上街时，从报纸上得知段祺瑞政府屠杀47人、打伤200余人，北师大的范士融和北京女子师范大学的刘和珍、杨德群三位学生当场中弹牺牲。陆秀珍脑袋嗡的一下，迟迟缓不过神。她目睹了列强倾轧下国家的不堪一击和反动政府的黑暗统治，亲身感受到学长、学姐们的英勇无畏，愤恨填满了她的胸膛。

“三一八”惨案发生的那天，不巧也是她15岁的生日。经过这血淋淋的一课，她决定了：不再用祖父取的这个名字，而是仿效魏士毅、范士融烈士，取“士”字，缀以“嘉”。曾经那个稚气未脱的陆秀珍悄然蜕变为志比鸿鹄的陆士嘉——不只是改名，更是明志。

功夫不负有心人。读高中的陆士嘉常泡在实验室，直到有人轰她才依依不舍地离开。最终她如愿考上北师大物理系，成为该系唯一的女生，4 年后更是以物理系第一名的成绩毕业。

人生是由一系列的选择串联起来的。幼年的陆士嘉被裹挟在民族危机中，改名时她已然有所取舍。也正是在这份拳拳爱国情的催动下，才诞生了“中国的居里夫人”。

“我就一定要为中华民族争口气”

在救国思想的感召下，陆士嘉和未婚夫张维相约出国求学。20 世纪二三十年代有一大批中国学生赴德深造。正如蔡元培所说：“救中国必以学，世界学术德国最尊，吾将求学于德。”那出去学什么呢？陆士嘉一度对天文学颇感兴趣，但她目睹日本的飞机在中国狂轰滥炸，导致尸横遍野，心想当下造飞机比研究星星更有用，与国一体、为国而生早已贯穿她的人生，所以她打算去德国学航空。而且，“现代流体力学之父”普朗特就在德国。

在远渡重洋前，这对璧人举行了订婚仪式。陆士嘉送给张维的礼物是一支钢笔，笔杆上刻着一列娟秀的小字——“勿忘祖国”。古老而羸弱的中国正处于水深火热之中，这 4 个字言简意深，有“恨别鸟惊心”的悲凉，更有“为兴华胄邃群科”的热切。

1937 年 7 月 16 日，就在日本发动“七七事变”9 天后，他们登上了开往欧洲的轮船。身后的祖国在泪眼模糊中渐行渐远，但敌机的轰炸声仍不绝于耳，危急存亡之际，这个民族的殷切召唤仍萦绕耳畔，学成归国、航空救国的理想在陆士嘉的心中如烈酒一般久久地酝酿着。

要投入世界级大学者门下谈何容易，可陆士嘉硬是凭着敢为人先的性子不曾退却。古有刘备三顾茅庐求贤诸葛亮，今有陆士嘉三赴哥廷根求教普朗特。起初，普朗特瞧不起这个固执的东方女子，认为她的学识水平不可能达到要求。但陆士嘉抱着“我就一定要为中华民族争口气”的信念，不卑不亢地向普朗特陈述了自己此行的初心，并提出“如果我无法通过您的考试，我一定不再叨扰，另投别门”。面对如此真挚浓烈的爱国情结，普朗特松了口，答应了陆士嘉参加考试的请求。

两个月后，陆士嘉顺利通过考试，成为普朗特的关门弟子，也是普朗特唯一的女学生和中国籍留学生、博士生，同时她还获得了德国最具盛名的洪堡奖学金，用真才实学为中华民族争了一口气。值得一提的是，普朗特的大弟子冯·卡门正是钱学森的导师，钱陆两人从小学同学、中学同学，到师出同门，再到后来先后入党、成为同志，结为一生的莫逆之交。

留德数载，忍饥挨饿，寒窗苦读，个中酸涩难以言说。但陆士嘉求知若渴，一路攀登，赤子之心更是溢于言表。

当时正值第二次世界大战，陆士嘉坚守中国人的气节，坚决谴责日本帝国主义的侵略行径。当她经普朗特介绍，进入哥廷根大学的空气动力研究所工作时，研究所的主任因是个纳粹党徒，只给了她一间空屋子，塞给她一堆方程式让她计算，全然没有给她施展才华的地方。

至此，陆士嘉明白，回国的日子到了。

“我愿成为探索的小卒，铺路的石子”

1946 年，陆张两人重回祖国母亲的怀抱。陆士嘉先后在北洋大学（今天津大学）、清华大学任教，积累了丰富的高校任教经验。在抗美援朝的战场上，敌我空军力量对比悬殊，周恩来总理做出指示：靠买人家的飞机，搞搞修理是不行的！1952 年，北京航空学院应运而生，陆士嘉担任建校筹备委员会委员。建校之初，百废待兴，在梁思成先生的启发下，她自费购买了一大堆肥皂，和同事们一起制作校区规划的立体模型，北航老校区最早的蓝图就出自那些肥皂。

学校初具规模后，学生该上什么课呢？在那段筚路蓝缕的日子里，陆士嘉毅然请缨，担当起了建立空气动力学专业的重任。该专业的成立，实际上突破了苏联的航空教育体系——从无到有，千头万绪，“空天报国”的担子何其重啊！陆士嘉既坚守在教学一线，抓紧一切时间备课，又带领青年教师筹建实验室，翻译教材、编写讲义、制作教学大纲，呕心沥血，为专业的教学和研究指明了方向。

三尺讲台上的她诲人不倦，讲台下的她也像春雨般润物无声，许多学生回忆起来都说陆士嘉如慈母一般，一片慈爱纯然肺腑。三年困难时期，有学生身体出现了浮肿，陆士嘉做了一大碗学生老家的菜——冬笋烧黄豆，亲自送到了学生宿舍；得知学生要去沈阳工作，她把自己从德国带回来的电热保暖护膝送给学生。她的学生龙驭球院士说自己像是“老鹰抓小鸡”游戏里幸福的“小鸡”，有着“鸡妈妈”强有力的呵护。龙院士将感恩之情化为一首小诗：“士林有嘉木，嘉荫护稚松。慈眉一支笔，师泽润无声。”

至于她自己，只能像从海绵中挤水一样抽出时间陪伴家人。她生下第三个孩子后只休息了28天便匆匆回到学校上班。小女儿不到5个月大时不幸夭折。丧女之痛何等锥心刺骨，她是女中豪杰、国之栋梁，但她也是一位母亲，旁人或许永远无法想象她是怎样挺过来的。因为长时间连轴转，她的身体状态每况愈下，但直至病逝前，她还在病床上和博士生讨论论文题目。

桃李不言，下自成蹊。在陆士嘉的带领下，北航培养出了一支专业过硬的人才队伍。他们成为中国航空航天界的中流砥柱，使中华民族挺起了脊梁。

而陆士嘉的嘉言懿行远不止这些。她去信中国科学院，恳请将自己的名字从学部委员（现称为院士）候选人名单中删掉。她说，“年纪大的同志应该主动设法为中青年同志创造条件”；国家困难时期，她不是党政领导干部，但还是主动要求减薪；从报纸上看到兰考人民生活困难，她立即寄钱过去；遗嘱第一条是死后遗体赠医院供解剖研究；战乱年代，她托铂不昧、完璧归赵的故事也令人称道。庄逢甘院士曾动情地写道：“学习陆士嘉教授的优良品德可能比单纯地推动某些流体力学的学科更为重要。”

回首种种，不禁发现陆士嘉的一生缀有各种“一”：幼年时不让须眉，她是北师大物理系唯一的女生，还以第一名的成绩拿到学士学位；青年时不忘祖国，她是普朗特破例接收的唯一一名女学生，还拿到了德国三级博士学位中的最高级—— 一级博士学位；壮年时不辞艰辛，她是我国第一位工科女教授、第一位著名女流体力学家、北航建校初期唯一的女教授、第一任空气动力学教研室主任。

细看这每个“一”，背后都写满了一片丹心。她不让须眉、傲然枝头，绝世而独立。她自称中国航空道路上一个“探索的小卒，铺路的石子”，可后人皆知，她早已成为灿烂星河中一颗璀璨的恒星。

—学子说—

北航建校初期的27名教授中，陆先生是唯一的女性。她说：“在向科学进军的队伍里，我们（妇女）人数虽少，但一定能顽强地与男同志并肩作战。”

2017年，北京航空航天大学士嘉书院揭牌成立，该书院正是以陆先生的名字命名的。

讲好她的故事，意义不言而喻。

我深知我的讲述远不如陆先生本人的履历厚重丰盈。她是如何在少年时冲破性别的藩篱、实现自我意识的觉醒，如何在风雨飘摇的年代里拿出“挽狂澜于既倒”的文人风骨，如何在学术圈里孜孜以求、不让须眉，又是如何在缠绵病榻时还忘我工作、鞠躬尽瘁……每每思忖，我都要追问：那张慈祥和蔼的面孔下蕴藏着何种宽宏坚毅的力量？每每思忖，我更感到何其有幸，能够探知这个名字背后的光辉与温暖。

仅以士嘉书院的院训作结：“求是至善，宁静致远。”

暗夜破晓，拨云见光

王鼎超

王大珩篇

王大珩（1915—2011），应用光学专家，我国光学事业奠基人之一，中国科学院院士，中国工程院院士。曾任长春光学精密机械研究所（简称“长春光机所”）第一任所长，中国科学院长春分院院长，国防科委十五院副院长，中国光学学会理事长，中国科学院技术科学部主任，国防军工科学研究委员会副主任。曾获两弹一星功勋奖章、国家科学技术进步奖特等奖、何梁何利基金科学与技术成就奖等荣誉。

光阴流逝，岁月峥嵘七十。多少事，有志愿参驰，为祖国振兴。光学老又新，前程端似锦。搞这般专业很称心！

——王大珩

“他热爱世上一切美好的事物，他是一个像孩子一样简单的人，他是一个平凡的伟人。”在96年的生命历程中，对于精密仪器的数据，他如数家珍；对于中国科技的未来，他高瞻远瞩……

光 遇

1915年，在日本向中国提出“二十一条”、国内风雨如晦之时，懵懂无知的王大珩随父母自东京返回中国。他的父亲王应伟义愤填膺，满腔热血化作王大珩的小名——膺东，也许正是从这时起，“有志愿参驰，为祖国振兴”便流淌于王大珩的热血之中。

王大珩的父亲王应伟是一位天文学家、气象学家和地球物理学家，被誉为中国现代天文学、气象学、地磁学的开拓者之一，早年留学日本，回国后先后在北京中央观象台和青岛观象台工作。在王大珩读书期间，父亲常常带他去观测天文气象，教他如何使用科学仪器。在父亲的谆谆教诲下，王大珩对科学仪器产生了浓厚的兴趣。

偶然的一次，王大珩注意到筷子插入水中后竟然发生了弯折，可当他把筷子拿出来后惊奇地发现筷子还是直的。父亲告诉他这是折射，一种光学现象。王大珩拿着这根筷子反反复复地试了半天，心感神奇，从此便记住了“光学”这个名字，自此，他的一生便与“光学”密不可分。

追 光

1932年，17岁的王大珩以优异的成绩考入清华大学物理系。在清华园内，他结识了同窗好友钱三强，两人偶然发现他们竟曾经就读于同一班级，这仿佛是命运的安排，让两位未来的科学巨匠在清华园内重逢。

在清华的岁月里，叶企孙教授以其深厚的学术造诣和因材施教的教学方式，为王大珩指明了科学的道路。1938年，在叶企孙教授的推荐下，王大珩考取了中英庚款留学生，前往英国，在帝国理工学院攻读光学研究生，逐渐掌握了应用光学的前沿理论知识和技术，并积极参与实验室核心工作。

然而在历史关键时期，个人的选择往往与国家的命运紧密相连。王大珩，这位中国光学界的巨匠选择了应用光学与玻璃系，不仅体现了他对科学的追求，更承载了他为国担当的决心。

在 20 世纪初，光学技术已经在西方国家得到了广泛应用，而我国在这一领域尚处于起步阶段。时光流转至 20 世纪中叶，战火纷飞的年代让科技的价值愈发凸显，光学技术更是关乎国家安全的关键一环。作为应用光学的基石，光学玻璃的重要性不言而喻。它不仅承载着精密仪器的光学性能，更关乎战场上的精准制胜。在战火硝烟中，高质量的光学玻璃成为望远镜、瞄准镜等军事装备不可或缺的核心材料，而其背后，则是一个国家在科技自立道路上的艰难跋涉与奋力突围。

于是，在 1941 年的春天，王大珩离开伦敦前往谢菲尔德大学的玻璃技术系学习，旨在突破中国技术瓶颈，实现光学玻璃国产化。但在之后的一年里，王大珩明白了，只有参与实际生产，才能更深入地了解玻璃制造的流程与技术。于是，在 1942 年，王大珩放弃攻读博士学位，成为昌斯玻璃公司研究试验部的一名物理师，他对稀土光学玻璃的研究便是从这里开始的。

1945 年，王大珩获得英国“第一届青年仪器发展奖”。次年，王大珩与钱三强、何泽慧夫妇在英国碰面，决定在国内政局稳定后回国。终于，在 1948 年，王大珩踏上了归国之旅。

逆　光

回国初期，王大珩应邀前往大连大学任教。在这里，王大珩致力于应用物理系的建设。虽然师生们热情高涨，但奈何经济条件匮乏，实验设备极其简陋。为了改善教学条件，几乎每个旧货市场都能看到他的身影。凭着两个破水平仪上的刻度盘，他做出了两台精度很高的分光仪；凭着一块没人要的烂玻璃，他磨出了几块光学镜片；凭着被损坏的电极器，他制作出了电阻箱、冲击检流计……他说：“所有精密的仪器，都是用不精密的设备制造出来的。”

1951 年，王大珩受邀参加中国科学院仪器馆的建设。当时国家能够提供的经费只有 700 万千克小米，折合人民币 98 万元，这对建设一个国家级科技馆来说是远远不够的。不仅如此，“在旧中国留下的废墟上，寻找不到一处可以完全利用的基础，中国几乎就没有应用光学！”然而王大珩并没有退缩，他明白这是国家科技发展的重要一步。

由于长期战乱，仪器馆周围环境破败不堪，到处都是弹片和弹坑。道路泥泞，每逢雨天更是寸步难行。残留的房屋也十分陈旧，甚至北边的山上还有土匪出没。为了节约资金，房屋都是通过修旧利废的方式建造的，包括利用光学玻璃车间的大烟囱。在这样的条件下，仪器馆勉强满足了科研和试制的最低需求。但无论是技术人员还是工人，建设热情都很高，很快，仪器馆便小有规模。

光　耀

自 1952 年起，在王大珩的领导下，长春光机所逐步建立起了现代化仪器的各种技术学科基础，相继诞生了我国第一埚光学玻璃、第一台电子显微镜、第一台红外望远镜等重要成果。在当时国内外环境严峻的情况下，这些成果激励着无数科学家继续奋斗。此外，王大珩还注重人才培养，为国家培养了大批光学科技人才，因此长春光机所被誉为“中国光学的摇篮”。

然而，在 20 世纪中叶，以美国为首的西方国家多次对我国实施核威胁，并对我国实行严密的技术封锁和军事遏制。20 世纪 60 年代，我国“两弹一星”的研究工作正式开始。

在研究原子弹的过程中，远距离长焦高速摄影作为关键环节，对测试核爆火球直径与时间的关系、推断原子弹的威力至关重要。王大珩团队承担起了研制高速摄影机的重任，他们在德国进口高速摄影机的基础上进行了创新性改进，成功实现了预期效果。

1964 年 10 月 16 日下午 3 点整，随着一声巨响，我国的第一颗原子弹试爆成功。当蘑菇云在核爆中心缓缓升起，大地上回荡着原子弹的怒吼时，王大珩的内心却是平静的。在这一刻，他无法抑制对已故父亲的思念。父亲是他人生道路上的引路人，是他科学事业的启蒙者。父亲曾告诉他，科技兴国，科技强军，这是每一个中国科学家的使命。如今，他做到了，他为国家的繁荣强大贡献了自己的力量，但他却无法与父亲分享这份喜悦。

“要是再早半年就好了……”王大珩在心中默道。他抬头望向天空，仿佛看到了父亲那和蔼可亲的面容。他知道，父亲一直在天上注视着他，见证着他为国家、为民族付出的努力。

在那一刻，王大珩更加坚定了自己的信念：他要继续走下去，为了父亲，为了民族，为了国家的未来。他知道，只有这样，才能告慰父亲的在天之灵，才能真正实现自己的价值与使命。

在同一时期，国家准备发展洲际导弹和人造卫星，因此需要在靶场上建立一个大型光学观测系统。为了满足这一需求，国家启动了“150 工程”，即大型光学跟踪电影经纬仪和其他配套设施的研制。王大珩提出“一竿子插到底”的理念。这意味着他不仅要完成机器的设计任务，还要负责样机的加工、组装等工作。在他的积极推动下，长春光机所进行了一系列改革，为未来的发展奠定了基础。

在研究初期，挑战重重。一方面，没有国外的大型仪器可借鉴；另一方面，能够参考的资料只有国外文献中的少许描述和外形照片。尽管当时我国具备了一定的技术力量和加工能力，但由于支撑装置旋转的水平轴对平面度要求极高，这对测量精度构成了巨大的挑战。为了确保精度，王大珩只能利用刨床刀进行往复直线运动，如同研磨光学镜面一样，就这样硬是将整台仪器的测量精度提升到了国际水平。

这一成果为导弹、卫星的精确制导和监测提供了关键的技术支持。直到今天，在我国“神舟”系列飞船发射任务中，王大珩带领团队研制的光学电影经纬仪依然不可或缺。

不仅如此，早在 1965 年，王大珩便参与了我国第一颗卫星东方红一号的研制工作，担任总体设计副组长，对卫星的跟踪系统提出了具有前瞻性的看法。在中国发展可回收遥感卫星的过程中，他主张配备对地相机和对空相机，并创新性地提出了同轴双向相机系统这一理念，打破了传统思维的束缚，使我国的空间相机技术水平得到了显著提升。

此后，国内光学事业稳步发展，直到20世纪80年代，为迎接新技术革命和挑战，世界各国均在科技发展上制定策略。王大珩敏锐地意识到，要想在未来国际竞争中占据有利地位，必须大力发展高科技产业。于是，王大珩和三位科学家联合提出发展高技术的建议，推动了“863计划”的诞生。该计划旨在选取有限的高科技领域作为突破口，集中力量进行重点攻关，以此带动国家整体科技水平的提升。

王大珩并不满足于只为这项计划贡献初步构想，他对计划的具体实施和该领域的高技术发展表现出极大热情，并提出了诸多建设性建议。在“神舟”系列飞船的研制过程中，航空航天系统工程专家顾逸东院士回忆道：“我们按照他的意见，部署了两个攻关小组，经过两年多的时间，终于攻克并系统掌握了非球面设计、加工、测试、装调等一系列关键技术。在此期间，王老多次约我们到他家里了解情况，提出指导意见。”

王大珩的贡献不仅在于提出“863计划”，更在于他对科技事业的热忱与执着。他始终坚信科技是民族的未来，是国家富强的基石。在他的引领下，中国科技界形成了一股锐意进取、不断创新的风气。

—学子说—

甘当绿叶，以实干推动中国光学事业发展。王大珩是特殊的，如果他选择一条纯粹的科研道路，后人可能会称他为“光学玻璃设计专家”。然而，他毅然为国放弃博士学位，最终成了“中国光学之父”。

王大珩不仅是一位光学家，更是一位战略科学家，“有志愿参驰，为祖国振兴”是他的爱国热血，“比做学问更重要的是做人”是他的学术态度，“请不要再叫我‘中国光学之父’”是他的淡泊名利……

如今斯人已逝，风骨犹存，以飨后人，在此致敬。

立志远大，响彻穹宇

史忠明

刘大响篇

刘大响（1937— ），航空动力专家，中国工程院院士。1960 年毕业于北京航空学院（现北京航空航天大学）。曾任中国燃气涡轮研究院总工程师和第一总设计师，现任北京航空航天大学教授、博士生导师，中国航空工业集团公司和中国航空发动机集团公司高级顾问。曾获“全国劳动模范”称号、航空航天月桂奖“终身奉献奖”、国家科学技术进步奖特等奖、何梁何利基金科学与技术进步奖等。

为使国产飞机都装上健康强劲的“中国心”，愿在有生之年，继续为航空发动机“鼓与呼”，直到自己的生命之光熄灭为止！

——刘大响

“重岗复岭，田畴阡陌，溪流纵横，泉井遍布”，这是我国湖南祁东县的秀美景观。而这个故事就要从祁东县的一个小山村——清公祠村讲起。你要是问谁在村子里“打泥炮”最响？那一定非刘家大响莫属。

“润物细无声”

刘大响，1937 年 10 月 14 日出生于湖南祁东县。祁东县因县城在祁山之东而得名，秦朝称为扬越之地，自古便人杰地灵。虽说刘氏家族家境较好，但刘大响年少时，物质却相当匮乏。

父母“望子成龙”，希望将来过上好日子，尽全力支持长子刘大响读书，他为国为民的情怀是在那时慢慢培养起来的。小时候念书缺电，刘大响大部分晚自习时间是在蜡烛和煤油灯下度过的，一直到他在县城崇汉中学初中毕业的前一年，学校才开始有了电灯。这让少年刘大响深刻认识到，没有电国家就发展不起来。所以，中学时代的刘大响对电学兴趣浓厚。“我要报考清华大学电机系，立志将来搞发电，为国家电气化做贡献！”这是刘大响高考前的主要目标。

读书的时候，刘大响对我国无产阶级革命家陶铸的散文《松树的风格》非常喜爱，读过不下十遍，一方面是因为刘大响与陶铸算是同乡人，另一方面是因为陶铸在文中体现出的为人民幸福献出一切的意识让刘大响尤为感动，这对刘大响后来确立正确的人生观产生了重要的影响。

高三快毕业时，北京航空学院作为国家重点高校，直接到基层高中挑选优秀毕业生，学校希望刘大响第一志愿填报北航。“能进入北航学习也不错嘛！”刘大响心想。之后经过严格的政审，刘大响和另外 5 名同学被保送进入北航。

1955 年 9 月，刘大响跨入北航大门时，看到了醒目的标语——“欢迎你，未来的红色航空工程师！”那一刻仿佛有一股热流涌向全身，他感到无比振奋，于是在心中暗暗发誓：一定要不负众望、报效祖国。

进入北航不久，学校要分专业。“作为一名共青团员，当时不存在想选择什么专业的问题，一切听从组织安排”，填表时，他毫不犹豫地写下“服从分配”4 个字。之后刘大响被分到航空发动机设计专业，从此与航空发动机结下不解之缘。

刘大响与航空，特别是航空发动机，可谓“先结婚、后恋爱”，随着时间推移，这种爱愈发深沉。在此后的60多年里，无论何时何地，他所想所干的都没离开过航空发动机，他为此付出了无数的心血。

“我要去一线”

1960年，刘大响因成绩优异，本科毕业后被保送攻读硕士研究生，师从著名航空发动机专家宁榥教授。在校期间，刘大响展现了优秀的学习能力和很高的科研水平，因此后来获得了一份来自国防科委机关的工作。但是在那段时间，刘大响总是闷闷不乐的。他的办公室在四楼，站在窗户前就可以看到北海公园。可以说这在当时是一份很体面的工作。可国防科委的板凳还没坐热乎，刘大响就表现出了去科研一线工作的强烈意愿。

“服从组织安排，但我还是想去一线做科研工作。”刘大响很快向上级报告了自己的请求。过了大约10天，刘大响接到通知，安排他到国防部第六研究院（现中国航空研究院，简称“六院”）工作。按照要求，刘大响到六院院部报到。在那里住了3天后，干部处一位领导找刘大响谈话，希望他能留在院部机关工作，并说六院院部很快要迁到北京去。

“我还是想去基层，到一线做一些科研工作。”领导笑了，批准他去沈阳六院二所（现中国航发沈阳发动机研究所，即六〇六所）。他知道沈阳冬天很冷、吃粗粮多、条件艰苦，但专业比较对口。在他看来，只有去沈阳才能更好地学以致用。1962年3月，刘大响赶到沈阳六院二所报到，开始了他动力人生的奋斗之旅。

“三十年磨一剑”

1970年10月，为了满足国家航空工业的发展需求和国防备战需要，来自六〇六所的308名技术人员被调往位于四川的六二四所，为国家的大规模建设贡献力量，其中就有刘大响。对刘大响来说，这意味着背井离乡，带着妻子和3个孩子，前往四川的山沟沟。“一切听党指挥！”刘大响只留下这句话，同年11月，他带领着全家踏上了前往四川的路。

六二四所坐落在我国西南的松花岭观雾山脚下。对刘大响来说，它不仅是一个研究机构，更像是他生命中的另一个家园。在这个偏僻的山区，他度过了整整 30 年光阴，这也是他人生中最珍贵的一段时光。当时，新中国正在秘密筹备一项被视为“国之重器”的项目——航空发动机高空模拟试车台（简称“高空台”）。这项工程是中国航空工业的新起点，是实现中国飞机装上“中国心”的重要一步。

“死在松花岭、埋在观雾山”

高空台是模拟飞机空中飞行状态和极端环境条件对发动机进行试验的大型地面设备群，是自主研制航空发动机必不可少的战略性试验装置，但其核心技术被国外严密封锁，1980 年前我国从未有人见过高空台。

1980 年年初，我国从英国引进了相关生产技术，刘大响带队到英国进行高空台的考核试验。他带着团队整理出 100 多万字的珍贵资料，为后续高空台建设提供了重要依据。9 月，刚从英国学习先进高空台建设经验归国的刘大响等人满怀激情，打算将学到的先进技术和经验应用于我国的高空台建设。然而，1981 年在国民经济调整中，高空台二期工程被划分为“缓建项目”。随之而来的是经费大幅度削减，设备安装队伍撤离，科研人才流失。原本的 128 人，仅有 60 余人留了下来，而且留下的人也深感迷茫与无望……

面对突如其来的困境，身为高空台试验研究室主任的刘大响承担着巨大的心理压力与重任。项目到底要不要搞？怎么搞？刘大响陷入了迷茫，一时寝食难安。“现在的首要任务是稳定人心。”为此，他多次主持全室动员大会，深入阐述高空台项目的重大意义，并明确指出高空台的发展前景充满希望，暂时的停滞并不会影响长远规划。他鼓励大家坚定信念，保持乐观，务必留下来，将来一定会取得胜利。“我这一辈子就奉献给高空台了，不搞出中国自己的‘争气台’，绝不离开山沟，死在松花岭、埋在观雾山。”看到刘大响如此坚定，一批骨干也纷纷表态愿意留下来继续干，这给了刘大响极大的支持和鼓舞。他们最终克服了重重困难，打造出全球领先的航空发动机高空模拟试车台，填补了国内空白，实现从“0”到“1”的突破，使我国成为世界上第五个、亚洲唯一一个拥有高空台的国家。

自此之后的30年间，刘大响先后担任国产第三代中等推力发动机总设计师和第四代大推力发动机首任技术负责人，带领团队不断攻坚克难，突破相关技术难题，掌握大量关键核心技术，使中国成为世界上同时拥有重、中两型四代动力的两个国家之一，为我国战斗机动力的自主保障和增强空军战斗力做出了突出贡献。

“拳拳桃李意”

刘大响常说：“我是属牛的，老牛自知使命重，不用扬鞭自奋蹄。”在潜心投入发动机事业的同时，刘大响深耕教育沃土，如老牛般默默耕耘，无私奉献，潜心育人，为国家的未来发展播撒希望的种子。

刘大响深知航空航天领域的特殊性，始终将培养高素质、高水平的拔尖创新人才作为己任。在一次谈及人才培养的采访中，刘大响强调：“科技人才的新老交替是航空工业面临的最大问题，选拔学科带头人非常重要。在这个问题上一定要站得高一点。”他是这么说的，也是这么做的。为进一步推动我国航空发动机领域的创新人才培养，刘大响与北航陈光教授、陈懋章院士共同发起设立“航空强国中国心”教育奖励基金，用于推动我国航空发动机领域的拔尖创新人才培养，激励更多优秀人才投身于航空发动机领域的研究和创新。

除了在专业领域耕耘，刘大响还热衷于科普事业。他时常为北航校内外师生、《百家讲坛》等栏目做航空主题的科普报告，深入浅出地讲解航空发动机技术的奥秘和航空事业的重要性。同时，刘大响还时常谈及自己的导师——“中国航空发动机之父”、北京航空航天大学兼职教授吴大观先生的事迹，他寄语青年学子，希望新时代青年能够以吴大观先生为榜样，为我国航空事业的持续发展贡献自己的智慧和力量。

“献身航空动力，立志报效祖国”，这是刘大响工作60多年来一直奉行的信念。如今他依然肩负着责任和使命，四处奔波、建言献策。

—学子说—

择一事，以命相随；终一生，不负信仰。在铸就“中国心”的征程中，他将内心深处的沉默化作一幅美丽的辉煌画卷，如同一抹深邃的色彩，为祖国复兴蓝图增添浓墨重彩的一笔。

“大响”二字，意为新事物横空出世，发出令人瞩目的震响。从研制高空台到根治飞机“心脏病”，再到布局我国航空动力跨世纪发展路线，刘大响带领他的团队，在航空发动机事业上躬耕六十余载，航空报国，矢志不渝，无怨无悔。承载“中国心”的国产飞机航迹遍布大江南北，刘大响的伟大成就响彻祖国蓝天。

在此致敬。

怀一颗中国心，锻千万中国心

裴昭欣

陈懋章篇

陈懋章（1936— ），空天发动机专家，中国工程院院士。现任中国航空动力学会委员会委员、中国空气动力学会理事会理事、中国工程热物理学会气动热力委员会委员、北京航空航天大学能源与动力工程学院教授。曾获国家科学技术进步奖一等奖、国家技术发明奖二等奖。

我最大的幸福是困惑后的顿悟，即当你遇到难题时，经过艰苦奋斗，从困惑、寻觅、求索，达到豁然开朗、恍然大悟。我追求这样的幸福。

——陈懋章

年少时抬头仰望蓝天，实验室中默默耕耘数十载，这片蔚蓝的天空怀揽着他那颗炽热的中国心，也铸就了千万颗坚定的中国心。

少年　炮火

20 世纪 40 年代，四川成都，凌晨时分，脸上带着恐慌的人们四散奔逃，父亲抱起孩子冲向防空洞，身后炮火扬起的烟尘不断地吞噬着他们生的希望。街角，哥哥背起病弱的母亲，牵着弟弟冰凉的小手，不顾一切地向前，哪怕踏在上一秒刚掉落的房梁木柱上。飞机发动机的轰鸣声让黑夜不再寂静，待炮火扬起的烟尘消散，黑色的火药、白色的石灰、红色的鲜血、斑驳的残肢构成了这个城市里每个人心中的噩梦。

被哥哥微微发汗的手攥着的少年抬头仰望飞机留下的痕迹，这一刻，他愤怒，他仇恨，他不甘，他看到了当时中国与世界的差距，一颗关于蓝天的种子悄然在心中种下。这颗种子关乎理想、关乎民族、关乎国家。他，就是陈懋章。

青年　选择

1953 年 9 月，陈懋章的录取通知书上的专业是学校分配的发动机设计专业，还不到 18 岁的他并不清楚什么是发动机，只知道人们说没有发动机，飞机就飞不上天，所以，想让我们国家自己的飞机在天空中翱翔就要研制好的发动机。他想：好像，这还挺重要的吧？

有时候看着旁边学飞机制造的同学为了一架飞机大干 100 天，啃着馒头在车间熬夜，陈懋章想：那我这发动机设计专业有个啥用？不如搞个飞机上天来得实在。

随着学习不断深入，他发现发动机就相当于一架飞机的心脏，是整架飞机最核心的部件。但是那时候我国的飞机配备的都是从他国买来的发动机，都装着别人的“心脏”！如果一直没有自己的发动机……想到这里，日军轰炸时的隆隆炮火声仿佛又在耳边响起，陈懋章的心如同被人狠狠地拧了一把。他清醒地认识到：原来，落后于人就必将受制于人。

于是陈懋章捧起课本学习发动机原理，仿佛回到了10年前战火纷飞的成都，轰鸣的发动机声好似在嘲笑当时落后的中国人民，又好似在告诉他：祖国航空事业需要中国发动机，航空发动机事业需要你。

成长 蜕变

改革开放后，陈懋章作为我国第一批访问学者赴英，在帝国理工学院进行湍流研究，他学到的不仅仅是先进的航空发动机技术，更是用数据说话的求真务实品质。

他说："在科学研究里，求真务实精神太重要了。"

1981年回国后，陈懋章和一道从英国回来的蒋浩康教授共同主持"低速大尺寸压气机实验装置及转子流场动态测量技术"这一项目。这是研制航空核心压气机和研究其流场精细结构的重要设备，难度极大，但对提高我国压气机的设计研制水平的作用也是十分显著的。他常常奔走于各个实验室，紧抓每一个基本设备，小到零件摆放，大到设备工程应用……全力以赴将自己所学化为国家所需。

比别人更踏实、比别人更虚心，让陈懋章在拨开层层迷雾、探求真理时比别人更快。

他说："在科学探索里，创新质疑的态度太关键了。"

在某型发动机试飞时曾发生过这样一件事。

"咦？怎么回事？""空中停车？"……原本期待着试飞成功的研究员们发出了一连串的疑问。"前面压气机单独实验和发动机试车的时候也没有问题啊，怎么现在停了呢？"这些问号打在了每一个参与项目的人心中。

"压气机不稳定？燃烧室不稳定？处理机匣也工作正常啊……是不是这个处理机匣的原理有问题？"更多的问号出现在了陈懋章的脑海中。不过这种苏联时期就已经被奉为经典的扩稳装置，之前从未被质疑过。但是他经过反复分析考虑，发现这种处理机匣的确有扩大压气机稳定工作裕度的能力，但引导出来的气流的方向与叶片的方向不一致，导致压气机叶片端部工作条件恶化。所以"该怎么改"成了一个新的难题。

晚上，他辗转反侧，脑海里充斥着试飞的“停车”、叶片旋转的模样。一小时、两小时……蓦然，他想到了新的处理机匣的工作原理和结构。没过多久，一架配备这种处理机匣的飞机在珠海航展亮相，以最高的爬升率带着研究员们数百个日夜的心血掠过主席台，飞向蓝天。

陈懋章站在北京，望向南方的天空，好像看到了飞机飞过卷起的气流，穿越时光，隐隐约约覆盖了曾经为成都带来噩梦的气流。

他说：“在科学世界里，没有功利、没有名气。”

1999 年，陈懋章进入了中国工程院院士的队伍。63 岁的他有了一个新称呼——陈老。有朋友说他可以选择不在科研第一线担风险了，但他说：“既然成了院士就有了更多的责任，就应该做更多的工作。”

同年，他率领研究团队在大小叶片理论和应用方面取得了重大突破。在得知他所主持的大小叶片改进大型叶片发动机的试验与法国原机相比，各项指标都大幅提升后，法国 SNECMA 公司向他抛出了橄榄枝。丰厚的合作条件、多次真诚的联系，都无法将他从研究室里请出来，因为他说：“这是我国独立自主研究取得的成果，以国家需要为先。”

几个月后，曾经濒临破产的发动机厂生产的发动机供不应求，我国军队某些型号的飞机也开始配备根据这一新研究成果所改进的发动机，它们默默守护着国家……

担当　中国心

他说：我们在往前走，美国也没有睡觉，所以这在我来看是个需要一辈子努力的事情。他常在深夜备课间隙时看看桌上的老校徽，在看见北航大一新生时会想起自己在几十年前许下的愿望——要让中国飞机有一颗中国心。他，做到了吗？

2011 年歼–20 首飞成功，这本是一件极大的好事，可当时坐在会议桌旁的人们都沉默不语，脸上丝毫没有喜悦，只有认真和一丝愤怒。计算机屏幕上一边是歼–20 首飞成功的新闻报道，一边是美国媒体对此的评论。原来歼–20 用的并不是中国的发动机，而是俄罗斯的发动机 AL-31F。

美国媒体针对中国的恶意毫不掩饰地显露了出来，同时也很真实地揭露了我国航空事业的短板，也更坚定了国家的决心：要成立航空发动机和燃气发动机的专家委员会，要发展中国的航空发动机！

陈懋章成了专家组的主要成员。70 多岁的他没日没夜地商讨问题、制定方案，好像又回到了在北航求学的日子。基础不行，就加强基础；经费不够就再加点……祖国给足了底气：需要多少经费、需要创造什么条件来提高发动机的生产能力，都满足！

2022 年 3 月，在中国东海的上空，换上了国产发动机、拥有更强性能的歼-20 在 F-35 面前展现出令人咋舌的指挥和控制能力。

目标一致，步伐坚定：咱中国飞机，必须有一颗中国心！

传承　育人

六十年航空梦，六十年育人路。

1957 年，刚毕业的陈懋章选择留在北航工作，从坐在台下听讲，到站在台上侃侃而谈，不变的是他想实现中国航空梦，变的是他希望这个梦不仅仅在他一人心中。

陈懋章说，做学问要“痴”。有学生说，如果逢年过节实验室里还有人，那这个人一定是陈懋章。早上，他往往是第一个打开实验室的灯的；深夜，他往往是最后一个关上实验室的灯的。他希望学生看到的是时刻处于工作状态或准工作状态的他，因为他希望他的学生也能这样。

陈懋章说，教师当然要教书，但教书的含义不只是传授知识。他作为老师，教给自己学生的不只是课本上的知识，还有思维——科学思维、逻辑思维、做人思维。讲座上，他力求引导学生：既要有严密的逻辑思维能力，也要有开放的形象思维能力、丰富的想象力、敏锐的直觉，善于联想，更要有从复杂纷繁的现象中直接洞察和领悟事物本质的能力。

陈懋章说，航空是我们的，更是你们的。亲自动笔反复修改博士生的博士论文、亲自检查学生编写的程序、亲自讲解研究课题的细微之处……他希望力所能及地帮助每一个学生。

1992 年 9 月，陈懋章偶然得知一位大学辅导员在航天火箭技术上颇有造诣，因国家急需火箭技术人才，陈懋章努力为他争取额外招生名额，让研究生院破例录取他。如今，这位辅导员已成为我国火箭技术领域备受瞩目的专家，他就是蔡国飙。当被问起当年力荐的原因，陈懋章脱口而出："这可是个难得的人才啊！"

"陈老师""陈教授"……他变成了学生们向前进的标杆，向后望的依靠。

—学子说—

2019 年，北航学院路校区东北角的老教学楼里像往常一样僻静，早早来到这里的这位白发老人手里捧着泛黄的笔记本久久不翻页，那上面是用红色的笔摘抄的文字："对于知识分子，对于搞专业技术的，什么是爱国？什么是爱社会主义？做好本职工作就是最大的爱国。——陈毅"

良久，80 多岁的老人缓缓合上笔记本，走进了一间挤满学生的教室。他走每一步都很认真，学生们也很安静地等着。抬起头迎着学生们炽热的眼神，他慢慢地说："你们选择了航空，要珍惜这个时代，珍惜这个时代赋予你们好的条件，珍惜你们的青春，珍惜你们选择的航空。"

怀一颗中国心，锻造现在，点亮未来。他，做到了。

清风拂过他的笔记本，翻开了一页，上面刚劲的字写着："不见孤鹜飞，唯恐扰静泽。心醉似入梦，秉烛不思歇。"

有时候，爱一行，干一行；也有时候，干一行，爱一行；更有时候，爱一国，干一行，献一生。

再启新捩转，开拓先锋路

刘雅曦 田格

张彦仲篇

张彦仲（1940— ），航空系统工程及信号处理专家，中国工程院院士。曾任航空工业部、航空航天工业部总工程师，航空总公司副总经理，中国航空工业第二集团公司总经理（简称“中航二集团”）、党组书记，中国航空科技工业股份有限公司董事长，中共十四大、十五大、十六大代表。长期从事机械振动、信号处理与航空系统工程工作，主持大型飞机和航空发动机及燃气轮机两个国家科技重大项目。曾获全国科学大会奖两项、“威格瓦”电气工程奖等。

我们这一代人的特点是服从分配，自觉服从组织安排，所以也就不断地在改行。我在入选中国工程院院士时，写了四个字：奉献拼搏。我们这一代都在奉献。

——张彦仲

服从分配，误入航空，奉献终身，情系蓝天。他3次改行，临危受命，一生都在新的领域摸爬滚打。“为国家、为人民、为社会、为科学，奉献自己的一切。”他是科学家，是管理者，是工程师，是国家发展历程中千千万万个呕心沥血以身许国的共产党员的缩影。筚路蓝缕腾空起，功成身退不计名，他将一生的心血挥洒在了国产大飞机翱翔的蓝天上。

一个箭头定半生

1962年，一个青年踌躇满志地登上了北上的火车，几经辗转、一路颠簸，落脚在北京郊区的一座破败小院里，只有几间散乱的平房和一栋孤零零的楼，这就是初建一年的研究所。这番景象给年轻气盛的张彦仲泼了一盆冷水。

4年前，张彦仲收到西北大学物理专业的录取通知书。少年时誓要深耕物理研究，去大西北的核试验基地一展宏图，而此时的他却站在航空工业的大门口，犹豫彷徨。毕业后他服从分配来到了这里，从踏入院子的那一刻起，他便与中国核物理起步的黄金时期擦肩而过，却和中国航空命运的齿轮悄然啮合，再未分离。

“你们当中谁是党员？谁是团员？”所里领导问。张彦仲举手示意，他思想积极，大二就入了党，是新来的5人中唯一一名党员。“搞计量工作必须政治觉悟高，政治素质好。”他用铅笔勾了一下，把张彦仲从精密所“勾”去了计量所。

由此，张彦仲在计量领域深耕了20年。

当时，不管是对计量所还是对张彦仲来说，一切都是从零开始。专业知识匮乏，他们就去国家计量科研机构实习取经；经费紧张，所里就租下农民的马厩、羊圈和工棚给职工当宿舍住；一无所有，科研人员就全员出动在工地上参与建设，历时3年，用一砖一瓦建起了试验厂房、车间和宿舍楼。尽管艰苦，张彦仲却把三〇四所视作学习的沃土，他凭借超强的自学能力和坚毅的钻研精神在专业能力上取得了巨大的提升，作为振动组组长带领大家攻克了许多难题，研制出我国第一套加速度校准装置，并率先展开国内的飞机故障诊断研究等，在一尺又一寸的空白领域开疆扩土，证明了中国人可以靠自己的志气和能力，走出一条独立自主的道路!

1978 年，全国科技人员迎来了“科学的春天”，张彦仲率先向第三机械工业部提出：要对外开放！他乘坐过苏联的图-204 喷气式飞机，见到过苏联发射的第一颗人造地球卫星，参观过世界领先的科技公司……国内外科技水平的差距之大，令他感到了前所未有的震撼。“我们国家什么时候能富强，能造出自己的飞船和大飞机？”这是张彦仲最迫切想要弄明白的问题。

国际会议上的生面孔

1979 年，改革开放的春风吹到了研究所，刚担任副所长不久的张彦仲在同事们的支持下做了一个艰难的决定：辞职。虽然已经年近不惑，张彦仲的求学之心却一直蠢蠢欲动，这个机会对他来说也许只有一次。

“彦仲，你打算报哪所学校？”

“剑桥大学！”

此话一出，震惊了当时和张彦仲一起参加培训的人。剑桥大学，多少人梦寐以求但望而却步的地方，年近 40 岁的张彦仲要去叩剑桥大学的大门!

因为他想用这仅有的机会搏一次。

最终，张彦仲凭借过硬的能力赢得了这个机会，成为中方推荐的十几人中唯一被录取的学生。1980 年 9 月，运-10 成功首飞，6 个月后，张彦仲插上翅膀飞向海外。

1983 年 9 月 13 日，张彦仲站在联邦德国国际信号处理会议的大厅中央，台下目光闪烁，不同国家的专家们疑惑地盯着这个来自中国的生面孔。张彦仲身着藏青色西装，熟练地切换着幻灯片，展示着他在剑桥大学一年多的研究成果——“子群卷积”。这个算法由张彦仲首次提出，一举成为当时世界上进行傅里叶变换最先进的方法。汇报完毕，台下响起一片掌声，因为许多人都曾向这个难题发起挑战却一筹莫展。大家啧啧赞叹，向他颔首致意。这一次，张彦仲带着中国人的头衔走向了世界!

初入学时，张彦仲本可以选择一个简单稳妥的课题，可他偏偏不愿意。他选择的主攻专业是1965年才出现的新兴学科“数字信号处理”。毫无经验的张彦仲一入学就敢于挑战该领域的世界级难题，连他的导师都惊讶于他的胆量。他一边埋头学习基础，一边用自己的经验知识理解数字信号处理，偶然间他敏锐地洞察到物理中常用的群论在傅里叶变换中大有可为。经过一年多的理论推导和大量计算证明，这个想法逐渐趋于成熟，最终他实现了理论和实践上的突破。1982年8月，张彦仲将成果编撰成论文，以第一作者的身份投递到了国际权威会刊。

在接下来的求学期间，张彦仲不满足于这一项成果，又在几个不同的领域连连登顶！虽然没有从事物理领域的工作，但大学时期打下的坚实基础让张彦仲受益一生，这也是他能够多次改行的底气。

毕业时，张彦仲在博士论文的第一页写道：“献给我伟大的母亲——祖国！”他也用行动证明了这几个字的分量，面对国外众多高薪的职位邀请，他毅然回国，建立了先进的信息处理实验室，并积极参与交流、促进成果转化、撰写多本专著，带着自己在国外学到的先进技术继续在祖国的土地上耕耘。

“来了就好好干，干就要干好”

1984年毕业回国，一个选择摆在张彦仲面前——是继续专心科学研究，还是放弃专业到机关做行政管理工作。

思量多日，一向服从组织分配的张彦仲还是接受了航空工业部副总工程师的任命。在第一次大会上，他用发言稿的题目表达了自己的态度——打好基础，甘为人梯。

从没有学过航空知识的外行，到主管科技工作的总工程师，张彦仲虚心讨教，广纳众议，坚持“说一件，干一件，做一件，成一件”，做实事、求实效，“来了就好好干，干就要干好”。风洞是研制飞机最重要的实验设施之一。面对中国自主设计飞机的严峻挑战，张彦仲等航空工业部领导扛下重任，自筹2000万元资金建设1.2米风洞，为新中国航空工业走向独立自主发挥了不可或缺的作用。

1999年，张彦仲再次迎来新挑战，他被调至中航二集团任党组书记和总经理，受命组建中航二集团，面临国家投入少、企业亏损多的困难。

面对困难，不服输的张彦仲深知要当好高科技企业的管理者，既要懂知识技术，又要懂管理、懂经营。他从硕士生财务管理的教材开始学习，融会贯通，为了解决成本管理问题，他结合以往的科研经验和方法提出了“成本系统工程”，由此，企业亏损问题逐步解决。他走出了一条亮眼的“逆袭”之路——扭亏脱困、攻坚克难，二集团从亏损大户蜕变为军工集团利税大户，同时实现重点工程“零”的突破，得到国家的重视和支持。这一仗，张彦仲对得起党中央的信任，对得起集团成员的期望，更对得起当时心怀壮志接下新生的二集团的自己。

壮心不已，星火存续

2003 年，一个起起落落的梦被再次提及。

投身航空工业 40 余年，从科学家到管理者、工程师，张彦仲在每一个岗位上都留下了属于自己的闪耀印记，但心中总有一处意难平的夙愿。

那个 30 年前发芽的“大飞机梦”还没实现。国产大飞机项目四上四下，由于种种原因，穿越“死亡航线”创造奇迹的运 -10 于 1985 年停飞。大量的国防工业由军转民，经历了 10 多年的扭亏脱困，无暇启动大飞机工程，连续的挫折使得中国大飞机事业一蹶难振。

中国要不要造大飞机？能不能造大飞机？这成了颇具争议的问题。

可是张彦仲和众多同行始终坚信，大飞机非发展不可。这是自己的梦，更是几代航空人的梦！

进入 21 世纪，世界强国都将大飞机作为国家战略性产业重点发展。发展大飞机不仅能促进我国航空产业的战略结构调整、推动国家经济发展，更能增强国防实力。

百折不挠，逆流勇进，张彦仲与专家组成员辗转各地参加评审、研究技术方案等会议，调研证实我国航空工业有长期研制军民用飞机的经验，具有发展大飞机的技术基础。

2006 年 1 月，大型飞机项目被列为国家未来 15 年力争取得突破的 16 个重大科技专项之一，开始启动论证，张彦仲任专项方案委员会主任，积极组织参加各种技术咨询等工作，为项目的发展出谋献策。

2007 年 2 月 26 日，国务院常务会议批准大型飞机研制正式立项，中国终于开始研制自己的大飞机了！

要造国产大飞机，就绕不开航空发动机这个短板问题。航空发动机是飞机的“心脏”，集现代制造业的技术精华，行业壁垒高，各国通过各种手段对核心技术严格封锁，尤其对华遏制。

为突破航空动力长期受制于人的瓶颈，2012 年，航空发动机及燃气轮机国家科技重大项目启动。72 岁的张彦仲深感这一重大项目的历史责任，老骥伏枥，出任论证委员会主任，圆满完成论证，向中央和全国人民交出了一份经得起实践检验和历史考验的答卷。

看着年轻时共同奋斗的同行们渐渐走向晚年，张彦仲十分忧心航空工业人才青黄不接的困境。从大飞机专项开始实施起，张彦仲就坚定地让年轻人挑大梁，主张不仅要出大飞机成果，更要解决人才断层问题，最终锻炼出一大批三四十岁的科技和管理人才！其实早在这之前，他就非常注重青年科技人才培养，不仅推进了“航空科学基金”的创建，向青年科技人员倾斜，并且从 1985 年开始在北航带研究生，还于 2006 年在北航开办“大飞机高级人才培训班”，为祖国培养了一批批青年人才，支撑起我国航空事业未来的希望！

“现飞机已取得特许飞行证，完成了高速滑行试验，可以首飞！”2017 年，张彦仲在我国自主研制的 C919 大型客机首飞现场自豪地宣布。“让中国的大飞机飞上蓝天，既是国家的意志，也是全国人民的意志。”历时 50 余年的大飞机梦，终于圆了！

中国人在圆大飞机梦的过程中，从挫折走向新生，不屈不挠，步步坚实，步步峥嵘，终于守得云开见月明。

— 学子说 —

“中国航空工业发展到今天是大家的功劳。”踏出校园时，他将青春献给三〇四所；博士毕业时，他在论文首页写下“献给我伟大的母亲——祖国”。张彦仲以身许国，投身航空，为我国航空事业开拓创新，在人生与事业的新篇章中勇攀高峰，在不同时期、不同岗位上始终将国家需求摆在首位，不争功奖、壮心未已。

“为国家、为人民、为社会、为科学，奉献自己的一切。人生价值就在于奉献。”服从分配，三次改行，志在蓝天，一生拼搏，作为科学家、工程师、企业家，张彦仲不断迎接挑战，在新中国发展历程中写下了低调又有力的一笔。耄耋之年，他依旧心系国家发展和航空强国事业，在科研、管理和人才培养等工作中发挥自己的余热，用老一辈科学家的精神感染激励着一批又一批年轻人前行。

陀螺筑梦的引航人

窦瑶

房建成篇

房建成（1965— ），导航、制导与控制专家，中国科学院院士。曾任北京航空航天大学常务副校长，现任北京航空航天大学学术委员会主任，极弱磁场国家重大科技基础设施首席科学家、总设计师，惯性技术国家级重点实验室主任，中英空间科学与技术联合实验室中方理事长等。曾获何梁何利基金科学与技术成就奖、首届国家级杰出人才奖、“全国杰出专业技术人才”称号。

在北航有一句话叫“30 年一代陀螺仪、40 年一代发动机”，因为它难，所以必须要有坚持不懈的精神，坐冷板凳的精神。

——房建成

“陀螺”，古已有之，从最初的小小玩具到空间站中帮助卫星维持稳定姿态的陀螺仪，它蕴含着巨大的奥秘与无穷的力量。而在这令多名科研工作者前赴后继的陀螺仪探索长河中，有一位“陀螺院士”，他就是房建成。

躬身实干　敢为人先

梦起于微时，源溯自沧浪。一切的故事，始于“陀螺人”的情怀与传承。从以林士谔先生为代表的第一代陀螺人，到以张惟叙教授为代表的北航第二代陀螺人，再到房建成带领团队取得磁悬浮陀螺的研制成功，北航人在陀螺事业的征程中，从“跟跑”到“并跑”再到“领跑”，他们始终坚守初心。

1965 年，房建成出生于被誉为“两战胜地、红色沂蒙”的沂蒙山区。在这片红色的沃土上，他自小就继承了沂蒙人吃苦耐劳、勇往直前的精神。1988 年，房建成硕士研究生毕业后，被分配到海军潜艇学院。当时我国的潜艇装备还很落后，而潜艇的隐蔽性和它的定位精度关系非常紧密，自那时起，房建成便注意到陀螺定位导航的精度问题，由此开始接触陀螺惯导。1999 年博士后出站后，经特批，房建成作为国防科技工业急需人才转业，进入北京航空航天大学，从此将科研生命与祖国空天事业紧密相连。接过张惟叙教授等第二代“陀螺人”的创新“接力棒”，他带领团队向磁悬浮陀螺发起攻关。

坐得住冷板凳，下得了真功夫，是房建成面对科研的一贯态度。2003 年，房建成带领团队经历了磁悬浮控制力矩陀螺研究过程中最困难的阶段，而挺过那样一段艰难的岁月，靠的正是身为科研工作者的不屈毅力。为突破磁悬浮转子每分钟 43 000 转的技术极限，解决陀螺失稳问题，他们连续多日驻守实验室，几百组参数一组一组地试验。房建成在采访中回忆道：“每次实验都像走钢丝，转子失稳就会变成‘飞弹’。”他们充分发扬不怕困难的“钉钉子精神”，最终成功突破，创造了当时大惯量磁悬浮转子转速的最高纪录，为推动祖国航空航天事业的飞跃发展奠定了基础。

作为北航第三代“陀螺人”，2007 年，房建成成功研制出我国首台五自由度主动控制磁悬浮惯性动量轮，获得国家技术发明奖一等奖。“当时我想这个东西太关键了，咱们国家早晚必须把它干出来，10年不行，就20年，必须把它干出来！”而也正是凭借着这份实干的决心，房建成带领团队一次次在惯性导航领域取得突破。躬身入局为最初梦想，踏实肯干逐一心所向，褪去荣誉所带来的光环，在房建成身上，我们总能看到科研本真的模样。

敢想敢做　常寻突破

起于筑基平地之时，誓要万丈高楼林立。对房建成来说，做出什么不是目的，能为国家服务才是最根本的动力。

2007年，房建成前往英国卢瑟福·阿普尔顿实验室，在羡慕其高能对撞机、加速器等大科学装置的同时，他也开始思考我国在这方面与国外的差距。国外这种“从原理突破到产业落地”的完整链条，与我国当时惯导领域多局限于跟踪式研发的现状形成鲜明对比。他意识到，要破解“卡脖子”困境，必须建立“原理发现—技术发明—产业应用”的全周期创新体系。

2008年，在航天器磁悬浮惯性执行机构取得突破后，房建成就迅速投身新一代原子陀螺仪的研究。而他的梦想并非仅仅是研究原子陀螺仪，“利用相关技术做出民用、便宜、芯片级的惯性导航系统”，这是房建成宣之于口的“野心”。“美国有这个民用惯导的目标，我们也更要好好去做，十年二十年后，量子精密测量、原子磁强计一定会起来，我相信我这个梦想能实现。”

房建成还有着长远深思，要将科研和工程应用接续起来，谨防装置和科学条件起来了，但产业没跟上而被“卡脖子”，他认为一方面要做大装置，另一方面要有技术创新团队做工程应用。

秉持服务国家需要的价值取向，坚持面向国家重大需求，房建成真正践行着“开辟发展新领域新赛道”的号召。房建成团队将杭州作为科技成果转移转化的首选地，打造量子传感、零磁医学和高端医疗装备产业创新中心，同时与国内顶尖医院合作，推动零磁医学产业发展壮大，真正做到将创新成果转化为实际产业，避免了科学上先发现、生产上“卡脖子”的被动局面。构建科学、技术与产业的系统发展体系蕴含着房建成作为一名科研工程师的用心思虑与责任担当。

无论是研制国际领先高水平陀螺仪的毕生追求，还是筹建极弱磁大科学装置的最新尝试，房建成总是将其归于他的责任。而展现给世人更多的，是他敢想敢做的魄力与担当，恶劣环境下的挺身而出与毅然尝试，新时代下的长远思考与实业思想。在科研与工程的道路上，房建成一直是一名坚定的践行者，突破的只是目前的极限，不是科研工作者的极限，在他的心中，有着一方净土，守着一份责任。

合众之力　承前启后

一人渡河行独木，万人江海筑大桥。科研不是一个人的孤军奋战，而是团队的配合创新。“我不孤独，大家一起来完成任务，这就是咱们国家能干成一些事的原因。”面对科研中的“卡脖子”问题，房建成带领团队从源头上进行创新，这样的团队中，有来自航空、航天、计量等各个科技领域的多支“国家队”，也有建筑、设计、工程等领域的多位总工程师，而将整个团队紧密联系在一起的，是服务国家需要的共同价值取向，更是深谙凝聚力与团队智慧的规划者，聚众人、行好事的合众之心。

随着科技发展进入量子精密测量时代，磁场和光，与原子、分子、电子等各种粒子的相互作用被不断深入研究，仪器仪表测量的精度有望进一步实现大幅提升。房建成认为，如果在这个时候能够利用好大科学装置，那么中国就可能在新赛道上领先。

而众多的事务，也曾为房建成带来身体上的负担。他在即将步入花甲之年时，一度因为过度操劳引发心脏病而住进重症监护室，但面对此境况，他没有放弃科研之心，而是毅然辞任北航常务副校长，全情投入带领团队开展极弱磁大科学装置建设的工作当中，他总说，这是他应当为国家担当的责任。永远带领团队“冲锋陷阵”，是房建成从始至终的情怀与大局观。

“建设一代，预研一代。”在极弱磁大科学装置建设的基础上，房建成带领团队预研下一个大科学装置，主要围绕地球磁场模拟与监测系统展开，构建空天地海一体化地球磁场实时监测网络系统。时刻警醒，时刻思考，放眼未来，纵观全局，大科学装置是团队的智慧，更蕴藏着布局者的心血。

“等这个大装置建好运行的时候，我就 70 岁了。”他说自己是在为学生们搭建平台，“为我的学生、为学生的学生、为了现在的二三十岁的年轻博士们。这个大装置将来要用 50 年、100 年。只要坚持不懈，一代一代做创新研究，我相信他们会有新的发现，最终将摘取皇冠上的明珠。”承前启后，生生不息，不仅仅是为了当前的发展，房建成亦是在做一个好的传承者，铺路筑基，为后辈提供更高更好的平台，为国家科技产业培育新兴不竭的力量。

—学子说—

房建成是新一代“陀螺人”的缩影，生长于国家飞速发展的新时代，他们传承着老一辈科学家爱国奉献、淡泊名利的优良品质，把论文写在祖国大地上，把科技成果应用在实现国家现代化的伟大事业中。

他们葆有对祖国永恒的热爱，始终以国家的需要作为奋斗的方向，为研制世界上最先进的陀螺仪不懈努力；他们坚持对创新永恒的追求，不断探索科技发展的前沿；他们传承对学生永恒的关爱，用言传身教培养兼具理想信念与科研能力的学生，为祖国培养最优秀的人才；他们坚守对理想信念永恒的执着，怀着传承三代人的陀螺梦，用全身心的投入践行空天报国的远大目标。

旧时往事筚路蓝缕，来日之路光明灿烂，前人引路后人行，在神州大地，陀螺之梦永在继续。

在此致敬。

躬身育才，打印梦想

曾小雅

王华明篇

王华明（1962— ），金属增材制造专家，中国工程院院士。现任北京航空航天大学教授、大型金属构件增材制造国家工程实验室主任，兼任中国机械工程学会增材制造分会副主任委员。曾获德国洪堡基金支持、国家级领军人才基金支持，获国家教学成果二等奖、全国五一劳动奖章等荣誉，入选教育部“跨世纪优秀人才培养计划”，被评为北京高校教学名师、北京市优秀教师。

我们就是一群最普通、最平常的科技工作者，常年和金属材料打交道，没有想象中特别“高大上”的实验室，干的也是普通事。

——王华明

“炉火照天地，红星乱紫烟。”千百年前的金属冶炼，红星四溅，紫烟蒸腾。古人很难想象，千百年后的今天，一台高性能计算机、一组高精度激光头、一个大型金属构件增材制造数控机械平台，就能完成大型复杂金属构件的快速成型制造。

这项技术就是3D打印。

与3D打印结缘

1989年，王华明在使用激光表面快速熔凝手段修复航空发动机叶片时，惊喜地发现，叶片修复后性能有了多方面的提升——“更致密、强塑性更好，不容易断裂了，表面光滑，摸起来也没有一点修补的痕迹”。从此，王华明与3D打印结下不解之缘。“当时我就在想，如果完全运用激光熔凝技术制造金属构件，可能会对大型装备制造业产生质的影响。”

1995年，王华明担任北京航空航天大学教授，组建科研团队开始进行钛合金、超高强度钢等高性能金属大型关键构件激光增材制造技术攻关。最开始，只有王华明和张凌云两位老师，后来又吸收了6名研究生，正式开启了“金属3D打印”科研的漫漫长路。“那时候，做出一个A4纸大小的次承力构件，我们都高兴得不得了。”

保持坚定不移的方向

2000年，美国铸造业龙头企业Aeromet已经开始尝试用增材制造的方法制造航空器的大型关键构件，在工程验证阶段却始终未能解决疲劳性能问题，最终认定这种方法无法实现，在2005年放弃了。

但王华明没有放弃。“那个时候他们最终得出结论，这条路走不通，用于做关键构件是不可能的。而我们继续坚持，最后把它做成了。”

颠覆性成果绝非一蹴而就，技术产出成果、成果投入使用，每个环节都面临着无数难题。试验持续时间长，对技术人员要求高，试验期间需要有人24小时随时检查、调整各类参数，一旦开始可能十几天不能停；结果不确定性高，耗费数十天的时间打印出来的零件可能因为内应力太大而忽然开裂，团队只能从头再来……面对各式各样的挫折，王华明只是皱着眉头、摆摆手，不疾不徐的声音中透着坚定：“解决重大问题不是靠一天两天，不能想着报奖、发论文，必须静下心来，刻苦钻研。”

而对于未来要装到轮船、飞机、火箭等重大装备上的零件，安全性是重中之重。每个采用 3D 技术打印的零件，哪怕只是一个阶段性的成果，都必须进行严格的检验。“别人考核一次，我们得考核十次。”平日总是笑眯眯的王华明对此却非常严肃，“和安全息息相关，容不得半点失误。”

关关难过关关过，功夫不负有心人。2005 年 6 月，中国第一个采用 3D 技术打印的钛合金小零件被装上飞机。“这是歼-11B 上的一个特别小的零件，别看它小，要做到能在飞机上应用，我们大概走了 8 年的路。虽然小，但它是标志性的一步。”

让梦想飞上蓝天

2023 年 5 月 28 日，央视新闻报道“国产大飞机 C919 大型客机成功完成商业载客首飞，这标志着 C919 的‘研发、制造、取证、投运’全面贯通”。屏幕前看到消息的王华明激动得握紧了拳头：“C919 带着我们所有人的梦想，真正飞上了蓝天。”

承载着王华明团队心血的，是 C919 机头钛合金主风挡整体窗框，一个其实只有 10 千克重的“大家伙”。

2009 年，在研制 C919 的过程中，一道难题摆在无数技术人员面前——C919 机头主风挡整体窗框如何制作。这种构件尺寸大、形状复杂，国内传统制作方法无法完成，只有欧洲一家公司可以制作，但周期长——最少两年，且价格高昂——仅模具费就要 200 多万美元。

王华明团队利用 3D 打印技术完成了窗框制作，制造周期不足 55 天，成本消耗不足模具费用的 1/10。“这在 2009 年一定是一个奇迹。”

外人只看到他们令人惊叹的效率和似乎云淡风轻的 50 多天，过程中的艰辛，王华明很少提及。

那年，团队预计于腊月二十前后完成一个阶段性的零件制作，但各种问题一个接一个出现，等到除夕晚上 8 点，零件才终于打印完成。来不及松口气，新问题又出现了。激光打印温度极高，因此在制作完成后要马上将零件放到炉中做去应力处理，不然零件容易开裂。但 200 多千克的东西，又没有吊车，凭在场几个人的力量根本无法挪动；刚打印完的零件有 100 多摄氏度，人无法直接触碰；况且那时候炉子还相对小，零件只能塞进去一半。

工厂外，春节的鞭炮声已经响起，噼里啪啦，喜气洋洋；工厂内，王华明等人面对庞然大物，沉默无言，无可奈何。

“先回家吧。”迎新春的团圆日，王华明却无法展开舒心的笑颜：“那大概是我第一次在回家过程中，心里面像是空了一块，一直悬着，又没有什么办法。”

忐忑了一晚上，大年初一一大早，王华明就赶到实验室，却发现零件裂成了 3 段。这意味着他们功亏一篑，需要从头再来。

面对这听着就让人崩溃的事情，王华明却很淡然：“当然，你很心疼，但这就是教训。做科研说十年磨一剑，如果想做出真正有价值的、对国家有用，在科学上、技术上有实质性进步的成果，可能一生磨一剑，都未必能磨成。”

后来团队又尝试了多种方法，最终通过先化整为零、再积零为整的方法，实现了内应力离散，成功地完成了任务。

“让更多人关心、参与技术的发展”

王华明在科学研究之外，也很看重课堂教学和科学普及。“教授首先是教师，教书育人是本职工作。”20 多年来，王华明始终坚守在本科教学一线：“本科知识虽然基础，却是一辈子都要用到的知识。”王华明给本科生开设的“物理冶金原理”课程，是金属材料领域最重要的一门专业基础课。有学生回忆：“在暑期工作会上提到的铁碳相图，一个挺基础的东西，王院士却经常讲、反复讲，讲得很深，仿佛要扎到我们的心里边。”

王华明还很注重培养学生的创新能力和动手实验能力，一直主张充分利用先进的科研资源为本科生教学实验服务。他组织开展自主实验体系、实验指导书的编写；担任北京航空航天大学“冯如杯”材料及工艺组专家评审组组长，将课题组建设起来的多个先进研究实验室向本科生开放，让课题组自费聘请的工作人员投入本科生的自主综合教学实验工作，承担了大量的材料消耗及实验支出费用。

在教学科研任务如此繁重的同时，为了让更多人认识了解3D打印技术，王华明参加《开讲啦》《院士开讲》等节目，以简单易懂的描述向大众科普3D打印技术。在介绍原理时，他将3D打印比喻成做CT扫描，“把无穷多张CT的片子摞起来，叠在一起就是一个复杂大脑”；在描述打印过程时，他用树苗发芽比喻，“一毫米一毫米地堆积成长，激光扫描一下，零件就长高一层”；在介绍性能时，他又将金属3D打印的制作过程比喻成做面食，“金属里的晶体就像面粉，面粉磨得够细、揉得够均匀，就能拉得很长，即金属塑性好，嚼起来筋道，即金属的强度高”。

“说得太多，做得还不够”

在被问到技术发展的程度时，王华明低头沉思了一会儿：“说得太多，做得还不够。”

“3D打印到底能做什么？到底能做什么现在做不了的？能为社会做什么事情？”王华明提出三连问，强调的是自主掌握核心技术，将理论上、原理上的优势转化成现实，以期实现持久有效的发展。

他将金属3D打印的未来方向总结为高效率、高精度、高性能。金属3D打印不仅能使材料性能提高，甚至有可能带来新一代合金材料，还能完善装备的结构和性能，更将影响未来整个制造模式。这也是王华明团队瞄准的核心——通过控制微区冶金过程，发展出新一代的材料，例如新一代的钛合金、新一代的超高强度钢。

如今，王华明仍然坚守在科研和教育的一线：在实验室埋头苦干，瞄准国家需求自主创新不断突破；在三尺讲台上教书育人，言传身教，锻炼、培养高层次创新人才。

他从不认为自己有什么特别之处，也从不因为获得荣誉而沾沾自喜。他干的是金属铸造这件古老的事，这也是一件可能会改变未来重大装备结构的事。他只觉得庆幸："从来没想过在我们有生之年，能把我们的东西装在飞机上，因为一般搞航空的人做一个航空新材料，从他大学毕业开始做，到他 60 岁退休，可能大部分的成果都上不了飞机。我们用了 8 年的时间，后面又用了 2 年时间，我们做的工作是破纪录的，有里程碑意义。"

—学子说—

从正式开始研发到零件第一次装载上机，10 年，让理论变成了现实；从临危受命到圆满完成 C919 机头主风挡整体窗框制造，55 天，让 C919 带着无数人的梦想飞上了云霄；从站上讲台到如今，20 余年，让一批又一批高素质人才在祖国各个岗位上发光发热。

王院士带领他的团队，从零开始，使中国成为目前世界上唯一突破飞机钛合金大型主承力结构件激光快速成形技术并实现装机应用的国家，但他并未止步，致力于让 3D 打印技术走向更加精密、更有效率的未来。

"十年磨一剑，未必能磨成，做科研要有一生磨一剑的觉悟。"王院士说这句话的时候，是严肃的，也是淡然的，也许是因为他觉得这是每个科研工作者都应该具备的基本思想。我在每一次想起时都会被打动。

一颗红心，始终为家国跃动

杨波

苏东林篇

苏东林（1960— ），党的二十大代表，中国工程院院士，全国黄大年式教师团队和2024年全国最美教师团队带头人，北京航空航天大学教授，现任第八届教育部科学技术委员会信息技术与网络安全学部副主任。长期致力于电磁兼容基础理论研究、关键技术攻关、重大装备研制。先后主持完成了30多项重大装备电磁兼容工程任务。获国家技术发明奖一等奖1项、国家科学技术进步奖二等奖2项，均为第一完成人。获“全国巾帼建功标兵”称号、全国五一劳动奖章、全国创新争先奖、第四届杰出教学奖等。

我始终认为，因热爱而幸福。学习自己热爱的专业，从事自己热爱的事业，实现空天报国、电磁强国的毕生信念，对我来说，这种幸福不是一阵子，是一辈子。

——苏东林

2024 年 2 月 27 日，北航 2022 级电磁场与无线技术专业学生的第一堂“电磁场理论”课开讲了。讲台下是 45 双渴望知识的眼睛，讲台上的女教师问道：“你们到北航来，有没有一种刻骨铭心想改变命运的冲动？对于我们国家来说，比如目前我们用到的教材中的公式，很多都是用外国科学家的名字命名的，而今天，我们国家发展到了经济强大的阶段，中国力量越来越强大，但是以中国科学家命名的公式有多少？我们是不是该做点什么，来改变这种局面？”所有人都沉默了，我当时在台下，望着她，一瞬间只能想到一个词——坚定的“炽热”。我一时分不清，她是在说自己，还是在说我们，或是在透过我们，看曾经的自己。

而她，就是苏东林，我想尊称她“苏先生”，为她给中国教育事业和电磁事业做出的卓越贡献。

梦想生根发芽

苏先生总让我觉得很亲切，为什么呢？因为她不像科学家绘本里的那些形象遥不可及。她像我的学姐，尽管时代有所不同，但她好像总能洞悉当今时代青年的迷茫和困惑，就像她也走过同样的路。

1960 年 3 月，苏东林在北京出生。苏东林的父亲是一位大学数学老师。在苏东林的孩童时代，父亲带着一家人做灯笼、做衣服，平淡的生活中总是充满创造的乐趣。在父亲的引导下，数学、物理对小时候的苏东林有极大的吸引力。在她小的时候，父亲给她讲解富兰克林引雷、曹冲称象等故事，几乎每月都带她到天文馆学习天文知识，让她对科学充满了无限的渴望。不仅如此，独立思考，不断钻研，最终破解问题，这样的过程让那个时候的苏东林感到无比满足和充实。苏东林还经常跟着父亲去班里上课，讲台上的父亲令苏东林崇拜，当看到同学们学习新知识后豁然开朗的满足与充实时，苏东林的心里滋生了一个教师梦。

年少时期的苏东林，在家庭的影响下，总希望帮助身边的人。当看到弟弟妹妹们，她总会时刻提醒自己，要做好榜样；当同学们跟不上课堂进度时，她会主动帮助他们；当看到她的帮助给身边的人带来积极的力量时，她也心怀暖意。

这样的暖意日渐生根，最终生长成一棵参天大树，这棵树的名字叫“家国”。

在父亲的影响下，苏东林不只想要帮助身边的人，她还想帮助更多的人，她想奉献更大的力量。她开始意识到，只有努力读书才能改变自己的命运，改变国家的命运。本身成绩就十分优异的苏东林，更加刻苦学习，她渴望考上大学，继续读书，她想圆自己的梦，圆父母的梦，也想圆家国的梦。

1979 年，苏东林参加高考，她深知“国家要强大，国防必须强”，于是坚定地选择了与国防相关的院校和专业，希望为国防事业贡献力量。最终，她顺利进入北京航空学院（北京航空航天大学前身）电子工程系的电磁场与微波技术专业。

“要做就做最好的”

如果说什么时候觉得苏先生忽然遥远了，我想是在了解了苏先生走过的科研之路后，因为仅仅是听那些故事，就已觉得，用什么样的文字去描写都显得苍白，因为苏先生走过的路，太艰难，也太辉煌。

苏东林读研究生时期，中国的电磁兼容行业遭遇重重压力，国外技术封锁，国内人才紧缺，电磁兼容领域正处于“盲人摸象”的探索阶段，一眼望不到头，没有经验积累，没有相关数据支撑……这对科学家来说，无疑是心理和生理的双重煎熬，很多人都选择了放弃。

可这打不倒苏东林。她深刻认识到电磁兼容领域的困局，必须有更多的人加入进来，仅仅靠现在的力量，远远不够。2006 年，她创立了我国首个“电磁兼容与电磁环境”学科，实现“从 0 到 1”的突破。但是，这还不够，没有一个强大且专业的团队，是无法走得长远的。她必须以最快的速度培养出一批精兵强将，必须形成体系，形成规模。对她而言，青年学子就是最大的底气。2011 年，苏东林组建北京航空航天大学电磁兼容技术研究所；2012 年，她又创建航空军工行业电磁兼容专业培训基地，持续组织几十期国防电磁兼容技术培训。苏东林常说：“如果电磁实力不能成为国家的硬实力，我们就要吃亏。我常常告诉我的学生们，现在国家把这个任务交给我们了，我们就是阵地上站着的战士，人在，阵地在。人不在，阵地也要在，不能让国家输。”

2020 年，在新修订的《中华人民共和国国防法》中，电磁安全作为一种非传统安全被列入重大安全领域。看着越来越多的新鲜血液加入国家电磁领域，苏东林很欣慰，这30多年的努力没有白费。

30多年如一日，这算什么？

对苏东林来说，不过是她所热爱的。

对作为科学家的苏东林来说，不过是为国家“要做就做最好的”。

“每个学生都有一双渴望的眼睛”

我反反复复地想写出苏先生在讲堂上给我带来的震撼和感动，却发现很难描绘，因为在第一堂课上，我已感受到苏先生对学生们的浓浓爱意和她对这门课倾注的心血，而越是感情汹涌，越难用理智的文字表达。故而我想要用第一视角，不求精湛描绘苏先生的授课过程，但求真实记录当时的感受。

在看到苏先生的第一眼时，我发现她和我想象的完全不同。当时她已经64岁，本以为她是一位温柔和蔼的长者，但她站在那里时，是“女将领”。她像一只鹰，搏击长空的“鹰”。这是我第一次感受到，用“坚定”这个词形容一个人还不够有力，“坚毅”才能够配得上她的气质，我真正感受到什么叫“巾帼不让须眉”。她说：“女孩子哭不要紧，可以哭，但是要把眼泪在学校流干，以后你们出去就是各个领域的战士。”苏先生的这句话重重地砸在当时每位女学生的心里。

在她的课堂上，她的正能量会感染每道求知的目光，而这正能量的来源，是她的一生。

苏先生讲课“花样”很多，时不时抛出一些生活中非常常见的现象让学生解释，这些现象往往又与课堂知识紧密联系，让学生在理解概念后会产生“柳暗花明又一村”的感觉。讲电磁场，她会利用手电筒的模型，提出“电池给灯泡充电，那电池的能量是通过什么媒介传递给灯泡的”的问题鼓励大家思考；苏先生讲课也善用比喻，看似抽象的概念，她会用生活中的事例帮助大家理解；她组建兴趣小组，带领同学们利用电磁知识制作各种手工作品，培养同学们的动手能力；她也喜欢利用“小纸条”查考勤，同学们需要在纸条上回答一些问题，例如“你对‘电磁学理论’这门课有什么期待和理解”，同时同学们也能收获一句名言，例如“黑发不知勤学早，白首方悔读书迟”……

在这样妙趣横生的课堂上，从讲台上往下望去，看到的会是一双双炯炯有神的眼睛，那一刻就会忽然理解这些“渴望的眼睛”，对教师而言，是一份份沉甸甸的期待。

何谓良师？看到苏先生，我想我的答案是，当我看见她的时候，我会因为她爱上这门课，我也想靠近她、成为像她这样的人。

1987 年，苏先生正式开始课堂教学。除了出国的 3 年，她至今仍然坚守在教学一线，讲授本科生课程“电磁场理论”，课堂出勤率高达 100%，受到学生的一致好评。苏先生说：“我希望培养你们的兴趣，希望你们每个人都可以做到你们的最优秀。”为此，她努力了整整 38 年。

我不想用那些冰冷的数据去写苏先生，我也不想用那些别人口中的故事和报道去写，因为见到苏先生的那一刻，我已深刻感受到别人口中的那些故事蕴含的汹涌情感。

—— 学子说 ——

一颗红心，始终为家国跃动。在电磁领域耕耘数十年，苏先生从始至终，皆为家国。

“师者，所以传道受业解惑也。”无数学子在苏先生的指引下，走上为家国奉献青春的道路，成星火燎原之势。“以家为家，以乡为乡，以国为国，以天下为天下。”从飞机、导弹到卫星，苏先生带领团队出色完成多项国家重点型号工程的系统级电磁兼容设计。中国的电磁事业在苏先生的带领下，切切实实地向前迈进了一大步。

微光点点，聚而成炬；累土不辍，丘山崇成。几十载的积累，几十载的坚守，直到现在，苏先生仍坚持为本科生授课，仍奋斗在科研一线，她的身影在无数学子的心中，在无数科研人的信仰中。苏先生为中国的教育事业和电磁事业励志奉献，她希望用她的一生去诠释那份对祖国清澈而又热忱的爱。

谨以此致敬苏先生，致敬一位伟大的女性科学工作者，一位伟大的女性教育工作者，一位伟大的为国家贡献青春的女性。

于无声处听凯歌

胡越

宫声凯篇

宫声凯（1956— ），高温金属结构材料与防护涂层专家，中国工程院院士，兼任中国复合材料学会副理事长、中国金属学会高温材料分会副主任。现任北京航空航天大学材料科学与工程学院教授，博士生导师。获2016年度国家技术发明奖一等奖等省部级以上科技奖励8项，授权发明专利80余项。累计发表SCI论文近300篇，长期从事新型金属间化合物基合金、单晶叶片及热障涂层研究，为支撑我国新型发动机研制做出巨大贡献。累计培养博士30余人、硕士80余人，所讲授的本科生课程“材料现代研究方法”和研究生课程“材料近代测试方法”为校级精品课。

我认为，一名教不好书的老师一定搞不好科研。

——宫声凯

1988 年，10 年改革开放彻底改变了中国青年知识分子对海外的认知，他们似乎都在跃跃欲试地往外走，想去闯闯外面的新世界。也是这一年，正值当打之年的宫声凯当了一回“逆行者”，结束自己多年的留学生活回到国内，并在 6 年后入职北航。

“虽然说科学是无国界的，但我认为，科学家是有国界的，中国人就要为自己的国家做出一点贡献。”谈起这次回国的初衷，他这样说道。

而宫声凯希望能够做出贡献的领域，就与航空发动机涡轮叶片上的热障涂层有关。

一叶难倒英雄汉

2000 开尔文，足以把我们身边常见的钢材全部融化成铁水。

每分钟 20 000 转，是市面上能够买到的常见腕力球最大转速的 4~6 倍。

560 兆帕，大约是“超人”一手提起 400 只亚洲象时他的手需要承受的负担。

以上三者叠加在一起，就是一片常见的小小的发动机涡轮叶片要面对的极端工况。都说航空发动机是飞机的心脏，是人类工业的皇冠，而这小小的涡轮叶片，则是这顶皇冠上最耀眼的明珠。因此，一片小小的涡轮叶片，就像一位深不可测的扫地僧，难住了无数想要步入航空领域大显身手的国家。

要解决这个问题，其中一种手段就是给涡轮叶片裹上一层热障涂层。

在过去，这种涂层只有美国和欧洲少数国家能够生产。怀着不能受制于人的想法，宫声凯将热障涂层作为自己的主要科研方向。当时这一领域在国内仍是空白，宫声凯希望自己的研究能够帮助我国实现独立生产这种涂层。

可是进行这样的材料研究谈何容易！暂且不谈叶片材料在高速旋转下要承载的大应力，单要说明制备出来的材料耐得住高温也是个问题。靠理论计算吗？不行，理论和现实有差异。靠计算机仿真吗？也不行，这一技术直到今天也不算完善。只有理论与实验相结合，亲手去烧，去观察，去检验，才能得出结论。然而这实验着实枯燥，就是把样品送进炉子里烧，每隔一小时拿出来冷却研究。循环往复，直到样品烧裂了、烧崩了为止。夏天的北京是威名在外的“大火炉”，难以想象宫声凯和他的学生们是如何顶着双重的高温坚持下来的。

那这样的实验要做多久呢？一份合格的样品，寿命应该要达到 10 000 小时。10 000 小时是多久？就算宫声凯和他的团队三班倒，每天都烧满 24 小时，乘以 365 天，不过 8000 多小时。也就是说，即便不考虑失败，单单为了证明一个样品的合格，也得耗上一年多的时间！于是，北航四号楼后的那间小平房里，炉火昼夜不息。

这还仅仅是测试一片涂层样品的寿命。如果要进行更大尺度的实验，还必须前往专业的航空发动机零件厂家。于是，飞行和奔波也成了宫声凯科研生活中的家常便饭。

一枝一“叶”总关情

然而宫声凯关心的并不只是航空发动机上的那一片涡轮叶片，他还时时关注着培育材料领域的新兴一代。除了指导自己团队内的研究生，宫声凯还积极参与本科生相关专业课程的讲授，带领更多学生领略材料的奥妙。凡是自己参与的课程，宫声凯总会非常认真地备课，更新授课讲义。“备课也是我学习的过程，虽然这些概念和知识我都懂，但是如何把它们通俗易懂地给本科生讲明白，是我需要继续学习并钻研的。”宫声凯曾经这样和自己的博士生们聊起自己备课的初衷。

最为忙碌的时候，宫声凯在自己的科研、教学任务之外，还要作为北航材料科学与工程学院的院长协调学院师生的种种事宜。因此，他常常需要在第一天工作结束后，搭乘最晚一班航班飞往外地工厂，夜里到达后和自己的学生探讨课题研究情况，第二天白天到工厂里与工人们一起做实验，晚上再搭乘最晚一班航班飞回北京，准备处理新的工作。那时候，在宫声凯的课题组中，流传着一个“堵截”宫声凯的秘诀：晚上 11 点以后来他办公室，他准在。

经过近 20 年这样的不懈拼搏，宫声凯在 2006 年荣获国家技术发明奖一等奖。与此同时，他的学生也开始逐步走上工作岗位，形成了一支愈加壮大的科研队伍。宫声凯就是这般亲身践行着“精心育英杰，心系国与家”，实现了科研、育人“两开花”。

我们和院士有多远?

我们总觉得院士这样的人物似乎离我们很遥远，不过我曾经非常幸运地获得了一次和宫老师直接沟通的机会。这次经历让我更加深刻地感受到了宫老师作为教育者的温和与耐心。

那次，他在我就读的高中开展航空发动机科普讲座。彼时，我还是一名普通的高一学生。在最后的提问环节，我大着胆子举手提出了自己的疑问：“马斯克的默林-1D发动机的发动机推重比非常惊人，和我们刚刚讲述的航空发动机相比，它先进在哪里呢？”

现在回头看，3 年前的我无疑在知识上还有很多欠缺。那时的我还并不明白航空发动机和火箭发动机是截然不同的两种发动机，我只是怀着懵懂的向往，回忆着从新闻里看来的科普数据，真诚地提出了这么一个有些幼稚，甚至错误的问题。

印象里，那时站在台上的宫老师在听完这个自带漏洞的提问之后也是愣了一下。其实，我的问题在于：我国航空发动机和世界先进水平相比还差在哪里？不过那时还缺乏相关知识的我显然引用了错误的例子。宫老师却明白了我的意思，理解了我的困惑，而且没有当面点出我提问里的错误，还格外细心地组织语言，引用数据来解答我的困惑。

在提问环节结束后，宫老师回到了报告厅第一排的座位上喝水休息。我们这批学生也开始有序组织退场。在我走过宫老师一行人的座位旁时，他叫住了我：“你是在哪里看到你说的那款发动机的信息的？”

这样近距离地和院士聊天，还是被院士叫住，我显然有些惶恐。但是看着宫老师和蔼的面孔，心中那一份紧张和惶恐一点点地被放下，我主动聊起了自己通过新闻和网络了解航空航天发展资讯的经历。越说越兴奋的我甚至还聊起了自己课外参加的太空城设计比赛，又提出了几个问题。经过长时间的讲座和下午的参观，宫老师脸上已有一些疲态，尽管如此，面对新的这些专业“不完全对口”的问题，宫老师还是一一进行了解答，还指点我在哪里可以找到自己想要的答案。

在最后结束交流时，宫老师还给我留下了一份礼物：一枚北航的金属书签。“欢迎你来到北航读书，到时候我会再慢慢告诉你更多答案。”

我一直记着和宫老师的这份约定。于是，2023 年秋，我步入北航的校园，成为追逐航空航天梦想的众多学子中的一员。尽管我并未就读于宫老师任教的学院，但是当我偶尔“刷”起知乎，在材料科学与工程学院推荐研究生导师的帖子下的多条答复中都看到宫老师的名字排在前列，总会忍不住会心一笑。

毕竟，这位活跃在教学一线的院士，离我们真的不远。

— 学子说 —

中国工程院院士头衔；历获国家技术发明奖一等奖、二等奖，国防科技奖一等奖、二等奖，教育部自然科学奖一等奖；授权 80 余项专利；发表近 300 篇论文；在自己的团队中培养百余位硕士、博士；开创热障涂层领域内数不清的“第一”。

这，就是宫老师回国 30 多年所交出的答卷。

起初决定为宫老师写小传的时候，我想这应该不是一个很难的任务。一来宫老师作为两院院士，名声之大自不必多说；二来宫老师今天依然活跃在北航的讲台上，想找关于宫老师的资料应该不是难事。不料着手开始写的时候，我发现竟然真的只能找到他获评国家技术发明奖后的几篇采访。学院官网的推文虽多，内容也基本未超出那几篇采访。我只能剑走偏锋，去知网上找宫老师的论文，这才算是搞明白了他的贡献与成就。但这背后深藏的艰辛与努力，似乎仍然是个谜。在这个鸡毛蒜皮的小事也能成为网络热点的信息时代，这样一位成就斐然的院士竟如此“沉默”，这确实罕见，也更显珍贵。

如今，威龙腾飞，航空发动机不再是我国航空事业发展的“严重心病”。航空发动机材料领域内的科研人才开始如雨后春笋般涌现，科研力量日益壮大。而这也离不开宫老师 30 多年来的无私奉献。

我想，这即是所谓：“桃李不言，下自成蹊。于无声处听凯歌。”

师生共话：传承之间，薪火交替

“在了解前辈们的过程中，你眼中的他 / 她是什么样的？”

史忠明（刘大响篇）：和刘大响院士一样，我的家乡也是一个偏远的山村，虽然后来我在城里念书，但对航空航天还是了解甚少，高考后报志愿时阴差阳错来了北航，进了空天力学专业学习，家里人都说“那是要上天的专业”。进入大学后，时常听到有同学和自己一样困惑于未来的人生。但当我读完刘大响院士的选择，我开始认真思考“爱一行”和“干一行”之间的关系。对刘院士而言，什么是选择和热爱之间的桥梁？是他要为祖国洗刷耻辱，研制国产航空发动机的坚定信念和不负人民的使命担当。刘大响院士的这种情怀更加坚定了我自己的选择，坚定了我在自己的赛道上敢闯敢拼、奋勇前进的信心。

裴昭欣（陈懋章篇）：我在网上偶然间看到了一张陈院士与一架飞机的涡轮发动机的合影，而且从资料上看到他是航空发动机领域的专家，北航的第一批学生。因为在我的认知里，与他同届的学生大部分都是飞机制造专业的，所以我十分好奇他的选择。在看到一篇对陈院士的采访后我才发现，原来他的专业被调剂了。在这个万众瞩目的院士身上，我也看到了像我一样平凡的苦恼。

窦瑶（房建成篇）：平时的房老师更多展现着亲切的一面，关怀、聊天，是亦师亦友的存在，也为我的求学生涯带来了更多稳定的情绪，他扮演着一个好导师的角色，亦有着一个领路人的担当，令众多如我般迷茫的学子，开始真切地感受陀螺筑梦的字字分量，肩负航天有我的责任情怀，在科研之路上屡试不怠。

培育、生长、延续，蒲公英的生命总在飞散开来落地的瞬间有了新的故事展开，而科研者的历程也在其情怀信念印刻于后辈子弟心中的时刻有了延续，谨以此记，叙吾师故事二三，亦足以常学常思常念。

刘雅曦（张彦仲篇）：张彦仲院士说过一句话，“这些成绩只属于过去，今天的工作还在于开创”。还记得我在高考完选专业的时候，迷茫了很久，我很害怕在 18 岁的年纪选择一个专业就定下了我终身要从事的事业，当时选择北航的大类招生也有这方面的原因。现在看来那时的认识还是比较浅薄，人生的自由度远比我想象的要高很多，就像张彦仲院士一样，从物理专业转来搞航空，又去做了数字信号处理的研究，最终还能在商界闯出自己的一席之地。

杨波（苏东林篇）：从苏老师的个人魅力来讲，很难说清什么原因，就是她站在那里，我不会想到她是院士，我会觉得她是学姐。她给我们讲的很多求学路的感受，是我们这一代人有共鸣的。苏老师生活的年代并不是炮火纷争的年代，国家已经开始全面建设了，她讲的求学、工作，其实我们不陌生，尽管环境不同，但是我们的感受是共通的。上高中时，都想改变命运，或者提着一口气，一定要冲进北航；上大学之后，做科研也是，痛定思痛，不断地在一个地方坚持检查问题，最终才可以获得一些小小的进步，这些感受是一样的。她不是绘本里那些太过遥远的“雕塑”，她让我觉得我们是能成为她的。不仅如此，我还会觉得她还在和我们一起成长，她在接受很多新的观念。同时，她这个人，浑身散发着的，是对祖国的信仰。这些看似很“虚”的东西，就像磁场一样，能影响到在她周围“场”里所有的人。

“王老师的故事就像一堂生动的课，你觉得在这堂课中你学到了什么？”

曾小雅（王华明篇）：在过去的几十年里，我们国家的科学技术以惊人的速度向前发展，经历着从“0”到“1”的突破，从跟跑、陪跑到目前某些领域领跑的转变。对现在的我来说，一项科研技术的萌芽、成熟、应用是一个无比漫长而充满着不确定性的过程，会担心自己是不是有足够的热情、信念、勇气、能力在科研的道路上走下去。

在《开学第一课》的舞台上，王华明院士细数着3D打印的发展历程。他用通俗易懂的比喻讲解科普技术的原理，平常地说起试验过程中大大小小的挫折，客观地分析技术的优劣，呼吁更多的人投身技术的研究，并满怀期待和信心展望未来。他说：“十年磨一剑，未必能磨成，做科研要有一生磨一剑的觉悟。”作为北航的学生，并不是第一次听到这句话，也不是第一次了解相关的人物故事，但我仍然被深深震撼。

“薪火交替，火种长存，作为将要担下强国建设、民族复兴重任的青春一代，你认为前辈的道路为你指向了怎样的未来呢？”

裴昭欣（陈懋章篇）：在写作过程中，我了解到陈院士常常挂在嘴边的一句话——“当时国家正缺少嘛”。在谈起专业被调剂时他这么说，在谈起去英国留学深造时他这么说，在谈起取得突破时他也这么说，在谈起帮助蔡国飙拿到研究生资格时他仍这么说……这简单的一句话包含了他接受这个专业、热爱这个领域，并为之努力奋斗的全部理由。

因为他的这句“口头禅”，我开始仔细思考我现在的情况——没有选到喜欢的专业，但是现在的专业却是国家所需的基础学科专业，我是否也能不计个人得失，为这一需要出一份力呢？

陈院士的经历给了我接受这个专业、尝试去热爱这个专业的一个很重要的理由。未来如何，我尚不清楚，但是他带我迈出了第一步。

王鼎超（王大珩篇）：当时在国外，高学历往往意味着更好的待遇和机会。然而，他更明白国家的科技发展需要像他这样的人才。他坚定信念，在奔波与求索中，始终坚守自己的科研梦想，为国家的科技进步而不懈奋斗。

他的付出与努力，不仅推动了我国光学事业的快速发展，也为无数后来者树立了榜样。他的精神值得我们铭记，激励着我们在科研道路上不断前行，为国家的科技进步贡献自己的力量。

史忠明（刘大响篇）：作为一名空天力学专业的大一学生，未来我极有可能从事与航空航天相关的工作，而这与刘大响院士重点研究的领域有着密切的联系。我希望每一位即将投身航空航天事业的青年朋友，都能够学习包括刘大响院士在内的老一辈科学家的科学态度和家国情怀，用科技创新引领产业革新，为社会的发展和进步做出更多的贡献。

胡越（宫声凯篇）：如今的我已经是航空科学与工程学院力学专业的一名学生，入学以来，因为学院安排有幸参观了很多与航空航天相关的单位，不少和我们交流的学长也曾坦陈这一行的辛苦和不容易。所以我时常问自己，在面对困难时，我能不能像宫老师等前辈一样坚定？希望如果未来那一天真的出现，我能够想起写下这段故事时的感受，能够有勇气沿着这条光荣的荆棘之路一直走下去。

衷心希望自己有一天也能成为追逐航空梦想的一员，为我国的飞机腾飞于高空，尽自己的一份绵薄之力。

窦瑶（房建成篇）：跟随房老师学习，比起一个人“闭门造车”，我更多感受到的是团队的力量，而这样的科研氛围也得益于房老师一直以来的言传身教。因此，每一次面对挑战，尽管难关重重，房老师总是显得充满信心，也带给我们很多精神上的力量。团队为个人提供坚实的后盾，个人为团队创造丰硕的价值，二者相辅相成，互相成就，或许这才是房老师教给我们的第一课。

曾小雅（王华明篇）：“十年磨一剑，未必能磨成，做科研要有一生磨一剑的觉悟。”在写作的过程中，我总是会想起，穿着最普通的衬衣、牛仔裤，头发有些花白的王院士，他笑容温和，眼神明亮，在万众瞩目下，很自然地说了这句话。王院士的语调不高昂，但言语中的力量直击人心。未来，也许我也会成为某个研究领域的一分子，也许也会面临一项技术的不断失败，但我好像更有信心走下去了。

·垒土筑基·

冯如篇　百年航空梦，今自冯如始 / 董灿

[1] 德扬 . I'll Finish My Airship, Then I'll Show China [N], San Francisco Call, 1909-05-03.

[2] 恩平县地方志编纂委员会 . 恩平县志 [M]. 北京：方志出版社，2004.

钱学森篇　启梦寰宇，辉映千秋 / 刘泽轩　刘玉治

[1] 王文华 . 钱学森实录 [M]. 成都：四川文艺出版社，2001.

[2] 奚启新 . 钱学森传 [M]. 北京：人民出版社，2011.

[3] 孟宪明 . 十大华人科学家丛书：钱学森传 [M]. 郑州：河南文学出版社，2018.

[4] 宋琦 . 钱学森军事工程师承关系研究 [D]. 长沙：国防科学技术大学，2014.

[5] 叶永烈 . 钱学森传 [M]. 北京：中国青年出版社，2014.

任新民篇　新星照夜，以启新篇 / 肖鸣昊

[1] 王妍 . 任新民：中国航天"总总师"[N]. 学习时报，2021-09-15（6）.

[2] 李鸣生 . 飞向太空港 [M]. 北京：作家出版社，1993.

[3] 肖嵘 . 天路：著名航天专家任新民 [M]. 北京：解放军出版社，2000.

[4] 本刊特约记者 . 从"两弹一星"到载人航天——"两弹一星"元勋任新民访谈录 [J]. 百年潮，2006（5）：4-12.

屠守锷篇　十载辛酸泪，一弹破长空 / 龚学韬　刘懿慧

[1] 贺青 . 屠守锷院士传记 [M]. 北京：中国宇航出版社，2015.

[2] 李福林，白如冰 . 栋梁：北航杰出校友撷英 [M]. 北京：北京航空航天大学出版社，2002.

[3] 黄涛，彭雅雯 . 屠守锷："共和国神剑"的铸造者 [N]. 学习时报，2023-06-07(A6).

王永志篇　永探未极，志在天穹 / 于硕同

[1] 王欣萌 . 载人航天工程总设计师王永志：与爱妻共圆报国梦 [N]. 新民晚报，2009-11-20.

[2] 柴永忠，赵波 . 中国工程院院士王永志深切缅怀大师钱学森 [N]. 解放军报，2009-11-05.

[3] 灯塔传承 | 王永志：飞天梦想的实现者 [N/OL]. 北京科协 . 2022-04-13[2024-05-19].

[4] 高荣嫒艺，吴志菲 . 王永志：梦圆飞天 揽月九霄 [N]. 中国科学报，2023-07-21.

[5] 白晶 . 大梦飞天——王永志传 [M]. 南京：江苏人民出版社，2012.

戚发轫篇　云程发轫，日夜兼程 / 阿丝娜

[1] 冯春萍 . 神舟飞船总设计师：戚发轫 [N/OL]. 人民网，2003-10-15[2024-05-19].

[2] 李妍 . 铺就飞天之路——记“神舟”五号飞船总设计师戚发轫 [J]. 今日中国，2004，53（2）：3.

[3] 张传军，徐冉 . 心系苍穹梦圆碧霄——访神舟飞船总设计师戚发轫 [J]. 科技文萃，2003（9）：8.

[4] 徐菁 . 神舟入轨苍穹路华夏扬眉天地间——专访“神舟”飞船首任总设计师戚发轫院士 [J]. 国际太空，2014（1）：9.

[5] 杨璐茜 . 开启中国人千百年的飞天梦想——戚发轫院士的航天情怀 [J]. 国际太空，2016（11）：7.

[6] 张蕾，刘宇航 . 戚发轫：让航天精神薪火相传 [N/OL]. 光明日报，2019-06-24[2024-05-19].

龙乐豪篇　我自躬身启天路 / 叶泓宇

[1] 贺鹏梓 . 与火箭相伴的无悔人生——记中国工程院院士、运载火箭总设计师龙乐豪 [J]. 卫星与网络，2012（5）：6.

[2] 蒋峰，常征 . 龙乐豪，豪情万丈排云天 [N/OL]. 中国航天科技集团，2007-02-14 [2024-05-19].

[3] 张宗美 . 航天故障手册 [M]. 北京：宇航出版社，1994.

[4] 龙乐豪，李平岐，秦旭东，等 . 我国航天运输系统 60 年发展回顾 [J]. 宇航总体技术，2018（2）：6.

[5] 魏少璞 . 他让中国成为世界第 4 个掌握这项技术的国家：外国人能搞，我们也能 [N/OL]. 环球网，2019-05-19 [2024-05-19].

[6] 王凭慧 . 问鼎苍穹：共和国航天纪实 [M]. 南京：江苏文艺出版社，2009.

[7] 周海滨，路涛，郭存举 . 国家月球探测工程顾问龙乐豪：中国人奔月，要靠“大火箭” [J]. 中国经济周刊，2010（38）：2.

[8] 李鸣生 . 中国长征号——中国火箭打入国际商业市场的风险与阵痛 [M]. 成都：天地出版社，2016.

[9] 徐菁 . 努力实现运载火箭技术的新跨越——专访运载火箭技术专家龙乐豪院士 [J]. 中国航天，2016（5）：4.

杨长风篇　北斗耀星海，长风卷苍穹 / 杨佳琛

[1] 央视新闻 . 杨长风总设计师：梦想无止境　北斗亦无止境 [EB/OL].（2020-06-15）[2023-10-08].

[2] 李明子 .2020 年度科技人物　杨长风：北斗系统让中国时空信息掌握在自己手中 [J]. 中国新闻周刊，2020（46）：64-67.

[3] 赵旭 . 专访：为世界导航提供中国方案——访北斗总设计师杨长风 [EB/OL].（2019-12-12）[2023-10-09].

[4] 武中奇 . 专访 | 杨长风总设计师：北斗特色服务从行业应用迈入大众应用发

展新阶段 [EB/OL].（2022-08-01）[2023-10-09].

[5] 北斗宣传研究与传播中心 . 点亮北斗　走向世界 [EB/OL].（2020-07-31）[2023-10-11].

[6] 马芙蓉，杨婷婷 . 北斗“心脏”之星载铷原子钟研制：从空白到领跑 [EB/OL].（2019-08-18）[2024-02-05].

崔蕴篇　孜孜铸箭蕴匠心 / 邢雨菲

[1] 中国青年网 . 崔蕴：嫦娥五号背后的“铸箭人”[EB/OL].（2020-10-15）[2024-02-20].

[2] 吴思 . 崔蕴：为了火箭，用命去拼 [J]. 中华儿女，2017（10）：66-67.

[3] 天津市滨海新区总工会 .“津门工匠”炼成记之——航天装备领域“拼命三郎”崔蕴 [EB/OL].（2016-12-12）[2024-02-20].

[4] 肖璞，岳群，乔亚美，等 . 大国工匠 丨 痴迷火箭 40 年，他从一名普通的火箭装配工成长为国家级技能大师 [EB/OL].（2019-05-02）[2024-02-20].

[5] 高一鸣 . 这就是长五精神 [N/OL]. 中国航天报，2020-05-15[2024-02-20].

徐立平篇　走在生死边缘，雕刻危险火药 / 张鑫蕊

[1] 王璐，闫嘉琪 . 雕刻火药一把刀（时代先锋）——记航天特级技师徐立平 [N/OL]. 人民网，2017-03-28[2024-05-04].

[2] 孙毛宁 .【大国工匠】雕刻火药　为国铸剑的军工匠人——徐立平 [N/OL]. 央视网，2015-09-30[2024-05-04].

[3] 白国龙，陈晨 .“雕刻”火药 30 年　航天工匠“一把刀”——记以国为重的大国工匠徐立平 [J]. 工会博览，2019（33）：41-43.

[4] 李伯玺 . 遇见你丨“火药雕刻师”徐立平：为国铸“箭”行走在生死边缘 [N/OL]. 光明网，2022-05-02 [2024-05-04].

·高楼望月·

孙家栋篇 杯中有明月，斟以北斗星 / 杨安毅 刘国杰

[1] 梁伟 . 孙家栋 六十载不变航天报国心 [J]. 中华儿女，2019（19）：27–28.

[2] 任仲文 .“国家需要，我就去做”——记中国航天“大总师”孙家栋 [J]. 中外书摘，2022（5）：7.

[3] 黄传会 .“北斗”璀璨，星耀全球——共和国勋章获得者孙家栋的故事 [J]. 党员文摘，2021（5）34–37.

[4] 王建蒙 . 孙家栋院士传记 [M]. 北京：宇航出版社，2014.

欧阳自远篇 唤醒沉睡高山，献出无穷宝藏 / 罗天翼

[1] 吴志菲 . 欧阳自远：为了在月球上留下中国人的脚印 [J]. 国际人才交流，2022（5）：30–33.

[2] 欧阳自远 . 仰望星空 脚踏实地 [J]. 中国新闻发布（实务版），2022（4）：62–64.

[3] 中国科学院院士欧阳自远：百年奋斗话探月 [J]. 广东科技，2022，31（4）：28–29.

[4] 刘源隆 . 欧阳自远：向太阳系的星辰大海挺进 [J]. 小康，2020（25）：28–29.

[5] 澜涛，陈昕 . 飞天揽月——欧阳自远传 [M]. 南京：江苏人民出版社，2008.

南仁东篇 他化作星尘，去聆听星的密语 / 王子昂

[1] 韩军 . 南仁东，一颗耀眼的星 [N]. 贵州日报，2019–11–25（6）.

[2] 程雪，董浩，于童，等 .“科学有险阻，苦战能过关”[N]. 解放军报，2021–09–30（5）.

[3] “中国天眼”之父南仁东 [J]. 理论与当代，2018（4）：34–36.

叶培建篇 培星奔浩宇，建梦驻星河 / 高海强

[1] 曹伟，陆艳，刷刷，等 . 谁造“嫦娥”奔广寒——访“嫦娥之父”中国科学院院士叶培建 [J]. 科学大众（中学生），2012（1）：28–31.

[2] 叶培建 . 我怀念杭州那是我成长的地方，人生的出发地 [EB/OL].（2005–11–30）[2024–02–16].

[3] 大愚 . 道尽才智皆忠诚——记中国卫星专家叶培建 [J]. 太空探索，2003（1）：12–14.

[4] 郭兴 . 著名科学家叶培建：必须要有些人为我们人类的将来做准备 [N/OL]. 中央纪委国家监委网站，2020–04–24[2024–02–16].

[5] 郭超凯，孙静波 .“人民科学家”叶培建：探索太空步履不停 [N/OL]. 中国新闻网，2019–10–20[2024–02–16].

[6] 张晓哲 .“人民科学家”国家荣誉称号获得者叶培建：科技创新总要做些“冒险的事”[EB/OL].（2019–10–11）[2024–02–16].

[7] 叶培建 . 嫦娥四号发射前后的故事 [J]. 铁军，2022（2）：9–12.

杨宏篇 三十载航天路，梦圆太空家园 / 戴晨晗

[1] 杨宏 . 殚精竭虑铸“神舟”[J]. 共产党员，2003（12）：13–14.

[2] 杨宏 . 开讲啦杨宏演讲稿 路虽远行则将至 [EB/OL].（2018–09–10）[2021–09–28].

[3] 李国利 . 归去来兮——追忆天宫一号 [EB/OL]. 中国载人航天工程网，（2018–04–04）[2021–09–28].

[4] 黄煜瑜 . 杨宏：无畏无惧的“太空探路者”[EB/OL]. 中国航天报，（2014–09–17）[2021–09–28].

[5] 杨欣，平富文 . 天问一号“谢幕”：超期服役两年半 超寿命工作千余年 [EB/OL]. 中国新闻网，（2018–04–02）[2021–09–28].

张荣桥篇 问天有道，深空搭桥 / 王佐

[1] 佚名 . 张荣桥：航天人的浪漫就是将梦想变为现实 [J]. 学苑创造（7–9 年级阅读），2023（5）：12–13.

[2] 付毅飞，何亮 . 天问一号实现一步“绕、着、巡”，依靠这些科技创新 [J]. 中国科技财富，2021（6）：28–30.

[3] 耿言，张荣桥，赫荣伟，等 . 首次火星探测任务的科技与管理创新 [J]. 工程管理科技前沿，2022，41（1）：3–8.

[4] 张荣桥，耿言，孙泽洲，等 . 天问一号任务的技术创新（观点）[J]. 航空学报，2022，43（3）：626689.

[5] 佚名 . 张荣桥 为人类认知宇宙贡献中国力量 [J]. 科学大观园，2022（2）：76–77.

孙泽洲篇 在星空播种的人 / 周文培

[1] 唐伟杰 . 人物特写：嫦娥一号卫星副总设计师孙泽洲 [N/OL]. 中国新闻网，2007–10–29[2024–02–16].

[2] Admin. 孙泽洲：结缘嫦娥十三载，为伊消得人憔悴 [EB/OL].（2014–03–31）[2024–02–16].

[3] 黄敏 . 孙泽洲：一路探月奔火，在实践中培育青年一代 [EB/OL].（2022–05–04）[2024–02–16].

[4] 宋词 . 飞月探火，嫦娥四号总设计师孙泽洲 [R/OL].2018–12–30 [2024–02–16].

[5] 陈芳，胡喆，董瑞丰 .“探月梦”托举“中国梦”——人类首次月球背面探测全纪实 [N/OL]. 新华社，2019–01–11[2024–02–16].

[6] 宗文 . 孙泽洲：九天揽月向深空 [R/OL]. 中国航天报，2021–01–01[2024–02–16].

[7] 王伟 . 新华日报、扬子江晚报专访“天问一号”总设计师、我校 88 级校友孙泽洲 [N/OL]. 南京航空航天大学新闻网，2021–05–19 [2024–02–16].

张熇篇　赤心熇熇，筑梦嫦娥 / 段智圆

[1] 陈海波 . 张熇：我们是幸福的追梦人 [N]. 光明日报，2019-04-25（16）.

[2] 苗珊珊 . 张熇：奔月路上，追梦未曾去过的地方 [N]. 中国航天报，2020-09-18（3）.

[3] 魏尧，王海荣 . 关于“嫦娥四号”，你不知道的幕后故事 [J]. 中国报道，2019（2）: 2.

[4] 庞丹 . 十载艰辛，只为嫦娥一“落”——记嫦娥三号探测器系统副总师张熇 [J]. 中国人才，2014（5）: 2.

[5] 冯华 .“嫦娥”话嫦娥 [N]. 人民日报，2019-01-04（11）.

杨利伟篇　利箭探苍穹，伟业协力成 / 龙长春

[1] 杨利伟 . 天地九重 [M]. 北京：解放军出版社，2010.

[2] 张扬，孙志平，樊华 . 权威访谈 | 张扬对话杨利伟：从一人一天到“天宫时代”[N/OL]. 新华网，2023-02-01[2024-03-20].

邓清明篇　清明守望，星辰之约 / 胡庆康　方若彤

[1] 兰宁远 . 从飞行员中千里挑一！ 中国首批航天员的飞天之路 [EB/OL].（2018-10-17）[2024-05-27].

[2] 徐可 . 新华网评：向着星辰大海不断进发 [N/OL]. 新华网，2020-04-24[2024-05-27].

[3] 廉政瞭望 . 三次备份的航天老兵邓清明：战友飞就是我在飞 [EB/OL].（2018-04-03）[2024-05-27].

[4] 黄明，李国利，梅元龙，等 . 神舟十五号瞄准 11 月 29 日 23 时 08 分发射　三名乘组航天员公布 [N/OL]. 新华网，2022-11-28[2024-05-27].

[5] 谷业凯，余建斌 . 中国航天员：国家很重　个人很轻 [N/OL]. 人民网，2018-01-24[2024- 05-27].

·长城止戈·

王淦昌篇 错过诺贝尔奖的“两弹”元勋 / 李恺华

[1] 张晓华，杨顺玺．王淦昌：我愿以身许祖国 [N]. 光明日报，2022–07–24.

[2] 郭兆甄．王淦昌传 [M]. 北京：中国青年出版社，2015.

[3] 李玉香．王淦昌：隐姓埋名 17 载的两弹元勋 [J]. 春秋，2023（3）：57–60.

[4] 佚名．王淦昌：无私奉献 后人楷模 [J]. 高科技与产业化，2023，29（1）：67–70.

[5] 都芃．“两弹元勋”王淦昌：爱科普也爱诗歌 [J]. 智慧中国，2022（8）：48–50.

[6] 刘宏伟．三次与诺贝尔奖擦肩而过的中国核弹专家王淦昌 [J]. 炎黄春秋，2022（7）：47– 49.

彭桓武篇 理论臻佳境，天问盈诗情 / 严谨

[1] 庄辞，刘金岩．彭桓武：物理天工总是鲜 [N]. 光明日报，2020–04–22.

[2] 武卫政．“两弹”元勋彭桓武：82 岁学电脑不懂的从不乱说 [EB/OL].（2020–07–05）[2021–09–28].

[3] 王建柱．彭桓武：从“海归”到“两弹”元勋 [J]. 求贤，2006.

[4] 侯艺兵．彭桓武与陈能宽的十年诗词缘 [EB/OL].（2020–07–05）[2021–09–28].

于敏篇 为国铸剑，佑国昌宁 / 张馨元

[1] 李朝全．于敏：“愿将一生献宏谋”[J]. 新华文摘，2022（18）：111–113.

[2] 央视网．“两弹一星”元勋于敏 [EB/OL].（2020–05–05）[2025–01–09].

顾诵芬篇 百年清芬，长守碧空 / 刘泽轩

[1] 杨舒 . 顾诵芬：想对年轻人说 永远把国家放在第一位 [N]. 光明日报，2021-11-04（9）.

[2] 航空工业 . 央视面对面 | 顾诵芬：航空报国 [EB/OL].（2021-11-07）[2024-02-11].

[3] 顾诵芬 . 我的飞机设计生涯 [M]. 北京：航空工业出版社，2011.

[4] 顾诵芬，师元光 . 中国工程院院士传记：顾诵芬自传 [M]. 北京：人民出版社，2014.

宋文骢篇 青骥奋蹄向云端 / 张洪硕

[1] 张杰伟，舒德骑 . 宋文骢传 [M]. 北京：航空工业出版社，2014.

[2] 老歌 . 御龙远去的蓝天铸剑者——纪念中国工程院院士、歼 10 总设计师宋文骢 [J]. 航空世界，2016（4）：1.

[3] 徐秉君 . 中国自主研制第三代战机歼-10 揭秘 [J]. 党史博览，2011（6）：4.

[4] 张伟杰，舒德骑 . 一代战机一代魂 中国工程院院士・歼 7C/ 歼 10 战机总设计师宋文骢与中国战斗机的发展历程 [J]. 航空世界，2016，5（203）：26-49.

[5] 宋文骢，谢品，郑遂，等 . 一种小展弦比高升力飞机的气动布局研究 [J]. 中国工程科学，2001（8）：70-75.

沈忠芳篇 铸剑为国忠，无名草更芳 / 丁佳琳

[1] 蔡金曼 . 强弓利剑射天狼 红旗猎猎扬国威——记感动中国 2022 年度人物沈忠芳 [J]. 国防科技工业，2023（3）：38-40.

[2] 澎湃新闻 . 科技人物 | 沈忠芳：隐姓埋名搞了一辈子导弹，“现在谁也不敢随便欺负我们！”[EB/OL].（2022-10-07）[2024-02-11].

[3] 央视新闻 . 这位导弹功勋，隐姓埋名 60 年 [EB/OL].（2022-10-04）[2023-10-05].

[4] 网易新闻 . 竹竿英雄沈忠芳：隐姓埋名 60 余年为国造导弹，88 岁真名才被知晓 [EB/OL].（2023–03–09）[2023–10–05].

[5] 北航新闻网 . 沈忠芳：隐秘而伟大的导弹人生 [EB/OL].（2022–08–22）[2023–10–05].

罗阳篇　碧波骄阳，岁岁不息 / 曲栢良

[1] 黄传会 . 国家的儿子 [J]. 中国作家：纪实版，2013（11）：56.

[2] 王立春 . 罗阳：用生命托起中国战机 [M] 南宁：接力出版社，2020.

[3] 王钰 . 罗阳的记事本——纪念航空英模罗阳逝世六周年 [EB/OL].（2018–11–27）[2024–02–11].

[4] 徐璐明 . 罗阳母亲忆罗阳：曾把上重点中学的机会让给姐姐 [EB/OL].（2012–12–02）[2024–02–11].

[5] 郑彦良，王学仁 . 一个北航普通学生的璀璨人生——悼念我们的学生罗阳 [J]. 北京教育：德育，2012（12）：4.

李贤玉篇　科研强军女先锋 / 肖瑶

[1] 张强 . 李贤玉：一颗丹心编织“大国剑网”[N]. 科技日报，2020–01–21（5）.

[2] 古意 . 火箭军少将李贤玉：战略导弹信息化建设的拓荒者 [J]. 伴侣 .2020，（11）：4–6.

[3] 李永飞，张常伟 . 编织“中国剑网”：记二炮女导弹专家李贤玉 [N/OL]. 中国新闻网，2023–01–14[2024–05–02].

[4] Moo. 第二炮兵女导弹专家、校友李贤玉：巧手丹心织“剑网”[EB/OL].（2013–02–21）[2024–05–02].

王伟篇　护卫蓝天，以命执剑 / 吴长骏

[1] 任家晖，熊旭 . 王伟：海空卫士　不畏强敌（奋斗百年路 启航新征程・数风

流人物）[N/OL]. 人民网，2021-06-13[2024-05-02].

[2] 王义堂，林治波 . 人民英雄人民赞——人民网上悼念王伟烈士诗文摘抄 [N/OL]. 人民日报，2001-04-18[2024-05-02].

[3] 今天，再一次呼叫 81192，请返航！ [EB/OL].（2023-04-01）[2024-05-02].

· 杏坛传火 ·

陆士嘉篇　中华有嘉士，绝世而独立 / 李占伟

[1] 北绛 . 陆张“双子星”[N]. 中国科学报，2014-10-10（11）.

[2] 漆丹 . 陆士嘉：心有担当　方能翱翔 [N]. 中国科学报，2021-04-08（8）.

[3] 薛明德，任文敏 . 张维教授百年诞辰纪念文集 [M]. 北京：清华大学出版社，2013.

[4] 张克群 . 双子星座：张维与陆士嘉 [M]. 北京：清华大学出版社，2013.

[5] 朱自强 . 陆士嘉先生的精神激励我们前进 [J]. 力学与实践，2011，33（2）：102-103.

[6] 朱自强 . 陆士嘉：“事理看破胆气壮”[N]. 光明日报，2017-09-06（16）.

王大珩篇　暗夜破晓，拨云见光 / 王鼎超

[1] 中国科学技术出版社 . 人类群星闪耀时 | 王大珩 赤子恒心 追光之路 [EB/OL].（2024-01-02）[2024-05-02].

[2] 秀英 . 王大珩：中国光学之父 [N]. 创新先锋报，2019-08-20.

[3] 胡晓菁 . 赤子丹心，中华之光：王大珩传 [M]. 北京：中国科学技术出版社，2016.

[4] 马晓丽 . 王大珩传 [M]. 北京：中国青年出版社，2015.

刘大响篇　立志远大，响彻穹宇 / 史忠明

[1] 刘大响 . 刘大响自传 [M]. 北京：航空工业出版社，2014.

[2] 刘大响，陈光 . 航空发动机飞机的心脏 [M]. 北京：航空工业出版社，2015.

陈懋章篇　怀一颗中国心，锻千万中国心 / 裴昭欣

[1] 李福林，陈永楷 . 自主创新　梦想成真——记著名航空发动机专家、中国工程院院士陈懋章 [J]. 航空知识，2007（7）：52–54.

[2] 刘忆 . 为梦想插上腾飞之翼——记航空发动机专家、北京航空航天大学教授陈懋章院士 [N/OL]. 中华人民共和国教育部政府门户网站，2009–09–07[2024–02–13].

[3] 刘忆 . “做人要傻，做学问要痴”——记中国工程院院士、北京航空航天大学教授陈懋章 [N/OL]. 人民日报，2009–09–09[2024–02–13].

[4] 李华文 . 陈懋章院士访谈 [J]. 航空发动机，2006，32（2）：3.

[5] 中共北京航空航天大学委员会 . 楷模　优秀共产党员在身边 [M]. 北京：北京航空航天大学出版社，2005.

张彦仲篇　再启新捩转，开拓先锋路 / 刘雅曦　田格

[1] 归永嘉，李韶华，雷杰佳 . 剑桥学子航空人：中国工程院院士张彦仲 [M]. 北京：航空工业出版社，2015.

[2] 归永嘉，李韶华，雷杰佳 . 张彦仲传 [M]. 北京：航空工业出版社，2023.

[3] 周宁，韩冰 . 不忘初心　砥砺奋进　铸尺量天　逐梦前行——张彦仲院士专访纪实 [J]. 计测技术，2021，41（2）：6.

王华明篇　躬身育才，打印梦想 / 曾小雅

[1] 何蕊 . 金属 3D 打印第一人 [N]. 北京日报，2023–06–08.

[2] 刘博超 . 王华明：永远瞄准国家重大需求和科技发展方向 [N]. 光明日报，2020–06–30.

[3] 杨茗 . 王华明院士：我国激光 3D 打印技术的带头人 [EB/OL].（2018–10–18）

[2018–10–18].

[4] 陈杰.《院士开讲》第九期上线，王华明院士科普 3D 打印 [EB/OL].（2022–03–03）[2022–03–03].

[5] 文正. 国产大飞机 C919 背后的院士——金属增材制造专家王华明 [EB/OL].（2022–07–11）[2022–07–11].

[6] 北京航空航天大学材料科学与工程学院. 北航材料科学与工程学院 2018 年度优秀共产党员王华明 [EB/OL].（2018–07–20）[2018–07–20].

[7] 李建伟. 薪火相传　铸魂育人——北京航空航天大学百名教师党员风采录 [M]. 北京：北京航空航天出版社，2021.

苏东林篇　一颗红心，始终为家国跃动 / 杨波

[1] 李依环，孙竞. 北京航空航天大学教师苏东林：用家国情怀为电磁“铁军”强基铸魂 [N/OL]. 人民网，2023–08–07[2024–04–24].

[2] 吴商羽，申亚欣. 苏东林院士：教师要培养敢为人先的人才　做国家最需要的事 [N/OL]. 人民网，2020–12–04[2024–04–24].

宫声凯篇　于无声处听凯歌 / 胡越

[1] 郭洪波，宫声凯，徐惠彬. 先进航空发动机热障涂层技术研究进展 [J]. 中国材料进展，2009.

[2] 刘大响，陈光等. 航空发动机——飞机的心脏 [M]. 北京：航空工业出版社，2003.

[3] 团队文化 | 祖国终将选择那些忠诚于祖国的人，祖国终将记住那些奉献于祖国的人——高温结构材料与涂层团队 [EB/OL].2021–12–13[2024–02–13].

文章作者列表

章名	篇名	作者	年级	学院
垒土筑基	冯如篇　百年航空梦，今自冯如始	董灿	2019级	外国语学院
	钱学森篇　启梦寰宇，辉映千秋	刘泽轩	2023级	航空科学与工程学院
		刘玉治	2018级	能源与动力工程学院
	任新民篇　新星照夜，以启新篇	肖鸣昊	2023级	飞行学院
	屠守锷篇　十载辛酸泪，一弹破长空	龚学韬	2023级	飞行学院
		刘懿慧	2020级	能源与动力工程学院
	王永志篇　永探未极，志在天穹	于硕同	2021级	沈元学院
	戚发轫篇　云程发轫，日夜兼程	阿丝娜	2021级	生物与医学工程学院
	龙乐豪篇　我自躬身启天路	叶泓宇	2019级	航空科学与工程学院
	杨长风篇　北斗耀星海，长风卷苍穹	杨佳琛	2023级	航空科学与工程学院
	崔蕴篇　孜孜铸箭蕴匠心	邢雨菲	2021级	宇航学院
	徐立平篇　走在生死边缘，雕刻危险火药	张鑫蕊	2023级	航空科学与工程学院
高楼望月	孙家栋篇　杯中有明月，斟以北斗星	杨安毅	2023级	可靠性与系统工程学院
		刘国杰	2022级	能源与动力工程学院
	欧阳自远篇　唤醒沉睡的高山，献出无穷的宝藏	罗天翼	2023级	计算机学院
	南仁东篇　他化作星尘，去聆听星的密语	王子昂	2021级	航空科学与工程学院
	叶培建篇　培星奔浩宇，建梦驻星河	高海强	2019级	生物与医学工程学院
	杨宏篇　三十载航天路，梦圆太空家园	戴晨晗	2021级	材料科学与工程学院
	张荣桥篇　问天有道，深空搭桥	王佐	2023级	集成电路科学与工程学院
	孙泽洲篇　在星空播种的人	周文培	2020级	宇航学院
	张熇篇　赤心熇熇，筑梦嫦娥	段智圆	2020级	材料科学与工程学院
	杨利伟篇　利箭探苍穹，伟业协力成	龙长春	2019级	宇航学院
	邓清明篇　清明守望，星辰之约	胡庆康	2020级	宇航学院
		方若彤	2019级	外国语学院

续表

章名	篇名	作者	年级	学院
长城止戈	王淦昌篇　错过诺贝尔奖的“两弹”元勋	李恺华	2022级	材料科学与工程学院
	彭桓武篇　理论臻佳境，天问盈诗情	严谨	2023级	人工智能学院
	于敏篇　为国铸剑，佑国昌宁	张馨元	2023级	航空科学与工程学院
	顾诵芬篇　百年清芬，长守碧空	刘泽轩	2023级	航空科学与工程学院
	宋文骢篇　青骥奋蹄向云端	张洪硕	2023级	自动化科学与电气工程学院
	沈忠芳篇　铸剑为国忠，无名草更芳	丁佳琳	2023级	仪器科学与光电工程学院
	罗阳篇　碧波骄阳，岁岁不息	曲栢良	2023级	航空科学与工程学院
	李贤玉篇　科研强军女先锋	肖瑶	2018级	宇航学院
	王伟篇　护卫蓝天，以命执剑	吴长骏	2023级	计算机学院
杏坛传火	陆士嘉篇　中华有嘉士，绝世而独立	李占伟	2019级	外国语学院
	王大珩篇　暗夜破晓，拨云见光	王鼎超	2023级	中法航空学院
	刘大响篇　立志远大，响彻穹宇	史忠明	2022级	沈元学院
	陈懋章篇　怀一颗中国心，锻千万中国心	裴昭欣	2023级	沈元学院
	张彦仲篇　再启新捩转，开拓先锋路	刘雅曦	2019级	可靠性与系统工程学院
		田格	2019级	航空科学与工程学院
	房建成篇　陀螺筑梦的引航人	窦瑶	2017级	仪器科学与光电工程学院
	王华明篇　躬身育才，打印梦想	曾小雅	2022级	材料科学与工程学院
	苏东林篇　一颗红心，始终为家国跃动	杨波	2021级	材料科学与工程学院
	宫声凯篇　于无声处听凯歌	胡越	2023级	航空科学与工程学院

后　记

星辰的颜色　青春的答案

读到这里的读者朋友，你好啊，我是本书的作者之一，也是一名初入北航的新生，如果你不着急，不妨在此留步，听一听我的心里话。

说实话，即使亲身经历了一次次作者会上的交流探讨，亲眼见证了自己的文章被收入书稿，在敲下这行字时，我仍然感到一阵恍惚。这恍惚既是惊叹于原本的一次“思想道德与法治”课作业如今能够成为书稿内容，也是震撼于原本对航空航天一无所知的自己，如今已然对祖国的空天怀抱一种庄重而质朴的信仰。

新生为“空天人物”写传已经是北航“思想道德与法治”课坚持了6年的传统。选择一位中国航空航天领域的代表性人物，为他写些什么，成为付老师送给大一新生的“迎新礼”。

6年时间，大家的文字汇集起来，便生发出一股动人心魄的精神力量。“这种力量应该保存下来，一起来写一本书吧。”在付老师的邀请之下，作者团队由此形成。在这个40多人的团队中，有正在攻读博士、日常出差加班的师兄，也有刚刚结束本科学习、准备继续深造的师姐；有正在学习专业课程的大三学长，也有入校不久尚且懵懂的大一新生。大家年龄不同、性格不同、专业不同，对航空航天的了解程度不同，然而当坐在一起互相分享自己笔下的人物，交流商议这本书如何成形时，却又怀着同样的坦诚、同样的热忱，推心置腹，毫无保留。

无须会前的动员，也无须夸张陈述的烘托，会上的气氛永远是热烈而真诚的。说到孙家栋院士在夜晚和自己的妻子一起看月亮，我们会为这种生活气息而从心底里感到幸福；说到彭桓武院士对诗词的热爱，我们会惊叹院士的文学造诣；说到杨利伟少将在非测控区偷偷翻跟头时，我们也会为他的孩子气而忍俊不禁；说到科研工作者做出的牺牲，我们脸上也会显现出庄重而坚毅的神情。我们是北航人，因此更明白空天事业的艰辛，更明白那一份份功勋背后的牺牲与坚守，那重量远超世上任何一块奖章。

对前辈们而言，我们是记录者，也是后来人。谈到前辈身上的种种，出生在这个时代的我们，话题不觉会偏向青年人的迷茫。一开始写笔下的人物时，更多的同学只把这份作业当成对天上星辰的一次观测——毕竟对于前辈的功勋与经历，我们这群青年学生离得实在太远，像是我们抬头仰望，只能窥见星空光芒一闪。然而在写作之中，在搜集材料之中，在与大家的交谈之中，我们逐渐发现，原来伟人也曾经在迷茫中求索，院士也曾在痛苦中彷徨，前辈也有普通的生活，那些如今感到难以触及的星星，当初也是站在山坡上静静抬头的人。只是他们在痛苦的时候，仍然有勇气踽踽前行；在迷茫的时候，仍然能用初心炽烈照向前路；在每一次选择的时候，他们会把国家需要放在首位。他们一步一步，抬着头向前走，终于冲破云霄，为祖国、为人民，探索无垠的星辰大海，守护四方的灯火通明。

我们看到了星星，也看到了星星是怎样成为星星的，这让我们心底有了一种无声的微小力量。这种力量并不能使我们即刻看清自己的未来，也不能使我们立即确定前进的方向。大一的新生还是会因为全新的任务和挑战而回到宿舍倒头就睡，大三的学姐还是会因为专业课程的繁重而坐在椅子上默默叹气，深造的师兄还是会被全年无休的实验折磨得寡言少语。我们依旧会为了眼前的困难而沮丧，而疲惫，而不得其法，时而想要放弃。不过，当我们再次在某个有星星的夜晚，拖着疲惫的身躯匆匆赶回宿舍时，也许会想起自己写过的某个故事，也许会不经意地抬头看一看星星，也许这一眼会看到多年以后的秋天，历经岁月磨砺，终于硕果累累。

读者朋友啊，如果你已经看完了这本书，你会想到谁呢？为国铸剑的他们，怀揣信仰的我们，还是身负薪火的你们？

于我而言，我想起当初交稿之后跑到北航校园花海前看飞机，在旁边静坐良久，飞机银色的机翼反射着灯光，在周围来来往往的同学身上投出小小的银鱼，浮游跃动，连成一条透明的河流，仿若星光洒下。

那一刻，我看到所有同学包括我自己身上，都涂满了星辰的颜色。那些独属于青春的彷徨与困惑，也在此刻迎来了拨云见月的答案。

航空科学与工程学院 2023 级　刘泽轩
2024 年 9 月